Entenda a Bíblia

JOHN STOTT

ENTENDA A BÍBLIA

TRADUZIDO POR

PAULO PURIM

Editora Mundo Cristão
São Paulo

Entenda a Bíblia
Categoria: Teologia / História

Título original: Understanding the Bible
Coordenação editorial: Silvia Justino
Colaboração: Rodolfo Ortiz
Preparação de texto: Tereza Gouveia
Revisão: Geuid Jardim
Supervisão de produção: Lilian Melo
Capa: Douglas Lucas

Os textos das referências bíblicas foram extraídos da versão Almeida Revista e Atualizada, 2ª ed. (Sociedade Bíblica do Brasil), salvo indicação específica.

Dados Internacionais de Catalogação na Publicação (CIP)
(Câmara Brasileira do Livro, SP, Brasil)

Stott, John

Entenda a Bíblia / John Stott; traduzido por Paulo Purim. — Ed. rev. — São Paulo: Mundo Cristão, 2005.

Título original: Understanding the Bible.
Bibliografia
ISBN 85-7325-425-4

1. Bíblia – Crítica e interpretação 2. Bíblia – História 3. Bíblia – Introduções 4. Bíblia – Uso devocional 5. Teologia – Estudo e ensino I. Título.

05-1906 CDD–220.61

Índice para catálogo sistemático:
1. Bíblia: Introduções gerais 220.61

Publicado no Brasil com a devida autorização e com todos os direitos reservados pela:
Associação Religiosa Editora Mundo Cristão
Rua Antônio Carlos Tacconi, 79 — CEP 04810-020 — São Paulo — SP — Brasil
Telefone: (11) 5668-1700 — Home page: www.mundocristao.com.br

Editora associada a:
- Associação Brasileira de Editores Cristãos
- Câmara Brasileira do Livro
- Evangelical Christian Publishers Association

A 1ª edição foi publicada em agosto de 2005, com uma tiragem de 6.000 exemplares.

Impresso no Brasil

10 9 8 7 6 5 4 3 2 1 05 06 07 08 09 10 11 12

SUMÁRIO

PREFÁCIO

Os segredos da maturidade cristã estão prontos para serem descobertos na Escritura por todos aqueles que os buscam. Há uma amplitude na Palavra de Deus que poucos de nós conseguem depreender, uma profundidade que raramente sondamos.

Nosso cristianismo é particularmente superficial porque a imagem que fazemos de Cristo é superficial. Nós nos empobrecemos com as concepções rasas e insatisfatórias que nutrimos a respeito dele. Hoje algumas pessoas falam de Cristo como se ele fosse uma espécie de remédio injetável que pudéssemos aplicar em nós mesmos e viajar para o mundo da fantasia quando nos sentíssemos deprimidos. Cristo, no entanto, não pode ser manipulado dessa forma. A Igreja contemporânea parece ter uma compreensão estreita da grandeza de Jesus Cristo como Senhor da criação e Senhor da Igreja, diante de quem não podemos levantar o rosto do chão. Tampouco parecemos entender sua vitória como é apresentada no Novo Testamento, com tudo a seus pés, de modo que, se nos unimos a Cristo, tudo também fica a nossos pés.

Parece-me que uma visão ampliada de Jesus Cristo é nossa maior necessidade hoje. Precisamos entendê-lo como o único em quem habita a plenitude de Deus e o único por quem podemos chegar à plenitude de vida (1Co 1:19; 2:9,10).

Há apenas um modo de adquirir concepções claras, verdadeiras, revigorantes e sublimes a respeito de Cristo, e esse modo é pela Bíblia. A Bíblia é o prisma através do qual a luz de Jesus Cristo decompõe-se em suas múltiplas e admiráveis cores. A Bíblia é um retrato de Jesus Cristo. Temos de contemplá-lo com tamanha intensidade de desejo que (pela obra graciosa do Espírito Santo) ele se torne vivo para nós, encontre-se conosco e preencha-nos com ele mesmo.

Para apreender Jesus Cristo em sua totalidade é essencial compreender o cenário em que Deus o oferece a nós. Deus deu Cristo ao mundo em um contexto geográfico, histórico e teológico específicos. Em outras palavras, ele o mandou a um lugar específico (a Palestina), em determinado tempo (o apogeu dos séculos da história judaica) e em um arcabouço específico de verdade (aos poucos revelada e para sempre registrada na Bíblia). Os capítulos que seguem falam, portanto, da geografia, história, teologia, autoridade e interpretação da Bíblia. Eles visam apresentar o cenário no qual Deus uma vez se revelou e oferece agora Cristo, de modo que possamos compreender melhor e compartilhar com os outros a gloriosa plenitude do próprio Jesus Cristo.

AGRADECIMENTOS

Há cerca de vinte anos ministro palestras sobre a autoridade e a interpretação da Bíblia aos alunos do London Institute for Contemporary Christianity. Agradeço-lhes suas instigantes interrogações, que me ajudaram a esclarecer melhor o conteúdo deste livro. Sou ainda mais grato aos meus recentes assistentes de pesquisa: John Yates (1996-1999) e Corey Widmer (1999-2002). Ambos fizeram uma leitura completa do livro com os olhos de uma geração mais jovem e sugeriram alguns aprimoramentos que, em sua maioria — e com gratidão —, aceitei.

JOHN STOTT
2003

1

O PROPÓSITO DA BÍBLIA

- O que significa dizer que a Bíblia é essencialmente um livro de salvação?
- Como podemos entender Jesus Cristo no Antigo e Novo Testamento?
- De que forma a Escritura extrai de nós uma resposta de fé?

A escolha de um livro e o modo como o lemos são determinados em grande parte pelo propósito do autor em escrevê-lo. Trata-se de um livro de ciências ou de história concebido para informar ou um romance destinado a entreter? É uma obra séria de prosa ou poesia pela qual o autor reflete sobre a vida e estimula o leitor a pensar também? Ele fala de algum modo significativo para o mundo contemporâneo? Ou se trata talvez de uma obra controversa na qual o autor se dispõe deliberadamente a defender seu ponto de vista? E não é só isso: o autor está qualificado a escrever sobre o assunto? Questionamentos desse tipo nos vêm com freqüência à mente quando nos perguntamos: "Vale a pena ler este livro?".

A maior parte dos livros fornece aos leitores potenciais a informação que desejam sobre quem os escreveu e por quê. Quando não é o autor que nos conta francamente no prefácio a respeito de si mesmo e do assunto do texto, o editor nos relata na contracapa. A maioria dos leitores passa algum tempo analisando essas informações antes de comprar, emprestar ou ler o livro.

É lamentável que os leitores da Bíblia nem sempre se disponham a fazer essas mesmas perguntas. Muitos parecem apenas apanhá-la e lê-la a esmo. Alguns começam pelo Gênesis e empacam em Levítico. Outros talvez perseverem obstinadamente por um senso de dever, talvez até mesmo estabelecendo (e cumprindo) a meta de ler a Bíblia capítulo após capítulo em cinco anos, mas sem obter muito benefício de seu estudo, porque lhes falta a compreensão do propósito geral do livro. De fato, muitos desistem totalmente da idéia de ler a Bíblia, ou nem chegam a começar, porque não conseguem entender como a história de um povo distante numa terra distante pode ter relevância para a atualidade.

Assim, como podemos dizer que a Bíblia — que não é um livro, mas uma biblioteca de 66 livros — tem um "propósito"? Ela não foi compilada por autores diferentes em ocasiões diferentes com objetivos diferentes? Sim e não. Há de fato uma grande variedade de autores e temas humanos. Mesmo assim, os cristãos crêem que haja um único e divino Autor com um único tema unificador.

A própria Bíblia declara qual é seu tema, dito diversas vezes em várias passagens, mas talvez nunca tão sucintamente quanto pelo apóstolo Paulo falando a Timóteo:

> ... desde a infância, sabes as sagradas letras, que podem tornar-te sábio para a salvação pela fé em Cristo Jesus. Toda a Escritura é inspirada por Deus e útil para o ensino, para a repreensão, para a correção, para a educação na justiça, a fim de que o homem de Deus seja perfeito e perfeitamente habilitado para toda boa obra.
>
> 2Timóteo 3:15-17

Aqui o apóstolo reúne tanto a origem quanto o tema da Escritura: de onde ela vem e para onde se dirige. Sua origem: "Inspirada por Deus". Seu tema: "Útil" a todos os seres humanos. Na verdade ela nos é útil *porque* tem sopro de Deus — é inspirada por Deus. Num capítulo posterior, falarei sobre o tema da inspiração bíblica; neste capítulo, investigo a natureza da utilidade da Bíblia. Para esse fim, escolhi três palavras que Paulo usa — "salvação", "Cristo" e "fé".

Um livro de salvação

Talvez nenhuma outra palavra bíblica tenha sofrido tanto a partir do mau uso e da compreensão equivocada do que é "salvação". Alguns de nós, cristãos, somos culpados pela caricatura que se tem apresentado dela ao mundo. Conseqüentemente, a palavra "salvação" tem sido para muitos fonte de vergonha ou até mesmo alvo de ridículo. Devemos resgatá-la desse conceito tacanho com o qual a palavra tem sido com freqüência degradada. Pois "salvação" é uma palavra grande e nobre, como vou demonstrar a seguir. Salvação é liberdade. Sim, e também renovação; em última instância, a renovação do universo inteiro.

Ora, o propósito supremo da Bíblia, Paulo escreve a Timóteo, é instruir seus leitores "para a salvação". Isso indica diretamente que a Escritura tem um propósito prático, e que esse propósito é moral, e não intelectual. Ou, ainda, que a instrução intelectual que ela provê (sua "sabedoria", como indica a palavra grega) visa a uma experiência moral chamada "salvação".

A fim de assimilarmos mais a fundo esse propósito positivo da Bíblia, pode ser útil contrastá-lo com alguns dos propósitos que ela não tem.

Em primeiro lugar, o propósito da Bíblia não é científico. Isso não significa que o ensino da Escritura e o da ciência estejam de alguma forma em conflito um com o outro, pois ao mantermos cada um em sua própria esfera e discernirmos o que cada um está afirmando, eles não estão em conflito. De fato, se o Deus da verdade é autor de ambas, não poderiam estar. Também não quer dizer que as duas esferas nunca se sobreponham e que nada que a Bíblia diga tenha qualquer relevância científica, pois a Bíblia contém proposições que podem ser (e em muitos casos têm sido) comprovadas cientificamente. Por exemplo, nela está registrada uma série de fatos históricos, como Nabucodonosor, rei de Babilônia, ter cercado, ocupado e quase destruído Jerusalém e Jesus de Nazaré ter nascido quando Augusto era o imperador de Roma. O que estou afirmando é que, embora possa conter dados científicos, o propósito da Bíblia não é científico.

A ciência (pelo menos a ciência natural) é um corpo de conhecimento laboriosamente adquirido pela observação, experimentação e indução. O propósito de Deus na Escritura, entretanto, foi revelar verdades que não podem ser descobertas por esse método (chamado pelos cientistas de "método empírico"), coisas que teriam permanecido desconhecidas e encobertas se ele não as tivesse revelado. Por exemplo, a ciência pode ser capaz de dizer alguma coisa sobre nossa origem material (embora até mesmo essa permaneça uma questão aberta); apenas a Bíblia revela nossa natureza, tanto nossa nobreza única na qualidade de criaturas feitas à imagem do Criador quanto nosso estado de degradação como pecadores egoístas revoltados contra nosso Criador.

Em segundo lugar, o propósito da Bíblia não é literário. Há alguns anos foi publicado um livro intitulado *The Bible designed to be read as literature*. É uma edição primorosa. A disposição tradicional em versículos foi abandonada, e a diagramação indicava claramente o que era poesia e o que era prosa. Tudo isso auxilia. Além disso, ninguém, quaisquer que sejam suas crenças ou descrenças, pode negar que a Bíblia contém de fato literatura admirável. Ela fala sobre os grandes temas da vida e do destino humanos e os trata com simplicidade, discernimento e imaginação. Sua tradução do original foi tão boa que em alguns países, como Inglaterra e Alemanha, a Bíblia tornou-se parte da herança literária nacional. No entanto, Deus não planejou a Bíblia como literatura grandiosa. Ela contém fraquezas estilísticas gritantes. O Novo Testamento foi em grande parte escrito em grego *koiné*, a linguagem cotidiana do mercado e do trabalho, e muito dele carece de refinamento literário, até mesmo exatidão gramatical. O propósito da Bíblia está em sua mensagem, não em seu estilo.

Em terceiro lugar, o propósito da Bíblia não é filosófico. É evidente que a Escritura contém sabedoria profunda — na verdade, a sabedoria de Deus. Todavia, alguns dos grandes temas que os filósofos têm enfrentado não recebem um tratamento exaustivo na Escritura. Vejamos, por exemplo, o grande problema do sofrimento e do mal. Como fenômenos da experiência humana, são figuras proeminentes na Bíblia. Em quase todas as páginas homens e mulheres pecam, homens e mulheres sofrem. Alguma luz é lançada — de forma suprema na cruz — sobre ambas as questões. Mas nenhuma explicação definitiva é oferecida para qualquer um dos dois, tampouco os caminhos de Deus são justificados em relação a eles, em termos aceitáveis pela filosofia humana. Até mesmo no Livro de Jó, que se concentra no problema do sofrimento, Jó por fim humilha-se diante de Deus sem chegar à compreensão da providência divina. Creio que o motivo é o fato de a Bíblia ser simplesmente um livro mais prático do que teórico. Está mais interessada em nos dizer como suportar o sofrimento e vencer o mal do que em filosofar sobre sua origem e propósito.

A Bíblia não é, portanto, basicamente um livro de ciência, nem de literatura, nem de filosofia, mas de salvação.

Com isso, devemos atribuir à palavra "salvação" o sentido mais amplo possível. A salvação é muito mais do que meramente o perdão dos pecados. Ela inclui o amplo alcance do propósito de Deus de redimir e recuperar a humanidade e, de fato, toda a criação. O que sustentamos a respeito da Bíblia é que ela revela o plano integral de Deus.

Ela começa com a criação, para que possamos saber sobre a semelhança divina em que fomos feitos, as obrigações que repudiamos e as alturas de que caímos. Não somos capazes de entender nem aquilo que somos no pecado nem aquilo que pela graça podemos chegar a ser até que saibamos o que fomos pela criação.

A Bíblia prossegue apresentando-nos a forma como o pecado entrou no mundo e a morte como resultado do pecado. Enfatiza a gravidade do pecado, como revolta contra a autoridade de Deus, nosso Criador e Senhor, e a justiça do julgamento divino contra ele. Há muitas advertências salutares na Escritura sobre os perigos da desobediência.

No entanto, o tema propulsor da mensagem bíblica, como será discutido em profundidade no Capítulo 5, é que Deus ama esses mesmos rebeldes que nada merecem de sua mão a não ser o juízo. Antes que o tempo começasse a correr, diz a Escritura, seu plano de salvação tomou forma. Ele se originou em sua graça, sua livre e imerecida misericórdia. Ele selou com Abraão uma aliança de graça, prometendo por meio de sua posteridade abençoar todas as famílias da Terra. O restante do Antigo Testamento dedica-se a narrar seu relacionamento gracioso com a posteridade de Abraão, o povo de Israel. A despeito de sua obstinada rejeição de sua palavra, como veio até eles por meio da lei e dos profetas, ele em nenhum momento os abandonou. *Eles* quebraram a aliança, não ele.

A vinda histórica de Jesus foi em cumprimento dessa aliança:

> Bendito seja o Senhor, Deus de Israel, porque visitou e redimiu o seu povo, e nos suscitou plena e poderosa salvação na casa de Davi, seu servo, como prometera, desde a antiguidade, por boca

> dos seus santos profetas, para nos libertar dos nossos inimigos e das mãos de todos os que nos odeiam; para usar de misericórdia com os nossos pais e lembrar-se da sua santa aliança e do juramento que fez a Abraão, o nosso pai, de conceder-nos que, livres das mãos de inimigos, o adorássemos sem temor, em santidade e justiça perante ele, todos os nossos dias.
>
> Lucas 1:68-75

É importante observar que a prometida "salvação dos nossos inimigos" é compreendida em termos de "santidade e justiça" e — mais adiante na mesma passagem — de "redimir [o povo] dos seus pecados, graças à entranhável misericórdia de nosso Deus".

O Novo Testamento, portanto, concentra-se no trabalho dessa salvação, a caminho do "perdão" e da "santidade" por meio da morte e do sacrifício de Jesus e do dom do Espírito Santo. Os apóstolos enfatizam que o perdão é possível apenas pela morte de Cristo levando sobre si os pecados, e um novo nascimento que conduz a uma nova vida é possível apenas por intermédio do Espírito de Cristo. As epístolas, por sua vez, estão cheias de instruções éticas práticas. Conforme 2Timóteo 3:16, a Escritura não é útil apenas "para o ensino, para a repreensão", mas também "para a educação na justiça". As epístolas também apresentam a Igreja de Cristo como a sociedade dos salvos, chamados a uma vida de serviço sacrificial e de testemunho no mundo.

Por fim, os autores do Novo Testamento insistem em que, embora o povo de Deus já tenha sido em certo sentido salvo, em outro sentido sua salvação encontra-se ainda no futuro. É-nos dada a promessa de que um dia nosso corpo será redimido. "Na esperança fomos salvos" (Rm 8:24). E nessa redenção final toda a criação estará de alguma forma envolvida. Se teremos um novo corpo, haverá também um novo céu e uma nova terra permeados apenas pela justiça. Nesse momento, e apenas nele, sem nenhum pecado, quer em nossa natureza, quer em nossa sociedade, a salvação de Deus estará completa. A gloriosa liberdade dos filhos de Deus será a liberdade para servir. Deus será tudo em todos (Rm 8:12; 1Co 15:28).

Essa é a abrangente salvação apresentada na Escritura. Concebida na eternidade passada, alcançada num momento do tempo e historicamente concretizada na experiência humana, ela atingirá a consumação na eternidade do futuro. A Bíblia é única em sua afirmação de instruir-nos para "tão grande salvação" (Hb 2:3).

Cristo na lei

A salvação para a qual a Bíblia nos instrui é acessível "através da fé em Cristo Jesus". Portanto, visto que a Escritura diz respeito à salvação, e a salvação é por intermédio de Cristo, a Escritura está plena de Cristo.

O próprio Jesus compreendia a natureza e a função da Bíblia desta maneira. "As Escrituras", ele disse, "testificam de mim" (Jo 5:39). Em outra ocasião, caminhando com dois de seus discípulos depois da ressurreição, de Jerusalém a Emaús, ele os repreendeu pela incredulidade e falta de sabedoria, em vista do desconhecimento da Escritura. Lucas nos conta a história:

> E, começando por Moisés, discorrendo por todos os profetas, expunha-lhes o que a seu respeito constava em todas as Escrituras.
>
> Lucas 24:27

Pouco tempo depois, o Senhor ressuscitado disse a um grupo maior de seguidores:

> São estas as palavras que eu vos falei, estando ainda convosco: importava se cumprisse tudo o que de mim está escrito na Lei de Moisés, nos Profetas e nos Salmos.
>
> Lucas 24:44

A afirmação de Cristo era, então, não apenas que a Escritura dava testemunho dele numa forma genérica, mas que em cada uma das três divisões do Antigo Testamento — a Lei, os Profetas e os Salmos (ou "Escrituras") — havia coisas a respeito dele, e que todas deviam cumprir-se.

A relação fundamental entre o Antigo e o Novo Testamento, de acordo com Cristo, é entre promessa e cumprimento. A primeira palavra pronunciada por Jesus em seu ministério público (no texto grego do Evangelho de Marcos) indica isso. A palavra é "cumprido":

> O tempo está cumprido, e o reino de Deus está próximo; arrependei-vos e crede no evangelho.
>
> Marcos 1:15

Jesus Cristo estava profundamente convencido de que os longos séculos de espera haviam terminado, e que ele mesmo havia introduzido os dias do cumprimento. Assim podia dizer aos apóstolos:

> Bem-aventurados, porém, os vossos olhos, porque vêem; e os vossos ouvidos, porque ouvem. Pois em verdade vos digo que muitos profetas e justos desejaram ver o que vedes e não viram; e ouvir o que ouvis e não ouviram.
>
> Mateus 13:16,17

À luz dessa alegação devemos em primeiro lugar observar as três divisões do Antigo Testamento, do Novo Testamento e tentar descobrir de que forma nosso Salvador Jesus Cristo é ele mesmo (em termos de promessa e cumprimento) o tema unificador da Escritura.

"Lei" era usado para referir-se ao Pentateuco, os primeiros cinco livros do Antigo Testamento. Podemos achar realmente Cristo neles? Sim, podemos.

Para começar, eles contêm algumas das promessas fundamentais da salvação por intermédio de Jesus Cristo que dão suporte a todo o restante da Bíblia. Deus prometeu, em primeiro lugar, que a semente de Eva feriria a cabeça da serpente; depois, que por meio da posteridade de Abraão abençoaria todas as famílias da terra; e, mais tarde, que "o cetro não se arredará de Judá (...) até que venha (...); e a ele obedecerão os povos" (Gn 3:15; 12:3; 49:10). Assim, foi revelado — já no primeiro livro da Bíblia — que o Messias seria humano (descendente de Eva) e judeu (descendente de Abraão e da tribo de Judá) e que esmagaria Satanás, abençoaria o mundo e governaria como rei para sempre.

Outra importante profecia a respeito de Cristo na Lei apresenta-o como o Profeta perfeito. Moisés disse ao povo:

> O SENHOR, teu Deus, te suscitará um profeta do meio de ti, de teus irmãos, semelhante a mim; a ele ouvirás (...) em sua boca porei as minhas palavras, e ele lhes falará tudo o que eu lhe ordenar.
>
> Deuteronômio 18:15,18

Não era, porém, apenas por meio de profecias diretas que a Lei apontava para Cristo, mas também por figuras indiretas. Nela o Messias era tanto prenunciado quanto predito. Na verdade, a conduta de Deus com relação a Israel, ao escolhê-los, redimi-los, estabelecer uma aliança com eles, prover a remissão de seus pecados pelo sacrifício e levá-los a herdar a terra de Canaã, tudo isso apresentava em termos limitados e locais o que um dia seria acessível a todos os povos por intermédio de Cristo. Os cristãos hoje podem dizer: Deus nos escolheu em Cristo e fez de nós um povo de sua propriedade particular. Jesus derramou seu sangue como remissão por nossos pecados e para ratificar a nova aliança. Ele nos redimiu não do cativeiro egípcio, mas do cativeiro do pecado. É nosso grande sumo sacerdote que ofereceu a si mesmo na cruz, como sacrifício único e eterno pelos pecados, e todo o sacerdócio e sacrifício são cumpridos juntamente nele. Além disso, por sua ressurreição, somos nascidos de novo para uma viva esperança, "para uma herança incorruptível, sem mácula, imarcescível", reservada nos céus para nós (1Pe 1:3,4). Essas grandiosas palavras cristãs, que descrevem diversos aspectos de nossa salvação por meio de Jesus Cristo — eleição, remissão, aliança, redenção, sacrifício, herança —, começaram todas a ser usadas no Antigo Testamento referindo-se à graça de Deus direcionada a Israel.

Existe ainda uma terceira maneira pela qual a Lei dá testemunho de Cristo. Ela é descrita pelo apóstolo Paulo na Epístola aos Gálatas:

> Antes que viesse a fé, estávamos sob a tutela da lei e nela encerrados, para essa fé que, de futuro, haveria de revelar-se. De maneira que a lei nos serviu de aio para nos conduzir a Cristo, a fim de que fôssemos justificados por fé.
>
> Gálatas 3:23,24

A lei é descrita vividamente pelas palavras gregas utilizadas por Paulo, tais como as que representam o confinamento sob uma guarnição militar ("estávamos sob a tutela") e um tutor encarregado de disciplinar menores ("serviu de aio"). Tudo isso porque a lei moral condenava o transgressor sem oferecer em si mesma nenhum remédio. Nesse sentido, ela apontava para Cristo. A própria condenação que ela implicava tornava Cristo necessário. Ela nos mantinha em cativeiro a fim de "nos conduzir a Cristo", o único que poderia nos salvar. Somos condenados pela lei, mas justificados pela fé em Cristo.

Cristo nos profetas

Ao nos voltarmos agora da Lei para os Profetas, devemos ter em mente que a divisão do Antigo Testamento conhecida como "os Profetas" incluía os livros históricos (Josué, Juízes, Samuel e Reis) com o nome de "profetas anteriores", porque se julgava que seus autores haviam escrito história profética ou sacra, bem como os "profetas posteriores", que costumamos dividir em profetas maiores e menores.

Muitos leitores da Bíblia consideram a história de Israel extremamente tediosa e não conseguem imaginar como todos aqueles reis deprimentes podem ter alguma coisa a ver com Cristo. Quando recordamos, no entanto, que as primeiras palavras de Jesus sobre "o tempo está cumprido" foram imediatamente seguidas por "o reino de Deus está próximo", encontramos na palavra "reino" a pista de que precisamos. Israel começou como uma teocracia, uma nação sob o governo direto de Deus. Até mesmo quando o povo rejeitou o governo de Deus exigindo um rei, como as outras nações, e Deus concedeu o que eles pediam, as pessoas sabiam que ele permanecia em última instância seu Rei, pois continuavam a ser seu povo, e seus reis reinavam, por assim dizer, como regentes dele.

O governo dos reis, tanto no reino do norte, Israel, quanto no reino do sul, Judá, deixou, no entanto, muito a desejar. A monarquia foi prejudicada externamente por guerras com outras nações e internamente pela injustiça e opressão. Ambos os reinos tinham também a instabilidade inerente a todas as instituições humanas, à medida que um rei após o outro subia ao trono, reinava e morria. Por vezes eles se viam ainda reduzidos a territórios minúsculos, como resultado da ocupação de exércitos invasores, até que por fim ambas as capitais foram ocupadas, e as duas nações sofreram humilhante exílio. Não é de admirar que Deus tenha usado a experiência daquelas pessoas com as limitações do governo humano a fim de esclarecer a compreensão delas a respeito da perfeição do reino messiânico futuro e reforçar o anseio delas por ele.

Deus já havia feito com o rei Davi uma aliança de que edificaria para ele uma casa e por meio de sua posteridade confirmaria seu trono para sempre (2Sm 7:8-17). Agora os profetas começaram a descrever o que incorporaria os ideais de realeza que os reis de Israel e Judá, e até mesmo o próprio Davi, haviam prenunciado de forma tão imperfeita. Em seu reino a opressão daria lugar à justiça, a guerra à paz. Não haveria além disso limite para sua extensão e duração, pois seu domínio se estenderia de um mar a outro, até os confins da Terra, e duraria para sempre. Essas quatro características do reino do Messias — paz, justiça, universalidade e eternidade — estão reunidas numa das mais famosas profecias de Isaías:

> Porque um menino nos nasceu, um filho se nos deu; o governo está sobre os seus ombros; e o seu nome será: Maravilhoso, Conselheiro, Deus Forte, Pai da Eternidade, Príncipe da Paz; para que se aumente o seu governo, e venha paz sem fim sobre o trono de Davi e sobre o seu reino, para o estabelecer e o firmar mediante o juízo e a justiça, desde agora e para sempre. O zelo do SENHOR dos Exércitos fará isto.
>
> Isaías 9:6,7

Se, por um lado, os profetas predisseram a glória do Messias, profetizaram também seus sofrimentos. A mais conhecida dessas profecias, obviamente fundamental para a compreensão que o próprio Senhor fazia de seu ministério, é aquela que descreve o Servo sofredor em Isaías 53. Ele seria "desprezado e o mais rejeitado entre os homens; homem de dores e que sabe o que é padecer" (v. 3). Acima de tudo, ele levaria os pecados de seu povo:

> Mas ele foi traspassado pelas nossas transgressões e moído pelas nossas iniqüidades; o castigo que nos traz a paz estava sobre ele, e

> pelas suas pisaduras fomos sarados. Todos nós andávamos desgarrados como ovelhas; cada um se desviava pelo caminho, mas o SENHOR fez cair sobre ele a iniqüidade de nós todos.
>
> Isaías 53:5,6

CRISTO NAS "ESCRITURAS"

A terceira divisão do Antigo Testamento eram as "Escrituras", algumas vezes chamadas de "Salmos", porque o Saltério (nosso Livro de Salmos) era o principal livro dessa divisão. Diversos salmos são aplicados a Jesus no Novo Testamento, salmos que fazem referência a sua divindade, humanidade, sofrimentos e exaltação. Assim as palavras "Tu és meu Filho, eu, hoje, te gerei" foram usadas (pelo menos em parte) por Deus o Pai ao dirigir-se a seu Filho tanto no batismo quanto na transfiguração. A alusão do Salmo 8 de que o homem foi feito "por um pouco, menor do que Deus [ou os anjos]" e coroado "de glória e de honra", é aplicada a Cristo pelo autor da Epístola aos Hebreus. O próprio Jesus citou o Salmo 22:1 na cruz: "Deus meu, Deus meu, por que me desamparaste?", afirmando assim que havia experimentado e cumprido pessoalmente o terrível abandono da parte de Deus que o salmista havia expressado. Ele citou também a frase de Davi no Salmo 110:1: "Disse o SENHOR ao meu Senhor: Assenta-te à minha direita, até que eu ponha os teus inimigos debaixo dos teus pés", e perguntou a seus críticos como Davi podia ser ao mesmo tempo Senhor de Davi e filho de Davi.

As "Escrituras" contêm ainda aquilo que é conhecido como a literatura de sabedoria do Antigo Testamento. Os "sábios" parecem ter se tornado um grupo distinto em Israel no período tardio da monarquia, ao lado dos profetas e sacerdotes. Eles sabiam que o princípio da sabedoria era temer a Deus e apartar-se do mal. Eles com freqüência louvavam a sabedoria em termos apaixonados, como mais preciosa do que ouro, prata e jóias, e ocasionalmente chegavam a personificar a sabedoria como agente na criação de Deus.

> Quando ele preparava os céus, aí estava eu; quando traçava o horizonte sobre a face do abismo; quando firmava as nuvens de cima; quando estabelecia as fontes do abismo; quando fixava ao mar o seu limite, para que as águas não traspassassem os seus limites; quando compunha os fundamentos da terra; então, eu estava com ele e era seu arquiteto, dia após dia, eu era as suas delícias, folgando perante ele em todo o tempo; regozijando-me no seu mundo habitável e achando as minhas delícias com os filhos dos homens.
>
> Provérbios 8:27-31

Os cristãos não têm dificuldade em reconhecer que essa sabedoria de Deus é incorporada de forma única em Jesus Cristo, o "Verbo" pessoal que estava no princípio com Deus e por intermédio de quem todas as coisas foram feitas (v. Jo 1:1-3; Cl 2:3).

A expectativa de Cristo lançada pelo Antigo Testamento — na Lei, nos Profetas e nas Escrituras — é vista como extremamente diversificada. O próprio Jesus resumiu-a na abrangente pergunta: "Porventura, não convinha que o Cristo padecesse e entrasse na sua glória?" (Lc 24:26). O apóstolo Pedro retomou a frase, admitindo que os profetas não haviam chegado a compreender por completo "qual a ocasião ou quais as circunstâncias oportunas, indicadas pelo Espírito de Cristo, que neles estava, ao dar de antemão testemunho sobre os sofrimentos referentes a Cristo e sobre as glórias que os seguiriam" (1Pe 1:11). Essa dupla linha de profecia, porém, estava lá, apresentando-o como o sacerdote que ofereceria a si mesmo como sacrifício pelo pecado e como o rei cujo glorioso reino não conheceria fim.

Na verdade, outra maneira de resumir o testemunho do Antigo Testamento a respeito de Cristo é dizendo que ele o descreve como um profeta maior que Moisés, um sacerdote maior que Arão e um rei maior que Davi. Quer dizer, alguém que revelará Deus ao homem de forma perfeita, reconciliará o homem com Deus e governará o homem em nome de Deus. Nele os ideais de profecia, sacerdócio e realeza do Antigo Testamento encontram seu cumprimento final.

Cristo no Novo Testamento

Se a idéia de descobrir Cristo no Antigo Testamento parece à primeira vista estranha, não há a mesma dificuldade em encontrá-lo no Novo Testamento. Nos Evangelhos — cada um com seu ponto de vista particular, como veremos no Capítulo 4 — encontramos a história do nascimento, da vida, morte e ressurreição de Cristo, junto com uma amostra do que ele disse e fez.

Essas "memórias dos apóstolos", como costumavam ser chamadas pela Igreja primitiva, passaram a ser chamadas com acerto de "Evangelhos", pois cada evangelista conta sua história sob a forma de "evangelho" — boa nova — a respeito de Cristo e sua salvação. Eles não o apresentam como um biógrafo faria. Eles são essencialmente testemunhas, dirigindo a atenção dos leitores para aquele que eles criam ser o homem-Deus, nascido para salvar seu povo dos pecados, cujas palavras eram de vida eterna, cujas obras representavam de forma dramática a glória de seu reino, que morreu como resgate pelos pecadores e ressurgiu em triunfo para ser Senhor de todos.

Você poderia talvez pensar que os Atos dos Apóstolos, que contam a história dos primeiros dias do cristianismo, sejam mais sobre a Igreja do que sobre Cristo. Essa na verdade seria uma representação inadequada da sua natureza. Seu autor, Lucas, tinha uma ênfase diferente. Ao apresentar a obra para Teófilo (para quem está escrevendo), ele descreve seu primeiro livro (o Evangelho de Lucas) como contendo "todas as coisas que Jesus começou a fazer e ensinar". A implicação é que a história de Atos conta tudo o que Jesus continuou a fazer e ensinar por meio de seus apóstolos. Em Atos, portanto, podemos ouvir Cristo como se ele estivesse ainda falando aos homens, embora agora por intermédio dos grandes sermões dos apóstolos Pedro e Paulo registrados por Lucas. Vemos também os milagres que ele fez por meio deles, pois "muitos prodígios e sinais eram feitos por intermédio dos apóstolos" no nome e com o poder de Jesus Cristo (At 2:43). Assistimos a Cristo edificar sua própria Igreja ao acrescentar convertidos a ela:

> Enquanto isso, acrescentava-lhes o Senhor, dia a dia, os que iam sendo salvos.
>
> Atos 2:47

As epístolas estendem o testemunho do Novo Testamento a respeito de Cristo, deixando ainda mais clara a glória de sua pessoa humana-divina e obra salvífica e estabelecendo uma relação entre ele e a vida do cristão e da Igreja. Os apóstolos exaltam Cristo como aquele em quem "aprouve a Deus residisse toda a plenitude", e por meio de quem nós mesmos temos "plenitude em Cristo" (Cl 1:19; 2:9,10). Em Cristo, eles dizem: Deus "nos tem abençoado com toda sorte de bênção espiritual", para que sejamos capazes de fazer todas as coisas por meio daquele que nos fortalece interiormente (Fp 4:13). O Cristo que os apóstolos apresentam é plenamente suficiente, capaz de salvar no mais amplo sentido e para todos os tempos "os que por ele se chegam a Deus" (Hb 7:25).

A exposição bíblica de Cristo chega ao clímax no Apocalipse de João. Ele é apresentado nas eloqüentes representações visuais que caracterizam o livro. Primeiro ele aparece como um homem glorificado "entre os castiçais" — que representam as igrejas, as quais o Cristo ressurreto ocupa-se em patrulhar e supervisionar, de forma a ser capaz de dizer a cada uma: "Conheço as tuas obras" (Ap 2:3). A cena transfere-se então da terra para o céu, e Jesus Cristo aparece como "um Cordeiro, como tendo sido morto". Diz-se da incontável multidão internacional dos remidos que eles "lavaram suas vestiduras e as alvejaram no sangue do Cordeiro", pelo que João quer dizer que devem sua justiça apenas ao Cristo crucificado (Ap 5:6; 7:14). Em seguida, perto da conclusão do livro, Cristo é visto como um majestoso cavaleiro num cavalo branco, saindo para julgar com seu nome escrito sobre si mesmo: "Rei dos reis e Senhor dos senhores" (Ap 19:11-16). Por fim, somos apresentados a ele como o Noivo Celestial, pois, ouvimos, "são chegadas as bodas do Cordeiro, cuja esposa a si mesma já se ataviou". Sua noiva é a Igreja glorificada, que é vista em seguida "[descendo] do céu, da parte de Deus, ataviada como noiva adornada para o seu esposo" (Ap 19:7-9; 21:2). Praticamente as últimas palavras do Apocalipse são: "O Espírito e a noiva dizem: Vem! Aquele que ouve diga: Vem! (...) Vem, Senhor Jesus!" (Ap 22:17,20).

Há enorme diversidade de conteúdo, estilo e propósito entre os livros da Bíblia, e em alguns deles o testemunho sobre Jesus é indireto, até mesmo oblíquo. Mas essa breve visão geral do Antigo e do Novo Testamentos deve ser suficiente para demonstrar que "o testemunho de Jesus é o espírito da profecia" (Ap 19:10). Se quisermos conhecer Cristo e sua salvação, é para a Bíblia que devemos nos voltar — pois a Bíblia é o retrato que o próprio Deus faz de Jesus Cristo. Não podemos jamais chegar a conhecê-lo de outra forma. Conforme disse Jerônimo no século IV: "Ignorância das Escrituras é ignorância de Cristo".

Da mesma forma que numa caça ao tesouro infantil, em que a pessoa às vezes tem bastante sorte e logo depara com o tesouro, mas com maior freqüência tem de seguir laboriosamente uma pista atrás da outra, até que por fim encontre o tesouro, assim acontece com a leitura da Bíblia. Alguns versículos apontam diretamente para Cristo. Outros são pistas remotas. Uma exaustiva perseguição dessas pistas vai, no entanto, conduzir inevitavelmente o leitor àquele tesouro inestimável.

Pela fé

As Escrituras "podem tornar-te sábio para a salvação pela fé em Cristo Jesus", escreveu Paulo (2Tm 3:15). Visto que seu propósito (ou o propósito do autor divino, que falou e fala por meio delas) é levar-nos à salvação e que a salvação está em Cristo, elas apontam para Cristo, como vimos. Mas seu objetivo ao apontar para Cristo não é simplesmente para que possamos conhecê-lo ou compreendê-lo, nem mesmo para que passemos a admirá-lo, mas para que coloquemos nossa confiança nele. As Escrituras testemunham Cristo não para satisfazer nossa curiosidade, mas para extrair de nós uma resposta de fé.

Há muito equívoco na compreensão a respeito da fé. É comum supor-se que ela seja um salto no escuro, completamente incompatível com a razão. Não é assim. A verdadeira fé nunca é irrazoável, porque seu objeto é sempre digno de confiança. Quando nós, seres humanos, confiamos uns nos outros, a racionalidade de nossa confiança depende da confiabilidade relativa das pessoas em questão. A Bíblia, no entanto, testemunha Cristo como inteiramente digno de confiança. Ela nos conta quem ele é e o que ele fez, e a evidência que ela provê em favor de sua pessoa e obra únicas é convincente ao extremo. À medida que nos expomos ao testemunho bíblico a respeito desse Cristo, e à medida que sentimos seu impacto — profundo e ainda assim simples, diversificado mas ainda assim unânime —, Deus cria a fé dentro de nós. Recebemos o testemunho. Cremos.

Era isso o que Paulo tinha em mente quando escreveu:

> E, assim, a fé vem pela pregação, e a pregação, pela palavra de Cristo.
>
> Romanos 10:17

Vimos que o propósito de Deus na Bíblia e por meio dela é rigorosamente prático. Ele a estabeleceu como seu instrumento principal a fim de trazer as pessoas para a "salvação", entendida em seu mais amplo e completo sentido. A Bíblia inteira é um evangelho de salvação, e o evangelho é "o poder de Deus para a salvação de todo aquele que crê" (Rm 1:16). Ela então aponta seus muitos dedos inequivocadamente para Cristo, de modo que seus leitores o vejam, creiam nele e sejam salvos.

O apóstolo João escreve algo bem parecido no final de seu Evangelho. Ele havia registrado apenas uma seleção dos sinais de Jesus, diz ele, pois Jesus havia realizado muitos outros. Ele prossegue:

> Estes, porém, foram registrados para que creiais que Jesus é o Cristo, o Filho de Deus, e para que, crendo, tenhais vida em seu nome.
>
> João 20:31

João vê o propósito último da Escritura ("o que foi registrado") da mesma forma que Paulo vê. João o chama de "vida", Paulo, de "salvação", mas as palavras são quase sinônimas. Os dois apóstolos concordam ainda que esta vida ou salvação está em Cristo, e que para recebê-la devemos crer nele. Ambos apresentam exatamente a mesma seqüência de passos: Escritura — Cristo — fé — salvação. A Escritura testifica de Cristo, a fim de evocar a fé em Cristo, de modo a produzir vida naquele que crê.

A conclusão é simples. Sempre que lemos a Bíblia devemos procurar por Cristo. E devemos continuar procurando até que o vejamos e creiamos. Apenas à medida que continuarmos a nos apropriar pela fé das riquezas de Cristo que nos são reveladas na Escritura poderemos crescer rumo à maturidade espiritual e nos tornarmos homens e mulheres de Deus "perfeitamente habilitados para toda boa obra" (2Tm 3:17).

2

A TERRA DA BÍBLIA

- Por que é tão importante conhecer a geografia e a história do povo da Bíblia?
- Por que a chuva era tão importante para os israelitas, e como isso é mostrado na Bíblia?
- Que significavam os três festivais dos israelitas?

O propósito de Deus em chamar do mundo um povo para si mesmo começou a desdobrar-se num ponto particular da superfície da Terra e durante um período específico da história mundial. Não é possível compreender seu significado, portanto, sem uma compreensão de seu cenário histórico e geográfico.

No entanto, a mera menção de história e geografia, especialmente história e geografia bíblicas, basta para desmotivar por completo algumas pessoas. Elas estremecem ao se lembrarem de tediosas lições da escola dominical, com listas de deploráveis reis israelitas para memorizar e intermináveis viagens missionárias de Paulo para traçar em um mapa. Sei como você se sente. Também sofri assim. Do mesmo modo, evidentemente, sofreu um estudante de teologia a quem foi pedido em uma prova que fizesse a distinção entres os profetas Elias e Eliseu. Como não tinha a mínima idéia de quem era quem, dizem que a redação dele começava assim: "Não nos atenhamos às diferenças entre esses dois homens verdadeiramente notáveis. Vejamos, em vez disso, uma lista cronológica dos reis de Israel e de Judá".

Algumas pessoas que não têm nenhuma inclinação para a história ou para a geografia podem questionar com alguma impaciência por que Deus não nos deu um simples conjunto de dogmas para crer e de regras para obedecer. Por que ele tinha de se revelar num contexto histórico e geográfico particularmente remoto, de modo que tenhamos de lutar para entender o contexto antes de sermos capazes de compreender a revelação? Uma resposta poderia ser: "Porque Deus decidiu fazer assim", ou ainda: "Pare de fazer perguntas impertinentes". As perguntas, no entanto, são perfeitamente justificadas.

Uma resposta melhor seria dizer que o Deus vivo é um Deus pessoal, que nos fez pessoas à sua própria imagem e que insiste em tratar como pessoas as pessoas que ele fez. Dessa forma o processo inteiro de revelação tem sido a exposição voluntária de uma Pessoa a pessoas — pessoas reais como nós, que vivem em determinado lugar e em determinada época. Quando digo isso, não estou negando o fato de que Deus revelou sua verdade por meio de palavras. Estou antes afirmando que sua revelação foi tanto "pessoal" quanto "proposicional". Quer dizer, as verdades que ele revelou não desceram do céu de pára-quedas. Em vez disso, elas se tornaram conhecidas na experiência de vida de seres humanos, e por ela, culminando em seu próprio Filho, o Verbo feito carne.

Além disso, se Deus tivesse apenas nos suprido com um catálogo sistemático de "permitidos" e "proibidos" para a crença e para a vida diárias, ele teria sido abstrato demais para ser de fato útil. E se essa lista tivesse sido elaborada na linguagem de uma única época ou geração, teria em grande parte pouco significado para as outras. Mas o fato é que Deus revelou a si mesmo em situações pessoais, as quais, sendo humanas, são concretas e perfeitamente inteligíveis por qualquer geração. O fato de estarem registradas na Escritura permite que vejamos por nós mesmos.

Dizem-nos que a relação de Deus com a nação de Israel e com indivíduos está registrada para "ensinar-nos" (Rm 15:4; 1Co 10:11). A instrução que ela nos dá consiste tanto em encorajamento quanto em advertência. "A consolação das Escrituras" (Rm 15:4) é tremenda. Até mesmo os grandes homens da narrativa bíblica, enfatiza-se, eram "como nós" (v. Tg 5:17; At 14:15). Ainda assim nós os assistimos vencendo na luta contra a tentação e a dúvida; recusando-se a ajoelhar-se diante de ídolos e dispostos a enfrentar a morte antes de abrir mão de seu compromisso com o Deus vivo; crendo na promessa de Deus apesar de toda evidência em contrário; permanecendo fiéis, embora solitários numa época de predominante apostasia; amando e servindo sua própria geração e prestando testemunho destemido da verdade.

A Escritura contém advertência além de encorajamento, pois ela se recusa a ocultar as falhas até mesmo de seus grandes nomes. Ela narra abertamente como o justo Noé ficou embriagado; como Abraão, o gigante da fé, caiu em tamanha incredulidade que se mostrou pronto a expor sua esposa a perigo moral a fim de salvar a própria pele; como Jacó maquinava, e como José se vangloriava; como Moisés, o homem mais manso da Terra, perdeu a paciência; como Davi encontrou graça aos olhos de Deus, mesmo tendo cometido roubo, assassinato e adultério num único arroubo de paixão; como Jó, "homem íntegro e reto, temente a Deus e que se desvia do mal" (Jó 1:8), incitado por uma grande adversidade, clamou de amargura e amaldiçoou o dia em que nasceu; e como toda a nação de Israel, apesar de seus privilégios únicos, violou a aliança de Deus. A Bíblia é da mesma forma transparente a respeito de seus personagens do Novo Testamento. Eles também são seres humanos de carne e osso como nós, que cedem por vezes a incredulidade, transigência, arrogância, indisciplina e desobediência. "Ora, estas coisas se tornaram exemplos para nós" (1Co 10:6).

Deus quer lidar conosco em nossa situação de tempo e espaço da mesma forma que lidou com os personagens bíblicos na deles. Assim, para compreendermos o modo como ele procede conosco, devemos compreender o modo como ele procedia com eles. Para entender isso, devemos conhecer algo a respeito de onde e quando aconteceu. Temos de ser capazes de visualizar a coisa. Visto por esse prisma, o exame que faremos da terra da Bíblia neste capítulo e da narrativa da Bíblia nos dois capítulos seguintes passa a ser um estudo fascinante, até mesmo indispensável, pois esta história e geografia constituem a arena dentro da qual Deus escolheu falar e agir de forma única.

Durante a Idade Média, os geógrafos cristãos costumavam defender seriamente a noção de que Jerusalém era o ponto central da Terra. Seus mapas ilustravam sua crença. Na antiga Igreja do Santo Sepulcro em Jerusalém (construída sobre o suposto local do sepultamento e da ressurreição de Jesus) há uma pedra fixa no chão naquele que se cria ser o ponto exato.

Em termos geográficos, isso é puro absurdo. Em termos teológicos, entretanto, os cristãos poderiam defender que é verdade. Para eles, a Palestina é a "Terra Santa", uma região distinta de todas as outras. É também o centro da história e da geografia do mundo no sentido que aqui se estende a "Terra Prometida", que Deus prometeu a Abraão cerca de dois mil anos antes de Cristo; aqui o Salvador viveu e morreu; e aqui nasceu a missão cristã que sobreviveria ao Império Romano e mudaria o curso da história do mundo.

Os cristãos, além disso, crêem na providência de Deus. Não podemos, portanto, conceber que a escolha da Palestina como palco do drama da salvação tenha sido acidental. Uma de suas características mais evidentes é que ela serve como espécie de ponte entre três continentes. Europa, Ásia e África convergem na costa leste do Mediterrâneo, e seus cidadãos têm se relacionado uns com os outros em suas rotas comerciais terrestres e marítimas. Conseqüentemente, a Palestina não só foi invadida e subjugada por exércitos dos três — primeiro os egípcios, depois os assírios, babilônios e persas e finalmente os gregos e romanos —, como se tornou um admirável trampolim de contra-ataque espiritual, com os soldados de Jesus Cristo marchando (por assim dizer) rumo Norte, Sul, Leste e Oeste para conquistar o mundo. "Sereis minhas testemunhas", foram suas últimas palavras a eles, "tanto em Jerusalém como em toda a Judéia e Samaria e até aos confins da terra" (At 1:8). Estrategicamente, portanto, Deus colocou Jerusalém "no meio das nações" (Ez 5:5). Se o ensino das testemunhas de Cristo tivesse associado mais claramente as origens da cristandade ao Oriente Médio, quem sabe se o evangelho chegaria a se tornar tão intimamente associado ao homem branco e ao mundo ocidental na mente de africanos e asiáticos.

A "Palestina" (o nome se origina dos filisteus que ocuparam uma pequena porção oriental dela) é apenas parte da arena em que se desenrola a história do Antigo Testamento. O cenário mais amplo tem sido chamado com freqüência de "Crescente Fértil", porque se estende ao longo de um semicírculo do Egito à Mesopotâmia, do vale do Nilo à planície aluvial regada pelos rios Tigre e Eufrates, abraçando o Deserto da Arábia. Para se compreender a história do povo de Deus, é preciso manter essa ampla curva em mente, sem esquecer os dois grandes rios que formam suas extremidades. Pois Deus chamou Abraão de Ur dos caldeus, situada a apenas 14,5 quilômetros do rio Eufrates no sul do Iraque, e chamou Moisés do Egito, onde ele havia escapado por pouco, quando bebê, de afogar-se no rio Nilo. As próprias palavras "Egito" e "Babilônia" lembravam aos israelitas as iniciativas salvadoras de seu Deus, pois esses países haviam sido cenário de seus dois amargos cativeiros, dos quais Deus os havia resgatado.

Uma boa terra

Quando Deus disse a Moisés que estava para levá-los do Egito para Canaã, ele a descreveu como "uma terra boa e ampla, terra que mana leite e mel" (Êx 3:8), acrescentando mais tarde que se tratava "da coroa [a mais bela] de todas as terras" (Ez 20:6,15). E quando os doze espias, ou batedores, que Moisés havia enviado para explorar a terra fizeram seu relatório, eles confirmaram a descrição a partir de sua própria experiência. Josué e Calebe disseram:

> A terra pelo meio da qual passamos a espiar é terra muitíssimo boa (...) terra que mana leite e mel.
>
> Números 14:7,8

Eles puderam, além disso, prover evidência em favor de sua alegação, pois tinham trazido consigo do vale de Escol (um pouco ao norte de Hebrom) um único cacho de uvas, tão pesado que teve de ser pendurado numa vara e carregado por dois deles, bem como algumas romãs e figos (Nm 13:23,24).

Então, logo antes de entrarem na terra, depois de um atraso de quarenta anos em virtude da desobediência e incredulidade de Israel, Moisés conclamou o povo a obedecer aos mandamentos de Deus e acrescentou:

> Porque o SENHOR, teu Deus, te faz entrar numa boa terra, terra de ribeiros de águas, de fontes, de mananciais profundos, que saem

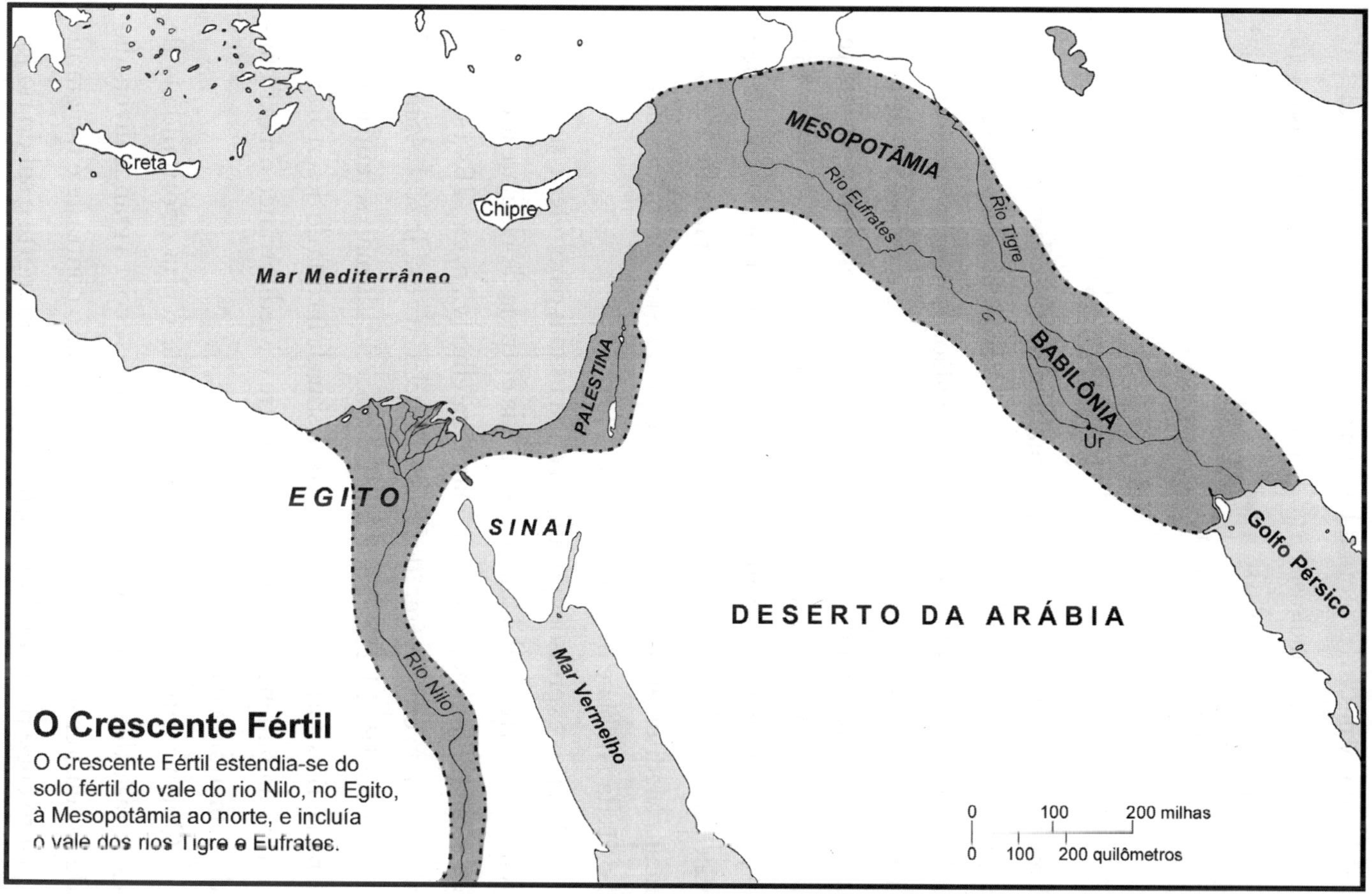

O Crescente Fértil

O Crescente Fértil estendia-se do solo fértil do vale do rio Nilo, no Egito, à Mesopotâmia ao norte, e incluía o vale dos rios Tigre e Eufrates.

> dos vales e das montanhas; terra de trigo e cevada, de vides, figueiras e romeiras; terra de oliveiras, de azeite e mel; terra em que comerás o pão sem escassez, e nada te faltará nela; terra cujas pedras são ferro e de cujos montes cavarás o cobre. Comerás, e te fartarás, e louvarás o SENHOR, teu Deus, pela boa terra que te deu.
>
> Deuteronômio 8:7-10

Embora os fazendeiros palestinos tenham de trabalhar duro para garantir uma boa colheita, esta ainda é uma descrição adequada da fertilidade e dos produtos agrícolas da região. A região que estamos descrevendo estende-se por apenas cerca de 300 quilômetros de norte a sul e 160 quilômetros de leste a oeste. Ela é confinada por limites naturais. Ao norte ergue-se o maciço montanhoso do Líbano (que significa "branco" por causa da neve) e do Antilíbano, sendo que o vale entre os dois é conhecido como "a entrada de Hamate". A oeste fica o Mediterrâneo ou "Grande Mar", e a leste e ao sul, os desertos hostis da Arábia e de Zim (Nm 34:1-15).

Diversas expressões populares eram usadas para referir-se a toda a região de norte a sul. Uma delas era "da entrada de Hamate até o mar de Arabá [Planície]", isto é, o mar Vermelho (v., p. ex., 2Rs 14:25). A mais comum era, porém, "de Dã até Berseba" (p. ex., Jz 20:1; 1Sm 3:20; 2Sm 3:10; 1Rs 14:25), sendo que Dã era a cidade mais setentrional de Israel e Berseba sua cidade mais ao sul, situada na orla do deserto de Zim, aproximadamente a meio caminho entre o Mediterrâneo e a extremidade meridional do mar Morto.

Quem visita a Terra Santa, desde que tenha oportunidade de explorá-la de forma adequada, surpreende-se com a grande diversidade de seus terrenos. Em nenhum outro lugar o contraste é tão grande quanto entre os "mares" ou "lagos" nos extremos norte e sul do rio Jordão. Pois a beleza pitoresca da Galiléia — com seu lago azul cercado por montanhas, seu tapete de flores primaveris e o distante pano de fundo nevado do monte Hermom ao norte — é um verdadeiro paraíso quando comparada ao calor, o mau cheiro e a desolação do mar Morto e cercanias.

O registro bíblico alude com freqüência a diferentes "regiões" em que a Palestina é dividida. Por exemplo, descreve-se que seus habitantes estão morando "na Arabá, e à região montanhosa, e à baixada, e ao Neguebe, e à costa marítima" (Dt 1:7). A "Arabá" é um profundo desfiladeiro do vale do Jordão que se estende ao sul do golfo de Ácaba. A "região montanhosa" refere-se às montanhas da Judéia, enquanto "a baixada" refere-se à região de Sefelá. O "Neguebe", que significa "o árido", é o grande deserto ao sul cujo outro nome é deserto de Zim, e a "costa marítima" estende-se ao longo do Mediterrâneo.

Um modo mais simples de memorizar o mapa da Palestina talvez seja visualizar quatro faixas paralelas de terreno correndo no sentido norte-sul. A mais notável delas é o vale do Jordão. O rio talha seu percurso num corte profundo entre duas cadeias montanhosas — os planaltos centrais que formam a espinha dorsal da Palestina (suas encostas ocidentais descem até a planície costeira) e a meseta oriental além da qual se estende o deserto. Portanto, as quatro faixas entre o mar e o deserto são: a faixa costeira, os planaltos centrais, o vale do Jordão e a meseta oriental. Examinaremos a seguir cada um deles. Veja o mapa na página 43.

A FAIXA COSTEIRA

A faixa costeira varia em largura de algumas centenas de metros onde o monte Carmelo projeta-se em direção ao mar (e onde se situa o moderno porto de Haifa), a cerca de 50 quilômetros em sua extremidade sul. Essa porção meridional era a antiga terra dos filisteus. Era aqui que se situavam as cinco principais cidades dos filisteus — Gaza, a mais meridional, na grande estrada litorânea que subia do Egito a cerca de cinco quilômetros da costa, Asquelom, vinte quilômetros ao norte e junto ao mar, Asdode, treze quilômetros mais ao norte e novamente junto à estrada, com Ecrom, mais ao norte e mais para o interior, e Gate no meio da planície.

A região de Sefelá, ou "baixada" (campina, contrafortes ou terras baixas), estende-se imediatamente a leste da planície da terra dos filisteus. Não surpreende, portanto, ler que os filisteus "deram contra as cidades da campina" (2Cr 28:18). A região era famosa por seus pés de sicômoro, tanto que se podia dizer que Salomão havia feito com que houvesse "cedros em abundância como os sicômoros que estão nas planícies" (1Rs 10:27).

Suas encostas são, na verdade, os contrafortes do planalto central. Elas sobem gradualmente de cerca de 150 metros de altitude em Gate até 16,5 quilômetros a leste. Então começam as montanhas propriamente ditas, e quinze quilômetros mais a leste fica Hebrom, que, a mil metros de altitude, é a cidade mais alta da Palestina.

Voltando para a costa, imediatamente ao norte da planície dos filisteus, fica a planície de Sarom, que tem em Jope sua cidade e porto principais. Hoje em dia a região é rica em pomares de frutas cítricas. Não sabemos ao certo como era nos tempos bíblicos, mas ela com certeza abrigava rebanhos de ovelhas, já que ouvimos falar uma ou duas vezes sobre "os gados que pasciam em Sarom" (1Cr 5:16; 27:29). No entanto, antes da drenagem realizada em tempos modernos, a região deve ter sido bastante pantanosa, de modo que "o esplendor (...) de Sarom" (Is 35:2) refere-se provavelmente à sua luxuriante vegetação, e à "rosa de Sarom" (a quem a noiva compara a si mesma em Cânticos de Salomão) pode ter sido o emblema de uma beleza excepcional, porque florescia nesse ambiente tão pouco promissor, "qual o lírio entre os espinhos" (Ct 2:1,2).

O PLANALTO CENTRAL

A cadeia central de montanhas da Palestina começa na Galiléia, cujos montes e vales foram o cenário da infância de Jesus e de grande parte de seu ministério público. Os picos da Galiléia Superior elevam-se a pouco acima de 900 metros, e dos montes de Nazaré, na Galiléia Inferior, embora não muito mais elevados que 450 metros, num dia limpo vê-se o mar Mediterrâneo, apenas 27 quilômetros a noroeste.

Ao sul de Nazaré o terreno começa a descer gentilmente para formar uma ampla planície aluvial, que corre no sentido sul-leste do norte mediterrâneo do monte Carmelo até o rio Jordão. Sua porção ocidental é conhecida como a planície de Esdrelom; sua porção oriental é o mais estreito vale de Jezreel, que fica entre a outrora colina vulcânica de Moré e o monte de calcário Gilboa. Foi nas escarpas desses dois montes que filisteus e israelitas acamparam, em lados opostos do vale, antes da batalha final em que morreu o rei Saul:

> Entretanto, os filisteus pelejaram contra Israel, e, tendo os homens de Israel fugido de diante dos filisteus, caíram feridos no monte Gilboa. (...) Pranteou Davi a Saul e a Jônatas, seu filho, com esta lamentação (...) A tua glória, ó Israel, foi morta sobre os teus altos! Como caíram os valentes! (...) Montes de Gilboa, não caia sobre vós nem orvalho, nem chuva, nem haja aí campos que produzam ofertas, pois neles foi profanado o escudo dos valentes, o escudo de Saul, que jamais será ungido com óleo.
>
> 1Samuel 31:1; 2Samuel 1:17,19,21

Na orla meridional da porção central da planície de Esdrelom, numa saliência do terreno aos pés da cadeia do Carmelo, fica a cidade-fortaleza de Megido. Por séculos ela tem guardado a entrada da principal passagem por entre as montanhas ao sul. Foi uma das cidades que o rei

Salomão reconstruiu e fortificou a fim de acomodar seus cavalos e carruagens (1Rs 9:15,19). Aqui também dois reis de Judá morreram: Acazias, que foi atingido por Jeú (2Rs 9:27), e Josias, morto enquanto tentava impedir que o faraó egípcio Neco fosse ajudar os assírios (2Cr 35:20-24; 2Rs 23:28-30).

Ao sul da planície de Esdrelom fica a região montanhosa de Manassés e Efraim, suas escarpas voltadas para o oeste pontuadas de vinhas, e ainda mais ao sul fica a região montanhosa de Judá. Essas duas regiões montanhosas foram o ponto focal da história de Israel durante o período da monarquia dividida — pois a capital do reino do Norte era Samaria (na terra de Manassés-Efraim), e a capital do reino do Sul era Jerusalém (na terra de Judá).

Jerusalém é construída numa montanha cercada por montanhas. O "santo monte, belo e sobranceiro" de Deus, o salmista podia cantar, era "a alegria de toda a terra". E ainda: "como em redor de Jerusalém estão os montes, assim o SENHOR, em derredor do seu povo" (Sl 48:1,2; 125:2). O monte das Oliveiras fica imediatamente a leste de Jerusalém, do outro lado do vale de Cedrom, e de seu topo a estrada corre para leste pela terra mais estéril que se possa imaginar, descendo mais de 900 metros até Jericó e prosseguindo até o mar Morto. Foi enquanto fazia essa jornada de dois dias a pé que o viajante da parábola de Cristo foi atacado por bandidos e resgatado pelo bom samaritano.

A área compreendida entre Jerusalém e o mar Morto é conhecida como deserto da Judéia. Foi em algum lugar desse cenário de desolação que Jesus passou os quarenta dias seguintes a seu batismo, jejuando e sendo tentado pelo Diabo.

O vale do Jordão

O vale do Jordão é parte do vale da Grande Fenda, que se estende por 6.500 quilômetros a partir da Ásia Menor, passando pelo mar Vermelho

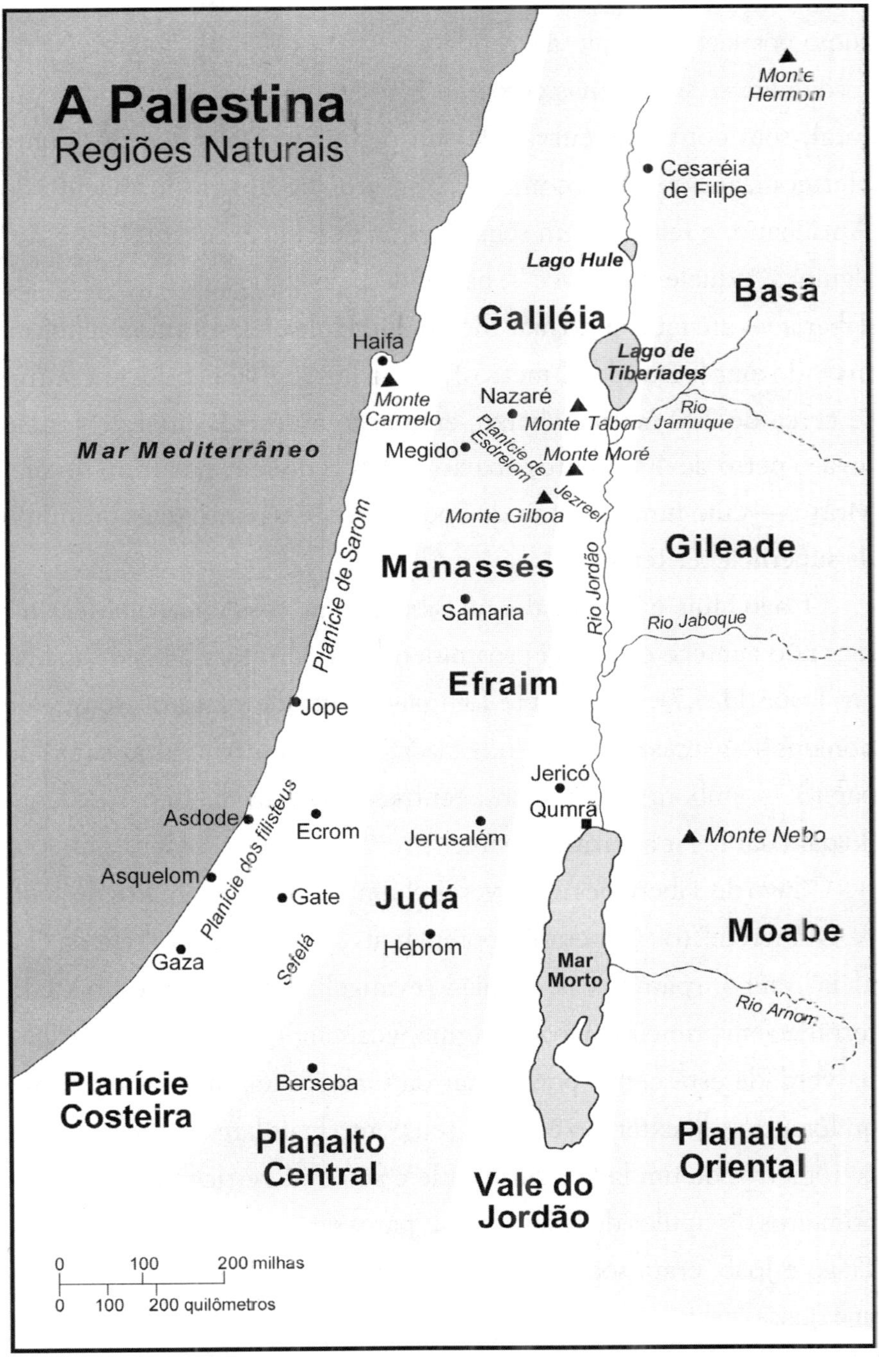
A Palestina
Regiões Naturais
Monte Hermom
Cesaréia de Filipe
Lago Hule
Basã
Galiléia
Haifa
Lago de Tiberíades
Monte Carmelo
Nazaré
Monte Tabor
Rio Jarmuque
Mar Mediterrâneo
Megido
Planície de Esdrelom
Monte Moré
Jezreel
Monte Gilboa
Planície de Sarom
Manassés
Gileade
Rio Jordão
Samaria
Rio Jaboque
Efraim
Jope
Jericó
Qumrã
Asdode
Ecrom
Jerusalém
Monte Nebo
Planície dos filisteus
Asquelom
Gate
Judá
Moabe
Gaza
Sefelá
Hebrom
Mar Morto
Rio Arnom
Planície Costeira
Berseba
Planalto Central
Vale do Jordão
Planalto Oriental
0 100 200 milhas
0 100 200 quilômetros

rumo aos lagos do vale da Fenda na África oriental. Todavia, o rio Jordão em si tem apenas cerca de 130 quilômetros de comprimento total, sem contar as curvas de seu percurso. Ele nasce no monte Hermom, um ressalto com 2.700 metros de altura do maciço do Antilíbano, e mantém em seguida uma descida constante ("Jordão" significa "aquele que desce"), passando pelo lago Hule e pelo lago de Tiberíades até morrer no mar Morto. Em Hule ele está ainda acima do nível do mar (cerca de 70 metros), mas o lago de Tiberíades encontra-se cerca de 200 metros abaixo, enquanto a descida final do Jordão leva-o perto de 400 metros abaixo do nível do mar na altura do mar Morto — cujo fundo, a mais de 760 metros, é o ponto mais profundo da superfície da Terra.

O lago Hule é conhecido, na Bíblia, como "as Águas de Merom", mas não aparece de forma proeminente na narrativa bíblica (apenas em Josué 11:5,7). Ele sempre foi mais reduto de pássaros do que de homens — garças violetas ainda fazem ninhos entre as altas canas de papiro —, embora recentemente tenha sido em sua maior parte drenado para dar lugar a terra cultivável.

O lago de Tiberíades é por vezes chamado nos Evangelhos de "mar de Quinerete" (ou Genesaré), porém mais comumente de "mar da Galiléia", embora para Lucas, o viajado evangelista que conhecia o Mediterrâneo em primeira mão, ele permaneça sempre um mero "lago". Ele na verdade está certo, pois o mar da Galiléia tem apenas dezenove quilômetros de extensão e — em seu ponto mais largo — apenas onze quilômetros de um lado a outro. Ele é profundo e rico em peixes; os primeiros discípulos de Jesus, os dois pares de irmãos, André e Simão, Tiago e João, eram sócios em um negócio de pesca no lago. Embora seja quase que inteiramente cercado por montanhas, havia numerosos vilarejos ao longo de suas margens setentrionais e ocidentais, visitados por Jesus quando saía pregando, ensinando e curando.

Ao sul do lago de Tiberíades o rio Jordão flui por mais 100 quilômetros (embora sua extensão chegue mais perto de 300 quilômetros se contadas todas as curvas de percurso) até chegar ao mar Morto. Pela maior parte dessa extensão, o Jordão é lamacento e pouco impressionante, tanto que não é difícil ser solidário com Naamã, o general leproso sírio, que não tinha desejo de ser curado lavando-se nele:

> Não são, porventura, Abana e Farfar, rios de Damasco, melhores do que todas as águas de Israel? Não poderia eu lavar-me neles e ficar limpo?
>
> 2Reis 5:12

Mais impressionante era a densa mata do vale do rio, famoso refúgio de animais selvagens, de modo que Deus podia comparar-se em seus julgamentos ao "leãozinho [que sobe] da floresta jordânica contra o rebanho em pasto verde" (Jr 49:19).

Não se conhece o lugar exato dos batismos celebrados por João Batista, mas deve ter sido em um dos vaus a poucos quilômetros de onde o Jordão desemboca no mar Morto. Assim:

> Saíam a ter com ele toda a província da Judéia e todos os habitantes de Jerusalém; e, confessando os seus pecados, eram batizados por ele no rio Jordão.
>
> Marcos 1:5

A área total do vale da Fenda palestino é chamada no Antigo Testamento de "Arabá", que significa "árido", e o mar Morto é o "mar de Arabá" ou o "mar Salgado". Esse mar de 77 quilômetros de extensão é um cenário de quase completa desolação. Os abruptos penhascos das montanhas de Moabe dão uma visão panorâmica de sua margem oriental, enquanto a oeste ficam as escarpas estéreis das montanhas de Judá. Aqui (em Qumrã) viveu, antes e depois do tempo de Cristo, a comunidade monástica dos essênios, e aqui em nosso tempo foram encontrados os Manuscritos do Mar Morto, em uma das cavernas que pontuam as colinas.

O calor é tão intenso (até 43 °C no verão), a evaporação tão grande e a precipitação tão pequena que o nível do mar Morto permanece constante apesar do influxo de correntes e da ausência de qualquer escoamento. Como resultado, os depósitos químicos na água (especialmente o sal, a potassa e o magnésio) são altamente concentrados, e nenhum peixe pode sobreviver (Ez 47:1-12). Parece provável que Sodoma e Gomorra, as "cidades da campina", situavam-se na área hoje coberta pela extremidade sul do mar Morto. Não é impossível também que o "enxofre e fogo" que o Senhor "fez chover" sobre eles, bem como o "pilar de sal" em que se transformou a esposa de Ló, tenham sido resultado de um terremoto e uma erupção que Deus usou para destruí-los por sua iniqüidade (Gn 19:24-29).

A Arabá continua ao sul do mar Morto até chegar ao mar Vermelho no golfo de Ácaba. Aqui ficava o porto de Eziom-Geber (moderna Eilat), que dava a Israel acesso por mar ao comércio com a África e a Ásia. Pois "fez o rei Salomão também naus em Eziom-Geber" (1Rs 9:26). O cobre, extraído das minas próximas que Salomão desenvolveu, era exportado, enquanto as importações incluíam artigos exóticos, como "ouro, prata, marfim, bugios e pavões" (1Rs 10:22).

A meseta oriental

A quarta faixa de terreno palestino que temos de considerar é a meseta oriental, entre o vale do Jordão e o Deserto da Arábia. Essa foi a área herdada por duas tribos e meia dos israelitas:

> Gade, e Rúben, e a meia tribo de Manassés já haviam recebido a sua herança dalém do Jordão.
>
> Josué 18:7

Trata-se de um vasto platô que se estende por cerca de 400 quilômetros de norte a sul, dividido por quatro rios que sulcaram profundos desfiladeiros em seu percurso rumo a oeste em direção ao rio Jordão ou ao mar Morto. O primeiro deles é o rio Jarmuque, que desemboca no Jordão logo ao sul do lago de Tiberíades. O segundo é o rio Jaboque, que encontra o Jordão aproximadamente a meio caminho entre o lago de Tiberíades e o mar Morto. Foi aqui que Jacó "ficou só; e lutava com ele um homem, até ao romper do dia" (Gn 32:22-32). O rio Arnom desemboca no meio do mar Morto, e o rio Zerede, em sua extremidade sul. Esses rios formavam fronteiras naturais para as tribos vizinhas de Israel, sendo que os amonitas reivindicavam o território entre o Jaboque e o Arnom, os moabitas, a região entre o Arnom e o Zerede (embora com freqüência se derramando também para o norte) e os edomitas, a região ao sul do Zerede.

Talvez seja mais fácil, no entanto, visualizar o platô a leste do Jordão lembrando as principais divisões descritas por Denis Baly em seu *Geografia da Bíblia*. Basã, a meseta a leste do lago de Tiberíades, ele chama de "a terra do fazendeiro", pois, embora fosse provavelmente bastante coberta de árvores nos tempos bíblicos, era célebre por sua colheita de trigo e por seus carneiros, cordeiros, bodes e novilhos, "todos engordados em Basã" (Ez 39:18, v. Sl 22:12).

Ao sul de Basã ficava Gileade, termo que cobria quase toda a Transjordânia entre o lago de Tiberíades e o mar Morto. Essa era "a terra do montanhês". Como o terreno ergue-se a mais de 900 metros, a precipitação é considerável e traz fertilidade para tanto floresta quanto vinhedo. As uvas de Gileade não tinham rival em toda a Palestina, e o "bálsamo de Gileade" (essência aromática de alguma espécie) era célebre (Jr 8:22). A caravana de ismaelitas aos quais José foi vendido por seus irmãos "vinha de Gileade; seus camelos traziam especiarias, bálsamo e mirra, que levavam para o Egito" (Gn 37:25).

Prosseguindo nossa jornada ao sul da Transjordânia, Moabe vem em seguida, ocupando o território montanhoso a leste do mar Morto. Descontando-se os profundos desfiladeiros do rio Arnom e de alguns cursos de água menores, Moabe é em sua maior parte um elevado platô. Denis Baly chama-a de "a terra do pastor": "Em todo lugar (...) há ovelhas, extensos rebanhos e fileiras convergentes delas, como raios de uma roda infinita, movendo-se em nuvens de poeira dourada ao lugar onde receberão água do poço" (v. Gn 37:25; Jr 8:22).

Nesse sentido lemos também na Bíblia:

> Então, Mesa, rei dos moabitas, era criador de gado e pagava o seu tributo ao rei de Israel com cem mil cordeiros e a lã de cem mil carneiros.
>
> 2Reis 3:4

Foi das montanhas de Moabe (mais precisamente do monte Nebo) que Moisés viu a Terra Prometida antes de morrer, e foi nas planícies de Moabe que os filhos de Israel acamparam antes de cruzar o Jordão para tomar posse dela (Dt 32:49,50; 34:1-8; Nm 22:1).

A porção mais meridional da Transjordânia é Edom. Em seu ponto mais alto, Edom ergue-se a cerca de mil metros, elevando-se imponentemente acima dos desertos a oeste, leste e sul. Denis Baly o chama de "a terra do mercador", pois por ele passava a grande rota comercial do Oriente, conhecida como "O Caminho do Rei". Foi por causa da recusa de Edom em permitir que Israel utilizasse esta rota em seu trajeto rumo à Terra Prometida que surgiu uma duradoura inimizade entre as duas regiões (Nm 20:14-21; 21:4).

Esta é a "boa terra" que o Senhor, Deus deles, deu a Israel. Era terra para fazendeiros, que criassem gado e cultivassem o solo árabe.

AGRICULTURA E CHUVAS

O gado consistia em sua maior parte de ovelhas e bodes, que percorriam em enormes rebanhos mistos as colinas e a estepe. As cabras proviam o leite e o pêlo negro do qual as tendas dos beduínos eram feitas, e as ovelhas forneciam leite, carne e lã. Como os pastores palestinos criavam suas ovelhas mais pela lã do que pela carne, uma relação íntima entre eles desenvolveu-se com o passar dos anos. O pastor conduzia as ovelhas, não as tocava. Ele as conhecia individualmente e chamava-as pelo nome, e elas, por sua vez, conheciam a voz do pastor e seguiam-no. Parecia na verdade muito natural que Deus revelasse a si mesmo como o "Pastor de Israel" que "entre os seus braços recolherá os cordeirinhos e os levará no seio; as que amamentam ele guiará mansamente" (Sl 80:1; Is 40:11), e que o israelita devoto pudesse de fato declarar:

> O SENHOR é o meu pastor; nada me faltará. Ele me faz repousar em pastos verdejantes. Leva-me para junto das águas de descanso (...)
>
> Salmos 23:1,2

O Senhor Jesus levou a metáfora ainda adiante, chamando a si mesmo de "o bom pastor" e declarando que daria a vida pelas ovelhas e sairia pelo deserto em busca de uma única perdida (Jo 10:1-18; Lc 15:3-7).

Embora muitos fazendeiros israelitas criassem gado, um número ainda maior cultivava o solo. Os três principais produtos agrícolas da Palestina aparecem agrupados em muitas passagens bíblicas. Antes de entrarem na terra, a recompensa prometida para a sua obediência foi:

> [O SENHOR, teu Deus] (...) abençoará (...) o fruto da tua terra, e o teu cereal, e o teu vinho, e o teu azeite.
>
> Deuteronômio 7:13

Depois de tomarem posse da terra, eles experimentavam a fidelidade de Deus em fornecer-lhes "o vinho, que alegra o coração do homem, o azeite, que lhe dá brilho ao rosto, e o alimento, que lhe sustém as forças" (Sl 104:15). No entanto, quando se rebelavam contra ele, Deus negava-lhes essas bênçãos — pela fome ou peste ou gafanhotos — até que eles se arrependessem e ele pudesse dizer-lhes:

> Eis que vos envio o cereal, e o vinho, e o óleo, e deles sereis fartos.
>
> Joel 2:19; Deuteronômio 7:13; Salmos 104:15; Oséias 2:8

Os cereais dos quais provinham seu pão eram principalmente trigo e cevada, enquanto o vinho provinha dos extensos vinhedos, e o óleo (especialmente para cozinha), dos olivais. As oliveiras eram particularmente resistentes, capazes de sobreviver em solo pouco profundo e a longos períodos de seca.

Outras frutas do antigo Israel eram as romãs e, especialmente, os figos, de modo que o mais doce dos sonhos israelitas de paz e segurança no reino messiânico era:

> Assentar-se-á cada um debaixo da sua videira e debaixo da sua figueira, e não haverá quem os espante.
>
> Miquéias 4:4

Para uma boa colheita a terra dependia exclusivamente da chuva. O israelita sabia que não existia maior bênção de Deus. Era "o Deus vivo, que fez o céu, a terra, o mar e tudo o que há neles" que dava "do céu chuvas e estações frutíferas", dando assim testemunho de sua própria fidelidade (At 14:15-17). E tamanha é sua graça voltada para toda a humanidade, enfatizou Jesus, que "ele faz nascer o seu sol sobre maus e bons e vir chuvas sobre justos e injustos" (Mt 5:45).

De modo geral, as estações chuvosas da Palestina são previsíveis. O verão estende-se de maio/junho a setembro/outubro, e durante esses cinco meses a chuva quase não existe, de modo que a oração de Samuel para que chovesse durante a colheita do trigo era o pedido por um milagre. De fato, "a neve no verão e a chuva na ceifa" são coisa tão disparatada quanto "honra (...) ao insensato" (1Sm 12:16-18; Pv 26:1). Durante essa estação seca há apenas o orvalho para prover umidade, bem como a névoa da manhã. Ambos, porém, se dissipam rapidamente com o levantar do Sol, e seu desaparecimento é usado para ilustrar o Israel idólatra quando o julgamento de Deus descer:

> Serão como nuvem da manhã, como orvalho que cedo passa.
>
> Oséias 13:3

A partir de meados de outubro, entretanto, as nuvens de chuva começam a formar-se, e quando a chuva finalmente vem, freqüentemente acompanhada de trovão, não há nada a fazer além de correr em busca de abrigo. Denis Baly[1] descreve a cena:

> Jesus cita como ocorrência notória que uma casa mal construída poderia ruir durante a estação da chuva (Mt 7:27) e, de fato, só quem já viu uma tempestade caindo do Mediterrâneo através das colinas da Palestina, ou as correntes precipitando-se das escarpas íngremes para o lago da Galiléia, é capaz de reconhecer a fúria concentrada contida nessas palavras: "e caiu a chuva, transbordaram os rios, sopraram os ventos e deram com ímpeto contra aquela casa".

O princípio da estação chuvosa era normalmente denominado "as primeiras chuvas", e, longe de serem tidas como destrutivas, eram consideradas benéficas, até mesmo indispensáveis. Sem elas era impossível arar o solo, pois a terra queimada pelo sol era dura como ferro (Dt 28:23). Uma vez, porém, que principiavam as chuvas e o solo começava a amolecer, especialmente se sua chegada fosse tardia, o fazendeiro era obrigado a enfrentar o mau tempo e seguir arando, se é que esperava poder semear seus campos a tempo para a colheita. Jesus usou essa imagem como símbolo da coragem e da perseverança cristã:

> Ninguém que, tendo posto a mão no arado, olha para trás é apto para o reino de Deus.
>
> Lucas 9:62

Se as "primeiras chuvas" no princípio da estação chuvosa (a partir de novembro) eram essenciais para arar a terra, as "últimas chuvas" em seu final (março e abril) eram essenciais para a colheita. Sem elas a espiga permaneceria fina e ressecada; era a chuva que fazia o grão tomar corpo e amadurecer para a colheita. E quando os campos estavam finalmente "brancos para a ceifa" os trabalhadores empunhavam as foices (Jo 4:35; Jl 3:13). O cereal era então amarrado em feixes e carregado por jumentos ou camelos até a eira, uma superfície plana e endurecida no topo de uma pequena elevação dos arredores. Ali ele era primeiro trilhado por cascos de animais ou por trilhos puxados por tração (Is 41:15) e em seguida cirandado: jogado para o ar com um forcado, o precioso cereal dourado caía no chão para ser juntado, enquanto o vento soprava a palha para longe. A separação do trigo da palha tornou-se imagem comum para o julgamento divino (p. ex., Sl 1:4; Lc 3:17).

Dessa forma, "as primeiras e as últimas" chuvas, algumas vezes chamadas de chuvas "temporã e serôdia", eram prelúdio necessário para uma boa colheita. O próprio Deus havia associado a chuva e a colheita, prometendo-as a seu povo se este lhe obedecesse:

> Se diligentemente obedecerdes a meus mandamentos que hoje vos ordeno, de amar o SENHOR, vosso Deus, e de o servir de todo o vosso coração e de toda a vossa alma, darei as chuvas da vossa terra a seu tempo, as primeiras e as últimas, para que recolhais o vosso cereal, e o vosso vinho, e o vosso azeite.
>
> Deuteronômio 11:13,14

Fazendeiros sábios sabiam disso e aguardavam "o precioso fruto da terra" com paciência, até receberem "as primeiras e as últimas chuvas" (Tg 5:7). Assim, quando vinha a chuva, eles se enchiam de gratidão a Deus por sua misericórdia. Não há descrição mais poética das bênçãos divinas da colheita do que o Salmo 65. Perceba a referência tanto às primeiras chuvas, que regam o solo, "regando-lhe os sulcos, aplanando-lhe as leivas", quanto ao "coroamento" do ano cerca de oito meses depois, quando "os vales vestem-se de espigas":

> Tu visitas a terra e a regas; tu a enriqueces copiosamente; os ribeiros de Deus são abundantes de água; preparas o cereal, porque para isso a dispões, regando-lhe os sulcos, aplanando-lhe as leivas. Tu a amoleces com chuviscos e lhe abençoas a produção. Coroas o ano da tua bondade; as tuas pegadas destilam fartura, destilam sobre as pastagens do deserto, e de júbilo se revestem os outeiros. Os campos cobrem-se de rebanhos, e os vales vestem-se de espigas; exultam de alegria e cantam.
>
> Salmos 65:9-13

Os três festivais anuais

À luz da proximidade de Israel com o solo, na condição de comunidade agrícola, não surpreende que seus três festivais anuais tivessem significância agrícola bem como religiosa. Neles os israelitas adoravam o Deus da natureza e o Deus da graça como o único Deus, Senhor da terra e de Israel.

A Festa da Páscoa, seguida imediatamente da Festa dos Pães Asmos, comemorava fundamentalmente o resgate de Israel do Egito. Mas ela também ocorria em meados de abril, quando o primeiro feixe de cevada madura podia ser movido humildemente e com gratidão diante de Deus.

A segunda era a Festa das Primícias ou da Ceifa (ou da Sega), chamada também Festa das Semanas, ou Pentecostes, porque era celebrada sete semanas, ou cinqüenta dias, depois da Páscoa — quer dizer, perto do começo de junho. Era uma manifestação de ação de graças pela conclusão da colheita de grãos — trigo e cevada. Mais tarde ela veio também a ser vista como comemoração da entrega da lei no monte Sinai, talvez pelo fato de Israel ter ouvido sobre ela:

> Lembrar-te-ás de que foste servo no Egito, e guardarás estes estatutos, e os cumprirás.
>
> Deuteronômio 16:12

O último dos três festivais anuais era a Festa das Cabanas ou dos Tabernáculos. Por sete dias as pessoas tinham de morar em cabanas feitas de galhos de árvores. O propósito de Deus ao requerer isso era claro:

> Para que saibam as vossas gerações que eu fiz habitar os filhos de Israel em tendas, quando os tirei da terra do Egito.
>
> Levítico 23:43

Mas esse festival era também conhecido como Festa do Armazenamento (ou da Colheita), pois ocorria em meados de outubro, seis meses depois da Páscoa, quando a produção anual do vinhedo e do olival, bem como de cereais, já havia sido armazenada.

A observância desses três festivais anuais era obrigatória. Deus dissera:

> Três vezes no ano me celebrareis festa. Guardarás a Festa dos Pães Asmos (...) Guardarás a Festa da Sega, dos primeiros frutos do teu trabalho, que houveres semeado no campo, e a Festa da Colheita, à saída do ano, quando recolheres do campo o fruto do teu trabalho.
>
> Êxodo 23:14-16

De um lado, esses festivais comemoravam as notáveis misericórdias da aliança do Deus de Israel, que havia em primeiro lugar resgatado seu povo da escravidão egípcia, dando em seguida a eles a lei no Sinai e posteriormente provendo-os durante suas peregrinações no deserto. De outro, esses três festivais eram todos de colheita, marcando respectivamente o início da colheita de cevada, o término da colheita de grãos e o final da colheita de frutos.

Dessa forma, Israel foi ensinado a honrar Jeová como Deus da criação e da salvação. Os dois temas estavam unidos naquilo que o povo de Israel deveria fazer quando entrasse na terra da promessa:

> Tomarás das primícias de todos os frutos do solo que recolheres da terra que te dá o SENHOR, teu Deus, e as porás num cesto, e irás ao (...) sacerdote e lhe dirás: Hoje, declaro ao SENHOR, teu Deus, que entrei na terra que o SENHOR, sob juramento, prometeu dar a nossos pais (...) Eis que, agora, trago as primícias dos frutos da terra que tu, ó SENHOR, me deste. Alegrar-te-ás por todo o bem que o SENHOR, teu Deus, te tem dado a ti e a tua casa.
>
> Deuteronômio 26:1-11

Havia aqui, de fato, um profundo simbolismo. O cesto de frutos era um símbolo de "todas as boas coisas" que Deus havia dado a Israel. Era o produto do solo, produto que Deus havia feito crescer. Mas de que solo? Do solo que também Deus tinha dado a eles, como havia prometido a seus pais. O fruto era um sacramento tanto de criação quanto de redenção, pois era o fruto da Terra Prometida.

Notas

[1] BALY, Denis. *The geography of the Bible*. Lutterworth, 1957, p. 79.

3

A NARRATIVA DA BÍBLIA (Antigo Testamento)

- Em que tipo de episódios e de pessoas a Bíblia se concentra, e por quê?
- Como ver a aliança de Deus com seu povo e como ele a manteve expressa por todo o Antigo Testamento?
- O que é o período intertestamentário, e que fatos significativos ocorreram nele?

O cristianismo é essencialmente uma religião histórica. A revelação de Deus que os cristãos tanto prezam e buscam comunicar não foi concedida num vácuo, mas no desenrolar de uma situação histórica, por meio de uma nação chamada Israel e de uma pessoa chamada Jesus Cristo. Ela não deve ser jamais separada de seu contexto histórico e só pode ser compreendida nele.

Isso não quer dizer que a história registrada na Bíblia seja idêntica em todos os aspectos à visão moderna de história. Espera-se que um historiador forneça um registro completo e objetivo de todos os fatos ocorridos em seu período. Os historiadores bíblicos, no entanto, não tinham essa pretensão. Ao contrário, eles eram considerados os "profetas anteriores", pois escreviam a "história sagrada", a história da relação de Deus com seu povo particular, com um propósito particular.

Eles estavam convencidos de que Deus “não fez assim a nenhuma outra nação” (Sl 147:20). Seu registro é, portanto, mais um testemunho do que um registro histórico. Eles estavam escrevendo sua confissão de fé.

Eles eram, portanto, seletivos na escolha de seu material e (acrescentaria o historiador secular) tendenciosos em sua apresentação dele. Por exemplo, a antiga Babilônia, a Pérsia, o Egito, a Grécia e Roma, cada um deles um poderoso império e uma rica civilização, são incluídos apenas na medida em que afetam os destinos de Israel e de Judá, dois minúsculos estados fronteiriços na orla do Deserto da Arábia, a respeito dos quais dificilmente alguém havia ouvido falar. Os grandes pensadores da Grécia, como Aristóteles, Sócrates e Platão, não chegam sequer a ser mencionados, nem o são heróis como Alexandre, o Grande (a não ser de forma indireta) e Júlio César.

Em vez disso, o registro da Escritura concentra-se em homens como Abraão, Moisés, Davi e Isaías e os profetas aos quais veio a palavra de Deus, e em Jesus Cristo, a Palavra de Deus feita carne. Isso porque a preocupação da Escritura não é com a sabedoria, a riqueza ou o poderio do mundo, mas com a salvação de Deus. A história bíblica é *Heilsgeschichte*, a história da salvação.

A abrangência dessa história sagrada é extraordinária. Embora ela omita grandes áreas da civilização humana que apareceriam de forma proeminente em qualquer história do mundo escrita por homens, ainda assim, em princípio e do ponto de vista de Deus, ela narra a história completa do homem, do início ao fim, do princípio, quando “Deus criou os céus e a terra”, ao fim, quando ele criará “um novo céu e uma nova terra” (Gn 1:1; Ap 21:1,5).

Os cristãos dividem a história em a.C. e d.C., indicando os períodos antes e depois de Cristo, na crença de que a vinda de Jesus Cristo ao mundo é o divisor de águas da história. Da mesma forma é também a vida de Jesus Cristo que divide a Bíblia ao meio, o Antigo Testamento antecipando sua chegada e preparando-a, o Novo Testamento contando a história de sua vida, morte e ressurreição e extraindo suas implicações à medida que começavam a emergir na Igreja nascente, e chegarão um dia a seu cumprimento completo.

Neste capítulo, tentarei fornecer um esboço da narrativa do Antigo Testamento, e no capítulo seguinte sua continuação no Novo Testamento. Então, depois de termos examinado o contexto geográfico e histórico da Bíblia, estaremos prontos para, no capítulo 5, observarmos a mensagem que Deus escolheu passar por meio dela.

O Antigo Testamento é uma biblioteca de 39 livros. A ordem em que estão colocados não é determinada nem pela data de sua composição nem pela data do assunto sobre que discorre, mas por seu gênero literário. Grosso modo, há três tipos de literatura no Antigo Testamento: história, poesia e profecia. Os livros históricos (os cinco de Gênesis a Deuteronômio, que formam o "Pentateuco", e doze mais) contam de fato uma narrativa contínua. Eles iniciam com a criação do homem em Gênesis 1 e o chamado de Abraão em Gênesis 12. Prosseguem contando a história de Israel, o nascimento da nação (no restante do Pentateuco), sua variada sorte durante aproximadamente sete séculos na Terra Prometida (nos livros de Josué, Juízes, Samuel, Reis e Crônicas) e seu renascimento sob a liderança de Esdras e Neemias. Depois desses dezessete livros históricos vêm cinco livros de poesia hebraica, ou de "sabedoria" — Jó, Salmos, Provérbios, Eclesiastes e Cânticos de Salomão —, e finalmente os dezessete livros proféticos, cinco profetas "maiores" (Isaías, Jeremias, Lamentações, Ezequiel e Daniel) e doze "menores" (de Oséias a Malaquias).

Qualquer reconstrução da narrativa do Antigo Testamento terá de ser obrigatoriamente até certo ponto arbitrária. Os estudiosos ainda discutem, por exemplo, a data do Êxodo e a ordem em que Esdras e Neemias deixaram o exílio babilônico no século V a fim de visitarem Jerusalém. Proponho-me a contar a história de acordo com o que creio seja o consenso dos estudiosos mais conservadores.

A CRIAÇÃO

A Bíblia começa com a majestosa descrição da criação do universo, da terra, da vida e do homem. Ela estabelece logo de início que o Deus que mais tarde escolheu revelar-se a Israel não era apenas o Deus de Israel. Israel não deveria encarar Iavé[2] da mesma forma que os moabitas encaravam Quemos e os amonitas seus deuses Milcom e Moloque, quase como mascote nacional. Pois ele não era um mesquinho deus menor ou divindade tribal, cujo domínio e interesses estavam limitados à tribo e a seu território, mas o Deus da criação, o Senhor de toda a Terra.

É lícito dizer que a descrição da criação em Gênesis é centralizada na terra e no homem, no sentido de que ela é deliberadamente exposta da perspectiva de seres humanos na terra, mas ela é acima de tudo centralizada em Deus, no sentido de que toda a iniciativa da criação repousa sobre o único e verdadeiro Deus.

> No princípio, criou Deus(...) e disse Deus(...) e viu Deus(...) e chamou Deus(...) e abençoou Deus(...) Deus fizera.

Essa narrativa simples e sem floreios, que atribui sabedoria, propósito, poder e bondade ao Deus criador, está a quilômetros de distância das fantásticas e até mesmo repulsivas narrativas da criação que circulavam no antigo Oriente Médio. Há similaridades superficiais, já que ambas começam com caos e terminam com alguma espécie de cosmos. As diferenças, no entanto, são muito mais significativas. As versões do Oriente Médio são grosseiras, politeístas, imorais e grotescas; a narrativa bíblica é austera, monoteísta, ética e sublime.

Os leitores contemporâneos aproximam-se dos primeiros capítulos de Gênesis com algum conhecimento de que durante o último século eles foram campo de batalha entre religião e ciência. Devemos ser sábios o bastante, no entanto, para aprendermos a lição da história, e estudá-los com a cautela nascida da humildade. Isso porque no passado representantes dos dois lados fizeram afirmações precipitadamente dogmáticas, que eles mesmos ou seus sucessores foram mais tarde obrigados a repudiar. Os cientistas precisam distinguir entre fato e teoria, e os estudantes da Bíblia entre declaração inequívoca da Escritura e interpretação humana falível. Para nossos propósitos neste livro, essa última distinção é particularmente importante. O princípio deve ficar claro: o que a Escritura afirma Deus afirma, e o que Deus afirma é verdadeiro. Então, o que Deus afirma na Escritura sobre a criação?

De modo geral, podemos dizer com segurança que Gênesis 1 começa com Deus ("no princípio, criou Deus..."), prossegue em estágios progressivos ("e disse Deus... e disse Deus...") e termina no homem ("criou Deus, pois, o homem à sua imagem (...) homem e mulher os criou"). Quão mais longe podemos ir além disso? Em particular, o que podemos dizer a respeito do "como" da atividade criativa de Deus? Alguns cristãos de hoje defendem o conceito literal de uma criação em seis dias, mas o texto não o exige, e a descoberta científica parece contradizê-lo. O texto bíblico não se apresenta na forma de tratado científico, mas na de declaração literária muitíssimo estilizada (deliberadamente emoldurada em três pares — o quarto "dia" correspondendo ao primeiro, o quinto ao segundo e o sexto ao terceiro). Além disso, a evidência geológica em favor de um desenvolvimento gradual ao longo de milhares de milhões de anos parece para muitos cientistas conclusiva.

De fato, falando por mim mesmo, não posso deixar de ver que pelo menos algumas formas da teoria da evolução contradizem ou são contraditas pela descrição da criação em Gênesis. É na verdade uma infelicidade que alguns que debatem essa questão comecem por pressupor que as palavras "criação" e "evolução" são mutuamente exclusivas. Se tudo veio à existência por meio da evolução, dizem eles, então a criação bíblica foi refutada, enquanto se Deus criou todas as coisas, então a evolução deve ser falsa. É, ao contrário, a alternativa simplista que é falsa. Ela pressupõe uma definição muito estreita dos dois termos. Ambos têm na verdade um amplo espectro de significados, e ambos são vigorosamente discutidos hoje em dia. Por exemplo, embora a grande maioria dos cientistas continue a crer que houve um longo processo evolucionário, a teoria darwiniana da "seleção natural" (ou "a sobrevivência do mais apto") como seu princípio operacional está sendo cada vez mais questionada e, em vez de uma progressão única e gradual, uma teoria em desenvolvimento postula múltiplas mudanças, bruscas e irregulares, algumas vezes com inexplicáveis saltos significativos. Naturalmente, qualquer teoria da evolução que a apresente como um processo cego e aleatório deve ser rejeitada pelos cristãos como incompatível com a revelação bíblica de que Deus criou todas as coisas por sua vontade e por sua palavra, que ele as fez "boas", e que seu programa criativo culminou em seres humanos semelhantes a Deus. Mas não parece haver nenhuma razão bíblica para negar que alguma espécie de desenvolvimento evolucionário, servindo a um propósito, possa ter sido o recurso empregado por Deus na criação.[3]

Sugerir isso de forma cautelosa e temporária de modo algum deprecia a condição única da humanidade. Eu mesmo creio na historicidade de Adão e Eva, como casal original do qual descende a raça humana. Apresento minhas razões no capítulo 7, quando abordar a questão de como devemos interpretar a Escritura. Mas minha aceitação de Adão e Eva como figuras históricas não é incompatível com minha crença de que diversas formas de "hominídeos" pré-adâmicos parecem ter existido antes por milhares de anos. Esses hominídeos começaram a avançar culturalmente. Eles faziam suas pinturas nas cavernas e enterravam seus mortos. É concebível que Deus tenha criado Adão a partir de um deles, que se pode chamar de *Homo erectus*. Penso que se pode até mesmo chamar alguns deles de *Homo sapiens*, visto que são nomes científicos arbitrários. Adão, porém, foi o primeiro *Homo divinus*, se é que posso cunhar a expressão: o primeiro homem a quem pode ser atribuída a designação bíblica específica "feito à imagem de Deus". Precisamente em que consistia a semelhança divina estampada nele não sabemos, pois em lugar algum a Escritura nos diz. Parece no entanto que ela incluía faculdades racionais, morais, sociais e espirituais que tornavam o homem distinto de todas as outras criaturas e semelhante a Deus, o criador, e com base nas quais lhe foi dado o "domínio" sobre a criação inferior.

Sendo assim, quando devemos datar Adão? A cronologia adicionada em 1701 à Versão Autorizada da Bíblia (1611) foi calculada por James Usher, arcebispo de Armagh, a partir das genealogias bíblicas. Retrocedendo por esse processo, ele calculou que Adão havia sido criado no ano 4.004 a.C. As genealogias, no entanto, nunca alegam serem completas. Por exemplo, está escrito numa das genealogias de Jesus que Jorão "gerou" a Uzias, quando sabemos por 2Reis que ele não era na verdade seu pai, mas seu trisavô. Três gerações completas foram deixadas de lado. Recentes estudos da história do Oriente Médio confirmam que omissões como essa eram prática comum no traçado de genealogias. Com certeza o propósito das tabelas bíblicas era mais estabelecer a linha de descendência (por exemplo, que Jesus descendia de Davi) do que fornecer uma árvore genealógica completa. Se, então, não pretendem ser completas, não temos argumentos para reclamar de suas omissões, tampouco podemos usá-las para calcular uma cronologia detalhada.

O texto de Gênesis fornece-nos algumas pistas melhores. A descrição bíblica de Adão e seus descendentes nos capítulos 3 e 4 parece implicar uma civilização do Neolítico. Diz-se que Adão foi colocado para trabalhar num jardim e cuidar dele. Seus filhos Caim e Abel são descritos como, respectivamente, trabalhando o solo e criando ovelhas; Caim também "edificou uma cidade", que pode não ter sido mais do que um vilarejo muito rudimentar. Essas são expressões significativas, visto que o cultivo do solo e a domesticação de animais (em oposição à coleta e à caça), bem como a vida comunitária primitiva em vilas, não começaram antes da porção final da Idade da Pedra. Poucas gerações depois, lemos sobre os que tocavam "harpa e flauta" e forjavam "instrumentos de bronze e de ferro". Como o período Neolítico é normalmente datado como perto de 6000 a.C., isso indicaria uma data comparativamente tardia para Adão.

Gênesis 2 conta-nos que trabalho e lazer (seis dias de trabalho e um dia de descanso) e relacionamento monogâmico são as "ordenanças da criação", instituídas por Deus em benefício do homem antes que o pecado entrasse no mundo. A entrada do pecado por meio da "queda" ou desobediência de Adão é descrita em Gênesis 3, e os capítulos seguintes descrevem a resultante deterioração dos seres humanos e de sua sociedade, bem como o inevitável julgamento de Deus. O dilúvio parece ter sido um desastre comparativamente local — embora atingindo uma área extensa. A afirmação de que "[as águas] cobriram todos os altos montes que havia debaixo do céu" não exige literalismo estrito, mas é antes compreendida a partir da perspectiva do observador, da mesma forma que os "judeus, homens piedosos, vindos de todas as nações debaixo do céu", que estavam em Jerusalém para o Pentecostes (At 2:5), refere-se evidentemente ao mundo conhecido da bacia do Mediterrâneo. Lucas prossegue descrevendo quinze desses grupos (v. 8-11). Ele não estava aludindo a povos distantes, como os esquimós, os aborígines australianos ou os maoris. O dilúvio é registrado como lição prática do julgamento de Deus contra a iniqüidade humana e de sua misericórdia, tanto direcionada a Noé e sua família quanto a todas as gerações subseqüentes, por meio de sua solene aliança de que "enquanto durar a terra, não deixará de haver sementeira e ceifa, frio e calor, verão e inverno, dia e noite" (Gn 8:22). De forma semelhante, a construção da Torre de Babel, que pode ter sido um zigurate babilônico[4] ou algo similar, é registrada como exemplo do julgamento divino contra o orgulho humano, levando à dispersão das nações (Gn 11:1-9).

A promessa de Deus a Abraão

Foi em algum momento depois do ano 2000 a.C. que se estabeleceu um novo começo de suprema importância, com o chamado de Abraão por parte de Deus. Esse chamado parece ter vindo a ele inicialmente em Ur dos caldeus, depois em Harã, convocando-o a deixar sua terra e seu povo em troca de outra terra e outro povo que Deus daria mais tarde a ele:

> Ora, disse o SENHOR a Abrão: Sai da tua terra, da tua parentela e da casa de teu pai e vai para a terra que te mostrarei; de ti farei uma grande nação, e te abençoarei, e te engrandecerei o nome. Sê tu uma bênção! Abençoarei os que te abençoarem e amaldiçoarei os que te amaldiçoarem; em ti serão benditas todas as famílias da terra.
>
> Gênesis 12:1-3

A promessa de Deus era, basicamente, "eu te abençoarei". Isso foi explicado claramente mais tarde:

> Estabelecerei a minha aliança entre mim e ti (...) para ser o teu Deus e da tua descendência.
>
> Gênesis 17:7

Essa veio a ser reconhecida como a essência da aliança de Deus com Israel, repetida vez após outra no Antigo Testamento: "Eu serei o vosso Deus e vós sereis o meu povo". Além dessa aliança de relacionamento, Deus prometeu a Abraão tanto uma terra quanto uma semente, uma linhagem de descendentes. Pode-se dizer sem exagero que não apenas todo o restante do Antigo Testamento mas também todo o Novo Testamento são um desdobramento dessas promessas de Deus. Nos dias do Antigo Testamento, Israel era a semente prometida e Canaã a Terra Prometida. A aliança incluía, no entanto, uma referência a "todas as famílias da terra" e sua bênção. Apenas agora, em Cristo, essas promessas começaram a cumprir-se, pois Jesus Cristo e seu povo são a verdadeira semente de Abraão. Como Paulo escreveu aos gálatas:

> E, se sois de Cristo, também sois descendentes de Abraão e herdeiros segundo a promessa.
>
> Gálatas 3:29

O cumprimento final situa-se além dos limites da história. A semente de Abraão será então a "grande multidão que ninguém podia enumerar", na verdade tão numerosa quanto as estrelas no céu ou os grãos de areia na praia, e sua herança será a nova Jerusalém, "a cidade que tem fundamentos, da qual Deus é o arquiteto e edificador" (Ap 7:9; Gn 22:17; Hb 11:8-12,16,39,40).

Deus permaneceu renovando sua aliança com Abraão durante o tempo de vida dele e confirmou-a em seguida a seu filho, Isaque, e a seu neto, Jacó.[5] A Palestina do tempo deles estava na Idade do Bronze, mas eles jamais chegaram a se fixar para desfrutá-la. Eram nômades. A única propriedade que possuíram era um campo perto de Hebrom, que Abraão comprou de modo a poder enterrar sua esposa Sara na caverna que havia nele (Gn 2:3).

Jacó (cujo outro nome era "Israel") teve doze filhos. Eles foram, na verdade, os "filhos de Israel" originais. Porém todos esses patriarcas das doze tribos passaram seus últimos dias e morreram não na Terra Prometida de Canaã, mas no Egito, para onde uma fome os havia levado. José havia se tornado um administrador muito proeminente no Egito, talvez mesmo uma espécie de grão-vizir. Uma promoção dessas não era tão improvável como supuseram alguns, pois a dinastia que regia o Egito a partir de 1800 a.C. era a dos hicsos, os assim chamados reis-pastores, que eram de origem semítica. José, porém, morreu também no exílio, e o Livro de Gênesis termina com as seguintes palavras: "embalsamaram-no e o puseram num caixão no Egito" (Gn 50:26).

Quando Êxodo 1:8 faz a singela afirmação de que "entrementes, se levantou novo rei sobre o Egito, que não conhecera a José", está falando de uma das dinastias posteriores. É provável que tenha sido a décima nona, cujos primeiros faraós construíram as cidades de Pitom e Ramessés, sendo esta última uma residência real na área do delta do Nilo, onde os israelitas haviam se fixado. Teria sido conveniente, portanto, usar o trabalho escravo israelita. Com o passar dos anos, o cativeiro israelita tornou-se cada vez mais cruel e difícil de suportar, até que "lhes fizeram amargar a vida com dura servidão, em barro, e em tijolos, e com todo o trabalho no campo" (Êx 1:14).

O exílio egípcio durou ao todo 430 anos (Êx 12:40,41). O que havia acontecido com a promessa de Deus?

O Êxodo do Egito

Enquanto gemia sob o regime opressivo do faraó, o povo de Israel clamou a Deus por libertação:

> Ouvindo Deus o seu gemido, lembrou-se da sua aliança com Abraão, com Isaque e com Jacó.
>
> Êxodo 2:24

Na verdade, Deus já estava preparando o libertador que havia escolhido. Por meio de uma notável providência, Moisés havia sido criado na corte egípcia (Êx 2:1-10) e aprendido "toda a sabedoria dos egípcios". Ele, porém, tinha sido obrigado a fugir para salvar a vida e escondia-se agora na península do Sinai (Êx 2:15). Perto do monte Horebe (ou Sinai), onde Moisés mais tarde receberia os Dez Mandamentos para a recém-criada nação, Deus falou-lhe da sarça ardente:

> Eu sou o Deus de teu pai, o Deus de Abraão, o Deus de Isaque e o Deus de Jacó.
>
> Êxodo 3:1-6

Deus, então, contou a Moisés que estava prestes a resgatar o povo de Israel de seu cativeiro e trazê-lo finalmente à terra da promessa. Ele ainda encarregou Moisés de ir ao faraó e exigir a libertação de seu povo.

A princípio Moisés encheu-se de apreensão. Ele tinha muito medo do faraó, e ainda mais da reação que poderia receber de seus companheiros israelitas. Porém Deus o tranqüilizou:

> Assim dirás aos filhos de Israel: O SENHOR, o Deus de vossos pais, o Deus de Abraão, o Deus de Isaque e o Deus de Jacó, me enviou a vós outros.
>
> Êxodo 3:15

Moisés obedeceu. E o povo aceitou sua liderança. Porém o faraó, provavelmente Ramessés II, que reinou sobre o Egito por 66 anos (1290-1224), se opôs. Em linguagem bíblica, "o seu coração se endureceu". Foi apenas depois que as dez pragas haviam demonstrado inequivocamente a superioridade de Iavé sobre todos os deuses do Egito que ele finalmente consentiu (Êx 4:27—13:16). A data teria sido perto de 1280 a.C.

O "mar Vermelho" que os israelitas em fuga atravessaram foi provavelmente uma porção de água ao norte da extremidade norte do golfo de Suez. O milagre não reside no "forte vento oriental" que dividiu as águas, mas no fato de Deus tê-lo enviado no preciso momento em que "Moisés estendeu a mão sobre o mar" (Êx 14:21). Israel jamais esqueceu seu êxodo em segurança do Egito pela intervenção sobrenatural de Deus. Eles a celebravam com cânticos em sua adoração pública, como exemplo singular do poder e da misericórdia de Deus:

> (...) ele os salvou por amor do seu nome, para lhes fazer notório o seu poder. Repreendeu o mar Vermelho, e ele secou; e fê-los passar pelos abismos, como por um deserto. Salvou-os das mãos de quem os odiava e os remiu do poder do inimigo.
>
> Salmos 108:6-10

E ainda:

> Rendei graças ao SENHOR, porque ele é bom, *porque a sua misericórdia dura para sempre.* Rendei graças ao Deus dos deuses, *porque a sua misericórdia dura para sempre.* (...) àquele que feriu o Egito nos seus primogênitos, *porque a sua misericórdia dura para sempre;* tirou a Israel do meio deles, *porque a sua misericórdia dura para sempre;* com mão poderosa e braço estendido, *porque a sua misericórdia dura para sempre;* àquele que separou em duas partes o mar Vermelho, *porque a sua misericórdia dura para sempre;* e por entre elas fez passar a Israel, *porque a sua misericórdia dura para sempre.*
>
> Salmos 136:1,2,10-14

Os israelitas em fuga, uma multidão enorme e irritada, não viajaram diretamente para a Terra Prometida pela rota costeira conhecida como "o caminho da terra dos filisteus". Eles fizeram uma curva para sudeste para encontrar-se com seu Deus no monte Sinai, como ele havia ordenado a Moisés. Levou quase três meses para que chegassem lá, e uma vez acampados ao pé da montanha, permaneceram ali por quase um ano.

Aqui Deus deu a Israel três preciosos presentes: uma aliança renovada, uma lei moral e sacrifícios expiatórios.

A renovação da aliança veio primeiro. Deus chamou Moisés ao alto da montanha e mandou-o dizer a Israel:

> Tendes visto o que fiz aos egípcios, como vos levei sobre asas de águia e vos cheguei a mim. Agora, pois, se diligentemente ouvirdes a minha voz e guardardes a minha aliança, então, sereis a minha propriedade peculiar dentre todos os povos; porque toda a terra é minha; vós me sereis reino de sacerdotes e nação santa.
>
> Êxodo 19:4-6

Em segundo lugar, Deus deu-lhes uma lei moral. A obediência a essa lei era a parte de Israel na aliança. Sua essência está contida nos Dez Mandamentos. Esses, no entanto, foram complementados tanto por "estatutos" adicionais ("farás" e "não farás") quanto por "juízos" que formam um corpo de jurisprudência ("Quando um homem..."). A aliança foi solenemente ratificada pelo sangue de um sacrifício, quando o povo forneceu profissão pública de observar a lei de Deus.

Em terceiro lugar, Deus forneceu uma generosa provisão para cobrir as brechas deixadas por sua lei. Ele deu instruções para a construção de um "Tabernáculo", uma tenda retangular medindo cerca de 14 metros de comprimento, cinco metros de altura e quatro de largura, feita de cortinas de linho tingido estendidas sobre uma estrutura e coberta de pêlos de cabra e peles à prova d'água. Dentro havia dois compartimentos: o "lugar santo" e o "lugar santíssimo" ou "santo dos santos". Esse santuário interior tinha metade do tamanho do aposento maior, do qual era separado por uma cortina conhecida como "o véu". Do lado de fora do véu ficavam um candelabro de ouro, um altar de incenso e uma mesa sobre a qual se colocavam bolos assados. Além do véu estava a arca sagrada, um baú de madeira contendo as placas de pedra em que estavam gravados os Dez Mandamentos. Sua tampa dourada, conhecida como "propiciatório", era flanqueada por querubins, figuras de criaturas celestiais. Em templos pagãos esses teriam formado uma espécie de trono para o ídolo. Não, porém, no tabernáculo de Israel, já que a confecção de ídolos era proibida. Em vez disso, Deus manifestava a si mesmo aqui, numa espécie de radiância. Essa era a "*shekiná* [glória]", sua própria presença habitando no meio de seu povo (v., p. ex., Êx 25:8; 40:34).

Esse tabernáculo era erigido num amplo átrio cercado. Do lado de fora da porta que dava para o leste ficava uma bacia de cobre às vezes chamada de "lavatório", na qual os sacerdotes lavavam as mãos e os pés, e um altar maior sobre o qual eram queimados os animais em sacrifício.

A estrutura, os utensílios e a construção do tabernáculo são descritos em Êxodo 25—27 e 35—40. Os cinco tipos-padrão de sacrifício são explicados em Levítico 1—7, e detalhes completos a respeito da vestimenta, da consagração e dos deveres sacerdotais são fornecidos em Êxodo 28, 29 e no restante do Livro de Levítico.

Especialmente significativos são os rituais prescritos para o dia anual da Expiação (Lv 16). O sumo sacerdote era instruído a tomar dois bodes. Ele deveria sacrificar um deles como oferta pelo pecado, tomar um pouco de seu sangue e respingar com ele o propiciatório. O sangue representava uma vida entregue no lugar do pecador, cuja vida era penhorada:

> Porque a vida da carne está no sangue. Eu vo-lo tenho dado sobre o altar, para fazer expiação pela vossa alma, porquanto é o sangue que fará expiação em virtude da vida.
>
> Levítico 17:11

O véu, que simbolizava a inacessibilidade de Deus ao pecador, não devia ser penetrado em nenhum outro dia além do Dia da Expiação, por ninguém mais além do sumo sacerdote e sob nenhuma outra condição que não com o derramar e o respingar de sangue. Então:

> Arão porá ambas as mãos sobre a cabeça do bode vivo e sobre ele confessará todas as iniqüidades dos filhos de Israel, todas as suas transgressões e todos os seus pecados; e os porá sobre a cabeça do bode e enviá-lo-á ao deserto (...) Assim, aquele bode levará sobre si todas as iniqüidades deles para terra solitária.
>
> Levítico 16:21,22

Esses atos simbólicos — o derramamento e o respingar de sangue, a penetração do véu e o levar das iniqüidades — prefiguram a obra expiatória de Jesus Cristo, nosso Salvador.

As peregrinações no deserto

O tabernáculo foi erigido no primeiro aniversário da saída dos israelitas do Egito (Êx 40:17). Duas semanas depois a Páscoa foi celebrada (Nm 9:1-3), e ainda duas semanas mais tarde foi feito um recenseamento de todos os homens de vinte anos de idade ou mais, que estariam capacitados para a guerra (Nm 1:1-3). A progressão é notável. Israel é visto inicialmente como um ajuntamento desorganizado de escravos libertos (Êx 13:17,18), em seguida como uma nação santa em aliança com Iavé, um "reino de sacerdotes" entre os quais ele habitava, mas agora (em Números) vemo-los como combatentes, um exército acampado em traje de batalha, pronto para marchar para a Terra Prometida.

No vigésimo dia do segundo mês do segundo ano a marcha começou. O tabernáculo foi desmanchado, apenas sete semanas depois de ter sido erigido. A coluna de nuvem, símbolo da presença condutora de Deus, começou a se mover, e "os filhos de Israel puseram-se em marcha do deserto do Sinai" (Nm 10:11,12).

Aquele deve ter sido um momento empolgante. Finalmente, sete séculos depois de ter sido feita em primeiro lugar a Abraão, a promessa de Deus de conceder a seu povo a terra de Canaã estava para ser cumprida. "Estamos de viagem", eles diziam uns aos outros, "para o lugar de que o SENHOR disse: Dar-vo-lo-ei" (Nm 10:29).

A empolgação deles se mostraria, no entanto, efêmera. Primeiro o povo reclamou da falta de comida. As bocas salivavam pelos peixes, pepinos, melões, alhos silvestres, cebolas e alhos com que haviam se deleitado no Egito (Nm 11:1-6). Depois Miriã e Arão, irmãos de Moisés, começaram a questionar a sua autoridade (Nm 12). Finalmente, dez dos doze batedores que Moisés enviou para fazer o reconhecimento da terra de Canaã — muito embora o produto que trouxeram provasse que aquela era de fato uma terra que "manava leite e mel" — acrescentaram que no seu ponto de vista seus habitantes eram invencíveis:

> O povo, porém, que habita nessa terra é poderoso, e as cidades, mui grandes e fortificadas (...) os amalequitas habitam na terra do Neguebe; os heteus, os jebuseus e os amorreus habitam na montanha; os cananeus habitam ao pé do mar e pela ribeira do Jordão (...) Não poderemos subir contra aquele povo, porque é mais forte do que nós.
>
> Números 13:28,29,31

Diante desse relatório, o povo chorou e lamentou-se. Dois dos espias, Calebe e Josué, pediram que eles não desobedecessem ou duvidassem do Senhor, nem temessem o povo da terra. Mas não adiantou. A maioria falava apenas em apedrejá-los. Assim o julgamento de Deus recaiu sobre seu povo, por causa de sua arraigada rebelião. Nenhum dos daquela geração adulta entraria na terra da promessa, ele disse, além dos fiéis Josué e Calebe.

Quarenta anos teriam agora de passar entre o êxodo do Egito e a entrada em Canaã, em vez de apenas um ou dois. Muitos deles parecem ter sido gastos no oásis de Cades-Barnéia, no Neguebe. Mas aqueles foram também anos de peregrinação, para o sul novamente do Sinai, depois para o norte e para o leste por meio do acidentado território edomita ao sul do mar Vermelho. Daqui eles poderiam ter tomado o famoso "Caminho do Rei", que partia do golfo de Ácaba, a leste do mar Morto, subindo direto até a Síria. Mas os edomitas não permitiram que eles atravessassem seu território por essa rota, pelo que tiveram de contornar mais a leste (Nm 20:14-21). Eles não lutaram contra os edomitas, pois eram parentes de sangue. Ao norte, porém, ficavam os amorreus, bloqueando também o Caminho do Rei, sob a liderança de Seom, rei de Hesbom, e de Ogue, rei de Basã. Sua derrota em batalha, bem como o fracasso das tentativas do rei de Moabe em vencer Israel, primeiro contratando Balaão para amaldiçoá-los e depois pela sedução imoral, são descritos em Números 21—25.

Israel estava agora acampado nas campinas de Moabe próximo ao rio Jordão, ao norte de onde ele desemboca no mar Morto. Aqui Moisés dirigiu-se ao povo pela última vez; suas palavras estão preservadas no Livro de Deuteronômio. Ele começou recordando os anos recentes de trágica peregrinação e suas solenes lições. Em seguida, lembrou-os da aliança do Senhor e de suas condições. Moisés repetiu os dez mandamentos e os expôs em termos de que era requerido de Israel que amasse o Senhor, seu Deus, com todo o ser, e que provasse seu amor pela obediência.

> Porque tu és povo santo ao SENHOR, teu Deus; o SENHOR, teu Deus, te escolheu, para que lhe fosses o seu povo próprio, de todos os povos que há sobre a terra.(...) Agora, pois, ó Israel, que é que o SENHOR requer de ti? Não é que temas o SENHOR, teu Deus, e andes em todos os seus caminhos, e o ames, e sirvas ao SENHOR, teu Deus, de todo o teu coração e de toda a tua alma, para guardares os mandamentos do SENHOR e os seus estatutos (...)?
>
> Deuteronômio 7:6; 10:12,13

Moisés prosseguiu expondo uma série de leis em detalhe, aplicando-as à situação que o povo poderia esperar na Terra Prometida. Por duas ou três vezes, no curso de sua exposição, ele colocou diante dos israelitas as únicas alternativas:

> Eis que, hoje, eu ponho diante de vós a bênção e a maldição a bênção, quando cumprirdes os mandamentos do SENHOR, vosso Deus (...) a maldição, se não cumprirdes os mandamentos do SENHOR, vosso Deus (...) Vê que proponho, hoje, a vida e o bem, a morte e o mal.
>
> Deuteronômio 11:26-28; 30:15

A morte de Moisés está registrada no final de Deuteronômio. Por quarenta anos ele havia servido a Deus e ao povo de Deus com extraordinárias paciência e fidelidade. Ele havia agido como legislador, administrador e juiz. Acima de tudo, ele foi um porta-voz escolhido de Deus, um profeta. O autor na verdade acrescenta:

> Nunca mais se levantou em Israel profeta algum como Moisés, com quem o SENHOR houvesse tratado face a face.
>
> Deuteronômio 34:10

O ASSENTAMENTO DO POVO EM CANAÃ

Já antes de sua morte Moisés havia, por ordem divina, designado Josué para sucedê-lo e conduzir o povo para dentro da Terra Prometida. Agora, portanto, a palavra de Deus veio a Josué:

> Sê forte e corajoso, porque tu farás este povo herdar a terra que, sob juramento, prometi dar a seus pais.
>
> Josué 1:6

Os israelitas puderam atravessar o rio Jordão como haviam atravessado o mar Vermelho, por um ato sobrenatural de Deus, embora desta vez ele pareça ter usado um deslizamento de terra em vez de um forte vento para deter a água para eles (Js 3:15,16). Diante deles erguia-se a antiga cidade murada de Jericó; sua destruição sem um cerco foi a primeira vitória deles na terra da promessa. Depois de uma derrota inicial em Ai, por causa da desobediência de Acã ao roubar "as coisas condenadas", os israelitas vitoriosos rumaram para o sul. Eles colocaram para correr um exército confederado liderado por cinco reis amorreus, e prosseguiram na irresistível conquista da região montanhosa do sul até as fronteiras da terra dos filisteus.

Eles em seguida rumaram para o norte, onde uma coalizão comandada por Jabim, rei de Hazor, havia se agrupado junto ao lago Hule. Embora esse exército estivesse equipado com "muitíssimos cavalos e carros", pois o assentamento de Israel em Canaã coincidia aproximadamente com o início da Idade do Ferro, ele foi também decisivamente derrotado:

> Tomou, pois, Josué toda aquela terra, a saber, a região montanhosa, todo o Neguebe, toda a terra de Gósen, as planícies, a Arabá e a região montanhosa de Israel com suas planícies; desde o monte Halaque, que sobe a Seir, até Baal-Gade, no vale do Líbano, ao pé do monte Hermom.
>
> Josué 11:16,17

O restante do Livro de Josué contém uma descrição dos territórios que foram designados por sorteio como herança às tribos israelitas (capítulos 13—22). Ele conclui com um empolgante discurso que Josué proferiu "passado muito tempo", reminiscente da ordenança de Moisés registrada em Deuteronômio, no qual ele lembrava o povo de sua história e lançava o seguinte desafio:

> Agora, pois, temei ao SENHOR e servi-o com integridade e com fidelidade; deitai fora os deuses aos quais serviram vossos pais dalém do Eufrates e no Egito e servi ao SENHOR. Porém, se vos parece mal servir ao SENHOR, escolhei, hoje, a quem sirvais: se aos deuses a quem serviram vossos pais que estavam dalém do Eufrates ou aos deuses dos amorreus em cuja terra habitais. Eu e a minha casa serviremos ao SENHOR.
>
> Josué 24:14,15

Embora estivessem agora fixados na terra que Deus havia prometido dar a eles, os filhos de Israel não haviam obedecido à sua ordem de exterminar seus habitantes anteriores. Não é necessário que nos ofendamos diante desse decreto divino. A razão para ele pode ser mais bem descrita como a necessidade de uma cirurgia radical. A religião dos cananeus era caracterizada por idolatria e imoralidade do pior tipo. Os "baalins" eram deuses da fertilidade, supostamente responsáveis pelas chuvas e pela colheita, e tanto a prostituição ritual quanto orgias sexuais corrompiam a "adoração" nos santuários locais. Moisés então disse

> ... porque, pela maldade destas gerações, é que o SENHOR as lança de diante de ti.
>
> Deuteronômio 9:4

Na verdade, eram tão depravadas as práticas dessas nações pagãs que habitavam Canaã, incluindo a abominação do sacrifício de crianças, que sua expulsão de Israel é algumas vezes descrita na Escritura como se a própria terra "vomitasse os seus moradores" (Lv 18:24-30).

A falha de Israel em obedecer à ordem de Deus resultou na permanência da cultura pagã dentro de seu território e sua penetração em suas crenças e práticas. É essa a situação ao longo do período — cerca de duzentos anos — descrito no Livro de Juízes. O mesmo ciclo de apostasia, opressão e libertação repetia-se. Primeiro a apostasia:

> Então, fizeram os filhos de Israel o que era mau perante o SENHOR; pois serviram aos baalins. Deixaram o SENHOR, Deus de seus pais, que os tirara da terra do Egito, e foram-se após outros deuses, dentre os deuses das gentes que havia ao redor deles, e os adoraram, e provocaram o SENHOR à ira. Porquanto deixaram o SENHOR e serviram a Baal e a Astarote.
>
> Juízes 2:11-13

Em seguida vinha o juízo na forma de uma opressão estrangeira:

> Pelo que a ira do SENHOR se acendeu contra Israel e os deu na mão dos espoliadores, que os pilharam; e os entregou na mão de seus inimigos ao redor; e não mais puderam resistir a eles.
>
> Juízes 2:14

Por fim a libertação:

> Suscitou o SENHOR juízes, que os livraram da mão dos que os pilharam.
>
> Juízes 2:16

Mas acontecia tudo de novo:

> Contudo, não obedeceram aos seus juízes; antes, se prostituíram após outros deuses e os adoraram. Depressa se desviaram do cami-

> nho por onde andaram seus pais na obediência dos mandamentos do SENHOR; e não fizeram como eles.
>
> Juízes 2:17

Esses "juízes" combinavam diversas funções. Antes de tudo, eram líderes militares, levantados para libertar Israel de seus opressores. Assim, Eúde libertou Israel dos moabitas, Débora libertou-o dos cananeus, Gideão dos midianitas, Jefté dos amonitas e Sansão dos filisteus. Eles eram também líderes espirituais, gente do Espírito, embora exibissem diferentes graus de devoção a Iavé. Em terceiro lugar, eram juízes, como indica o título, ouvindo casos levados a eles e administrando a justiça em Israel. Parece no entanto ter havido muito pouca lei e ordem ao longo desse período, que é bem resumido pelas últimas palavras do livro: "cada um fazia o que achava mais reto".

Sem dúvida, o maior de todos os juízes foi Samuel. Ao contrário dos outros, ele não exibia nenhuma destreza militar. Foi durante seu mandato que o desastre impensável aconteceu: os filisteus capturaram a arca de Deus e transferiram-na de Siló para Asdode. Samuel recorreu a armas espirituais para recuperá-la — oração e arrependimento nacional.

Sua reputação como líder espiritual começou cedo. Dedicado ao Senhor antes de seu nascimento, Samuel foi criado em Siló sob a tutela do sumo sacerdote Eli. Ainda jovem, conta-se que "todo o Israel, desde Dã até Berseba, conheceu que Samuel estava confirmado como profeta do SENHOR" (1Sm 3:20). Ele agia também como sacerdote e julgava ainda Israel, fazendo um circuito anual a partir de Ramá, sua cidade natal, e passando por Betel, Gilgal e Mispa (1Sm 7:15-17).

Contudo, quando ele envelheceu e designou seus filhos como juízes, eles não seguiram os passos do pai, antes "aceitaram subornos, e perverteram o direito" (1Sm 8:1-3). Assim, os anciãos de Israel foram até Samuel em Ramá e exigiram que ele apontasse um rei para governá-los. Quando Samuel orou a respeito desse pedido, ficou-lhe claro que haviam rejeitado não a ele, mas a Deus. Pois Israel havia sido uma teocracia, uma nação governada por Deus, desde sua origem cerca de 250 anos antes. Samuel, por isso, objetou-se e advertiu-os de que reis futuros iriam oprimi-los. O povo, no entanto, recusou-se a ouvir:

> Não! Mas teremos um rei sobre nós. Para que sejamos também como todas as nações.
>
> 1Samuel 8:19,20

O ESTABELECIMENTO DA MONARQUIA

O primeiro rei de Israel, Saul, filho de Quis, começou a reinar diante de grande expectativa. Ele era rico, alto, bonito, jovem e popular. Era também um ardente patriota, que, quando ouviu que Jabes-Gileade estava sendo assediada pelo amonita Naás, reuniu imediatamente um grande exército e arrojou-se ousadamente além do Jordão para resgatar seus habitantes.

Contra os filisteus ele não foi, porém, tão bem-sucedido. Eles tinham guarnições em território israelita e eram motivo de constante humilhação para Israel. Foi o filho de Saul, Jônatas, que um dia colocou para correr, sozinho, uma guarnição inteira de filisteus, e foi o jovem Davi (destinado a ser o sucessor de Saul no trono) quem matou o gigante filisteu Golias. O povo empolgou-se diante dessas ousadas façanhas, mas a inveja de Saul foi despertada.

A principal causa da derrocada de Saul foi sua desobediência. Por três vezes ele desobedeceu à ordem direta de Deus — ao deixar de destruir por completo os amalequitas, ao usurpar a prerrogativa sacerdotal de apresentar sacrifícios e ao consultar uma médium. O veredicto de Deus, feito por intermédio de Samuel, era inevitável:

> Visto que rejeitaste a palavra do SENHOR, ele também te rejeitou a ti, para que não sejas rei.
>
> 1Samuel 15:23

Saul caiu em batalha contra os filisteus, juntamente com seus três filhos, e Davi foi tomado de pesar:

> A tua glória, ó Israel, foi morta sobre os teus altos! Como caíram os valentes!
>
> 2Samuel 1:19

Davi já havia sido designado herdeiro do trono enquanto Saul ainda era vivo, mas passou os últimos anos do reinado de Saul fugindo da inveja do rei. Seu próprio reinado ele começou em Hebrom, onde os homens de Judá (sua tribo) ungiram-no rei. Sete anos depois, porém, representantes de todas as tribos de Israel vieram a Hebrom prestar-lhe seus respeitos, e ele foi ungido rei pela segunda vez. Ele então mudou sua capital para Jebus (recém-capturada dos jebuseus), mudou seu nome para Jerusalém, "cidade da paz", e trouxe a arca de Quiriate-Jearim entre tumultuado regozijo.

A primeira realização de Davi foi unificar Israel e deixar o país livre dos inimigos. Ele conquistou vitórias sobre todos os inimigos tradicionais de Israel — os filisteus, os edomitas, os moabitas, os amonitas e os sírios — e governou sobre toda a Terra Prometida, do "rio do Egito" (a ravina da fronteira egípcia) até o rio Eufrates. Em vista dessas conquistas, mostrou-se ainda mais humilhante que Davi tivesse de enfrentar rebelião dentro de sua própria casa, primeiro da parte de seu filho Absalão e depois de um desprezível usurpador chamado Seba.

Davi, porém, estava longe de ser um implacável chefe guerreiro. Era um artista, ao mesmo tempo poeta e músico (ele havia por diversas vezes aplacado a melancolia de Saul com sua lira). Era também um espírito sensível, magnânimo com seus inimigos e leal a seus amigos.

Ele era acima de tudo devotado a seu Deus. Os salmos que escreveu expressam uma notável profundidade espiritual, de penitência depois de seu adultério com Bate-Seba (Sl 51) e de confiança no Deus de sua salvação. Por exemplo:

> O SENHOR é a minha rocha, a minha cidadela, o meu libertador; o meu Deus, o meu rochedo em que me refugio; o meu escudo, a força da minha salvação, o meu baluarte e o meu refúgio. Ó Deus, da violência tu me salvas. (...) Pois quem é Deus, senão o SENHOR? E quem é rochedo, senão o nosso Deus? Deus é a minha fortaleza e a minha força e ele perfeitamente desembaraça o meu caminho.
>
> 2Samuel 22:1,32,33

> Eu te amo, ó SENHOR, força minha.
> O SENHOR é a minha rocha, a
> minha cidadela, o meu libertador;
> o meu Deus, o meu rochedo em que me refugio;
> o meu escudo, a força da minha salvação, o meu baluarte.
> Invoco o SENHOR, digno de ser louvado,
> e serei salvo dos meus inimigos. (...)
> Pois quem é Deus, senão o SENHOR?
> E quem é rochedo, senão o nosso Deus?
> O Deus que me revestiu de força e aperfeiçoou o meu caminho.
>
> Salmos 18:1,31,32

Depois de construir em Jerusalém um palácio para si, Davi estava ansioso também para edificar uma casa para o Senhor. Mas por meio do profeta Natã o Senhor o proibiu, dizendo que seu filho teria permissão de lhe construir um templo. Nesse meio tempo Deus acrescentou:

> Também o SENHOR te faz saber que ele, o SENHOR, te fará casa (...) a tua casa e o teu reino serão firmados para sempre diante de ti; teu trono será estabelecido para sempre.
>
> 2Samuel 7:11,16

Israel nunca esqueceu a aliança eterna de Deus com Davi. Os crentes de Israel sabiam com certeza que, quando viesse, o Messias seria filho de Davi.

Deus começou a cumprir sua promessa a Davi colocando seu filho Salomão no trono, e durante seu reinado o reino de Israel alcançou o ponto máximo de sua magnificência. Não era à toa que Jesus fazia referência a "Salomão em toda a sua glória".

O rei Salomão tinha grande talento para administração e edificações. Logo depois de subir ao poder, ele orou pedindo que Deus lhe concedesse sabedoria.

> Dá, pois, ao teu servo coração compreensivo para julgar a teu povo, para que prudentemente discirna entre o bem e o mal.
>
> 1Reis 3:9

A oração de Salomão foi respondida. Ele dividiu o país em doze regiões regidas por doze administradores, cuja responsabilidade era prover a subsistência da casa real, uma a cada mês do ano. Ele fortificou cidades, organizou um exército permanente e guarneceu-se com 1.400 carruagens e quarenta mil cavalos. Foi ele o pai da Marinha de Israel, cujos navios (mantidos no golfo de Ácaba) embarcavam em aventurosas viagens de comércio. Ele construiu palácios para si mesmo e sua rainha, salões de reunião, de justiça e de arsenal, e acima de tudo o grandioso Templo, feito de pedra talhada, madeira de cedro e cipreste e ouro. Foi também um generoso patrono das artes, sendo autor de numerosas canções e provérbios (1Rs 4:32-34). Sua reputação de esplendor, sabedoria e justiça viajou longe, e sob seu governo o povo desfrutou paz e prosperidade:

> Eram, pois, os de Judá e Israel muitos, numerosos como a areia que está ao pé do mar; comiam, bebiam e se alegravam (...) Judá e Israel habitavam confiados, cada um debaixo da sua videira e debaixo da sua figueira, desde Dã até Berseba, todos os dias de Salomão.
>
> 1Reis 4:20,25

No entanto, nem tudo estava tão bem como parecia superficialmente. Salomão não amava o Senhor, seu Deus, de todo o coração — e nem o próximo como a si mesmo. Ele mantinha um harém de princesas estrangeiras (pagãs), transgredindo a proibição estabelecida por Deus desse tipo de casamento misto, e elas "lhe perverteram o coração para seguir outros deuses" (1Rs 11:1-8). Além disso ele só conseguia manter seu programa de edificações e luxuoso estilo de vida na corte por meio de medidas opressivas, que incluíam impostos elevados e uma quota de trabalho forçado de trinta mil homens.

Não surpreende, portanto, que, quando o povo reuniu-se para fazer Roboão assumir o trono no lugar de seu pai — Salomão —, disseram-lhe:

> Teu pai fez pesado o nosso jugo; agora, pois, alivia tu a dura servidão de teu pai e o seu pesado jugo que nos impôs, e nós te serviremos.
>
> 1Reis 12:4

Os conselheiros experimentados do rei deram a Roboão uma sábia orientação, que representa o fundamento dos ideais de serviço de toda monarquia constitucional moderna:

> Se, hoje, te tornares servo deste povo, e o servires, (...) eles se farão teus servos para sempre.
>
> 1Reis 12:7

Porém Roboão cometeu um erro precipitado e tolo. Ele acabou aceitando a orientação de conselheiros jovens e inexperientes, advertiu o povo que planejava tornar seu jugo ainda mais pesado e levou dessa forma as dez tribos do norte e do leste a proclamarem independência da dinastia de Davi.

Saul, Davi e Salomão haviam reinado sobre Israel por quarenta anos cada um, de modo que por 120 anos, aproximadamente entre 1050-930 a.C., um reino unido havia existido. Todavia o reino estava agora dividido. O reino do Norte era Israel, tendo Jeroboão por seu primeiro rei e a cidade de Siquém (mais tarde Samaria) por capital. O reino do Sul era Judá, tendo Roboão por seu primeiro rei e Jerusalém por capital. Israel sofreu diversas trocas de dinastias reais, e durou pouco mais de duzentos anos, até a destruição de Samaria em 722 a.C. Judá mostrou-se mais estável, retendo a dinastia de Davi ao longo de sua história de cerca de 350 anos, até que Jerusalém foi destruída em 586 a.C.

A história da monarquia dividida não é fácil de acompanhar, quando tentamos compreender as relações entre ambos os reinos, seu envolvimento com os poderosos impérios ao norte e ao sul e a intervenção dos profetas, que falavam ousadamente em nome de Iavé tanto a reis quanto ao povo comum. A narrativa bíblica é, além disso, complicada pelo fato de que muito nela é contado duas vezes, uma vez nos Livros de Reis e outra nos Livros de Crônicas, sendo que o cronista (possivelmente Esdras) escreveu numa época posterior e com o objetivo definido de enfatizar a importância do reino do Sul, da dinastia de Davi e da adoração no templo. Pode ser melhor nos concentrarmos primeiro na história de Israel.

Israel, o reino do Norte

Jeroboão, o primeiro governante do reino do Norte, havia sido um dos servos de Salomão. De fato, era tão elevada a opinião que Salomão nutria de sua habilidade e indústria que o havia colocado no comando da maior parte das levas de trabalhadores forçados. Mais tarde Salomão teve motivos para suspeitar da traição de Jeroboão, o que levou Jeroboão, para salvar a vida, a fugir para o Egito, onde foi abrigado por Sisaque (isto é, Sheshonq I da 22ª dinastia). Ele voltou apenas depois da morte de Salomão para, como vimos, desafiar Roboão.

A fim de desligar o coração de seus súditos da casa de Davi, Jeroboão estava determinado a impedi-los de peregrinar para Jerusalém. Ele criou então dois santuários alternativos, um ao norte, em Dã, outro ao sul, em Betel, colocou um bezerro de ouro em cada um e disse:

> Vês aqui teus deuses, ó Israel, que te fizeram subir da terra do Egito.
>
> 1Reis 12:28

É por essa razão que Jeroboão entrou para a história como "aquele que levou Israel a pecar".

Judá, porém, não estava em mãos muito melhores sob o cetro de Roboão, pois ao lado da adoração a Iavé o povo corrompeu-se com algumas das abominações dos rituais cananeus de fertilidade. Roboão não havia reinado por mais de quatro ou cinco anos quando Sisaque invadiu Jerusalém e despojou o templo dos tesouros com os quais Salomão o havia provido.

Jeroboão foi sucedido no trono por cinco reis a respeito dos quais sabemos pouco. No entanto, em 881 a.C., cerca de 28 anos depois da morte de Jeroboão, deu-se início à dinastia de Onri. Foi ele quem estabeleceu sua capital em Samaria e a fez praticamente invulnerável sobre uma colina cônica fortemente protegida. Ele, no entanto, trouxe grande tribulação sobre Israel ao casar seu filho Acabe (que logo o sucedeu) com a princesa fenícia Jezabel — pois ela não era apenas uma adoradora de Melcarte (Baal, na narrativa bíblica), a principal divindade de Tiro, mas insistia em manter ela mesma na corte um séquito de "profetas de Baal", envolvendo também seu esposo, o rei, em sua adoração idólatra. Ela, além disso, matava os profetas do Senhor.

Essa descarada apostasia no palácio foi aviso para um renovado despertar da profecia ética, que estava destinada a desempenhar um importante papel em Israel e Judá nos três séculos seguintes e além. O primeiro profeta dessa nobre linhagem foi Elias, que veio de Gileade, na Transjordânia. Austero em seu modo de vida na esfera privada e destemido em seu ministério público, ele acusou Acabe de perturbar Israel com sua apostasia religiosa. Elias desafiou ainda os profetas de Baal a uma competição pública no monte Carmelo, ridicularizando ainda o povo indeciso que oscilava entre duas opiniões (1Rs 18:21). Quando os profetas de Baal mostraram-se incapazes de produzir qualquer resposta de seu deus, Elias orou:

> Ó Senhor, Deus de Abraão, de Isaque e de Israel, fique, hoje, sabido que tu és Deus em Israel, e que eu sou teu servo.
>
> 1Reis 18:36

O resultado foi uma incontestável manifestação do Deus vivo.

Elias tinha aguçada consciência social, além da religiosa. Ele sabia que Iavé estava tão insatisfeito com a opressão do rei sobre seus súditos quanto com sua apostasia. Junto ao palácio de Acabe no vale de Jezreel havia um belo vinhedo de propriedade de um homem chamado Nabote. Acabe cobiçava-o para si, mas Nabote recusava-se a vender o que havia sido herança de seu pai. Então Jezabel, sem dúvida com a conivência de Acabe, fez com que Nabote fosse assassinado e em seguida anexou sua propriedade. Aqui Elias confrontou-os:

> Mataste e, ainda por cima, tomaste a herança? (...) No lugar em que os cães lamberam o sangue de Nabote, cães lamberão o teu sangue, o teu mesmo.
>
> 1Reis 21:19

O sangue inocente de Nabote foi vingado por Jeú, comandante do exército israelita ungido agora como rei pela autoridade do profeta Elias. Com brutal diligência Jeú liquidou a casa de Acabe e livrou a terra da adoração de Baal.

A dinastia de Jeú durou cerca de cem anos (c. 841-743 a.C.), quase metade da duração do reino do Norte. Durante os primeiros anos da dinastia houve guerra praticamente contínua contra a Síria, que capturou de Jeú toda a Transjordânia. Ela no entanto começou a ser recuperada por seu neto, e seu bisneto Jeroboão II completou o processo.

Foi durante o reinado de Jeroboão II (782-763 a.C.) que o reino de Israel alcançou seu apogeu:

> Restabeleceu ele os limites de Israel, desde a entrada de Hamate até ao mar da planície.
>
> 2Reis 14:25

A paz trouxe prosperidade; a prosperidade, vida luxuosa; a vida luxuosa, libertinagem. É verdade que os santuários locais de Israel transbordavam de peregrinos, e que para todos os efeitos Israel experimentava um avivamento religioso. Os profetas, no entanto, tinham olhos apenas para a injustiça e para a imoralidade dos governantes da nação. Amós, o primeiro grande profeta do oitavo século a.C.[6], era um simples pastor do sul, mas a compulsão da palavra de Deus impeliu-o ao reino do Norte para denunciar a hipocrisia de Israel:

> Assim diz o SENHOR: Por três transgressões de Israel e por quatro, não sustarei o castigo, porque os juízes vendem o justo por dinheiro

> e condenam o necessitado por causa de um par de sandálias. Suspiram pelo pó da terra sobre a cabeça dos pobres e pervertem o caminho dos mansos; um homem e seu pai coabitam com a mesma jovem e, assim, profanam o meu santo nome. E se deitam ao pé de qualquer altar sobre roupas empenhadas e, na casa do seu deus, bebem o vinho dos que foram multados.
>
> Amós 2:6-8

Ele sabia que a religião divorciada da ética era uma abominação para Iavé:

> Aborreço, desprezo as vossas festas e com as vossas assembléias solenes não tenho nenhum prazer. E, ainda que me ofereçais holocaustos e vossas ofertas de manjares, não me agradarei deles, nem atentarei para as ofertas pacíficas de vossos animais cevados. Afasta de mim o estrépito dos teus cânticos, porque não ouvirei as melodias das tuas liras. Antes, corra o juízo como as águas; e a justiça, como ribeiro perene.
>
> Amós 5:21-24

A Oséias a palavra de Deus veio por intermédio da agonia diante da infidelidade de sua esposa. Israel havia de modo semelhante violado sua aliança de casamento com Iavé trocando-o por outros "amantes", os baalins dos santuários locais. Não era devoção religiosa exterior que Deus queria de Israel, mas fidelidade à aliança:

> Misericórdia quero, e não sacrifício, e o conhecimento de Deus, mais do que holocaustos.
>
> Oséias 6:6

Quando a dinastia de Jeú chegou ao fim, restavam ao reino do Norte cerca de apenas trinta anos. Uma sucessão de líderes militares ocuparam o trono. Porém o fato novo no cenário político internacional era a ascensão do grande império assírio. Já na metade do século anterior tanto Acabe quanto Jeú haviam pagado tributo ao rei Salmaneser III. Agora o rei da Assíria era Tiglate-Pileser III (745-727 a.C.), chamado de Pul na narrativa bíblica, que embarcou numa série de campanhas expansionistas. Quando ele chegou a Israel, o rei Menaém comprou-lhe a paz por mil talentos de ouro.

Poucos anos mais tarde (em 735 a.C.), o "capitão" que governava sobre Israel, Peca, filho de Remalias, entrou em aliança com Rezim, rei da Síria, a fim de livrar-se do jugo assírio. Quando Acaz, rei de Judá, recusou-se a apoiá-los, eles invadiram seu território. Acaz entrou em pânico, mas o profeta Isaías procurou apaziguá-lo com uma palavra de Deus:

> Acautela-te e aquieta-te; não temas, nem se desanime o teu coração por causa destes dois tocos de tições fumegantes (...) se o não crerdes, certamente não permanecereis.
>
> Isaías 7:4,9

Acaz não creu. Em vez disso, ele apelou a Tiglate-Pileser, com resultados devastadores. A Síria foi conquistada. Os territórios da Galiléia e da Transjordânia em Israel foram despovoados. Acaz prestou tributo a Tiglate-Pileser com prata e ouro do templo, e até mesmo a Assur, deus assírio.

Quando Tiglate-Pileser morreu, Samaria recusou-se desafiadoramente a continuar pagando o tributo à Assíria. Essa atitude precipitada foi o toque de finados para Israel. O novo rei, Salmaneser IV, fechou sob cerco a cidade de Samaria, que capitulou três anos mais tarde (provavelmente no ano 722) para seu sucessor Sargão II. O povo de Israel foi em grande parte derrotado, e seu território colonizado por sírios e babilônios. A população mestiça resultante foi a origem dos samaritanos.

Dessa forma o reino do Norte chegou a um vergonhoso fim. Ele havia durado pouco mais de dois séculos. Israel havia julgado que a aliança de Deus o tornava imune a seu julgamento, mas não foi o que ensinou o profeta Amós:

> De todas as famílias da terra, somente a vós outros vos escolhi; portanto, eu vos punirei por todas as vossas iniqüidades.
>
> Amós 3:2

Judá, o reino do Sul

Até agora temos acompanhado a ascensão e queda do reino do Norte. Os livros de Reis e Crônicas registram também algo sobre o reino do Sul nesse mesmo período. Sua história não é, porém, tão pitoresca, e o nome de seus primeiros reis não são tão bem conhecidos, exceto talvez por Josafá, contemporâneo de Acaz.

Depois dele, no entanto, o reino do Sul prosseguiria sozinho por ainda mais 135 anos. Seu período de independência foi enobrecido em particular por duas grandes reformas religiosas. A primeira foi promovida pelo rei Ezequias com o encorajamento dos profetas Isaías e Miquéias. O segundo rei reformador foi Josias, encorajado por seu primo distante, o profeta Sofonias, e pelo jovem profeta Jeremias.

Logo no começo de seu reinado Ezequias reformou e reabriu o templo. Ele em seguida removeu resolutamente de seu reino toda a parafernália de idolatria assíria que seu pai, Acaz, havia introduzido.

Essas reformas foram certamente fruto do testemunho fiel de Isaías e Miquéias, que haviam denunciado a idolatria, o ritualismo vazio e a injustiça e chamado o povo ao arrependimento durante os dois reinados precedentes, ao mesmo tempo que Amós e Oséias proclamavam a palavra de Deus ao reino do Norte. Eis um dos grandes oráculos de Miquéias:

> Com que me apresentarei ao SENHOR e me inclinarei ante o Deus excelso? Virei perante ele com holocaustos, com bezerros de um ano? Agradar-se-á o SENHOR de milhares de carneiros, de dez mil ribeiros de azeite? Darei o meu primogênito pela minha transgressão, o fruto do meu corpo, pelo pecado da minha alma? Ele te declarou, ó homem, o que é bom e que é o que o SENHOR pede de ti: que pratiques a justiça, e ames a misericórdia, e andes humildemente com o teu Deus.
>
> Miquéias 6:6-8

Sargão, rei da Assíria, morreu em combate no ano 705 a.C. e foi sucedido no trono por seu filho Senaqueribe. Esse parece ter sido o sinal que Ezequias esperava para revoltar-se contra a soberania assíria. Não foi até 701 a.C., no entanto, que Senaqueribe chegou ao reino rebelado de Judá. Depois de tomar suas cidades-fortaleza, ele colocou Jerusalém sob cerco, enjaulando Ezequias (para usar sua própria expressão) "como um pássaro numa gaiola". Felizmente, Ezequias havia tomado precauções para assegurar o suprimento de água da cidade construindo o famoso túnel entre uma nascente do lado de fora das muralhas e o tanque de Siloé. Ainda assim, a situação parecia desesperadora. Isaías a descreve da seguinte forma:

> A filha de Sião é deixada como choça na vinha, como palhoça no pepinal, como cidade sitiada.
>
> Isaías 1:8

O comandante assírio provocava os habitantes da cidade sitiada:

> Não deis ouvidos a Ezequias, porque vos engana, dizendo: O SENHOR nos livrará. Acaso, os deuses das nações puderam livrar, cada um a sua terra, das mãos do rei da Assíria? Onde estão os deuses de Hamate e de Arpade? Onde estão os deuses de

> Sefarvaim, Hena e Iva? Acaso, livraram eles a Samaria das minhas mãos?
>
> 2Reis 18:32-34

O rei Ezequias consultou Isaías, e o profeta respondeu:

> Assim diz o SENHOR: Não temas por causa das palavras que ouviste, com as quais os servos do rei da Assíria blasfemaram de mim.
>
> 2Reis 19:6

A doutrina central da teologia de Isaías era a soberania de Deus. Seu chamado para o ofício profético veio a ele numa visão do Senhor como rei, reinando em seu trono exaltado. Ele cria que Deus era Rei das nações e que os usava como instrumentos de seu próprio propósito.

Dessa forma o cerco de Jerusalém por parte de Senaqueribe chegou ao fim. De acordo com o registro bíblico, "naquela mesma noite, saiu o Anjo do SENHOR e feriu, no arraial dos assírios, cento e oitenta e cinco mil" (2Rs 19:35). É possível que Heródoto esteja se referindo a esse episódio quando descreve uma invasão noturna de ratos a um acampamento assírio. Ele, porém, diz que os ratos deixaram os soldados indefesos roendo as cordas de seus arcos, aljavas e as alças de seus escudos, quando na realidade podem ter sido portadores de peste bubônica.

Porém, quaisquer que sejam os meios pelos quais tenha se realizado, Israel considerou uma tremenda libertação divina:

> Deus é o nosso refúgio e fortaleza, socorro bem presente nas tribulações. Aquietai-vos e sabei que eu sou Deus; sou exaltado entre as nações, sou exaltado na terra. O SENHOR dos Exércitos está conosco; o Deus de Jacó é o nosso refúgio.
>
> Salmos 46:1,10,11

O meio século que se seguiu à morte de Ezequias foi um período de apostasia religiosa. Seu filho Manassés, impotente vassalo da Assíria, adotou a política de amalgamar diferentes práticas religiosas, reintroduzindo a adoração dos ídolos cananeus e assírios que Ezequias havia destruído. O culto às estrelas, o espiritualismo, a adoração de Baal e até mesmo os horrores do sacrifício de crianças contaminaram a terra. Seu filho Amom, que reinou por apenas dois anos, parece não ter sido muito melhor.

O bom rei Josias, porém, que reinou de 639 a 609 a.C., virou a mesa novamente e inaugurou reformas ainda mais abrangentes que seu bisavô Ezequias. Josias subiu ao trono de Judá aos oito anos de idade. Quando era ainda um jovem de dezesseis anos, ele "começou a buscar o Deus de Davi, seu pai", o que, podemos presumir, quer dizer que ele corrigiu a si mesmo e a seus seguidores mais próximos na corte. Quatro anos mais tarde ele "começou a purificar a Judá e a Jerusalém dos altos, dos postes-ídolos e das imagens de escultura e de fundição" (2Cr 34:3), e no ano seguinte Jeremias recebeu seu chamado para ser profeta.

Apenas seis anos mais tarde, agora um jovem de 26 anos, Josias passou a conduzir uma reforma radical da nação inteira. Ela foi resultado da descoberta, durante reparos no templo, do "Livro da Lei", que parece ter sido alguma edição ou parte do Livro de Deuteronômio. O rei reuniu o povo, "grandes e pequenos", numa grande assembléia pública, e leu-lhes o recém-descoberto livro da lei. Ele em seguida renovou a aliança da nação com Deus, fez com que fossem removidos da cidade e das províncias todos os objetos idolátricos da adoração assíria e cananéia, fechou os santuários locais, proibiu o espiritualismo e o sacrifício humano e ordenou que a Páscoa fosse celebrada em Jerusalém.

> Antes dele, não houve rei que lhe fosse semelhante, que se convertesse ao SENHOR de todo o seu coração, e de toda a sua alma, e de todas as suas forças, segundo toda a Lei de Moisés; e, depois dele, nunca se levantou outro igual.
>
> 2Reis 23:25

Podemos estar certos de que, nos bastidores, Jeremias estava encorajando essa reforma. Ao mesmo tempo o profeta deplorava o que ele via ser sua comparativa superficialidade. Ele chamou a atenção do povo para o destino dos incrédulos israelitas e acrescentou:

> Apesar de tudo isso, não voltou de todo o coração para mim a sua falsa irmã Judá, mas fingidamente, diz o SENHOR.
>
> Jeremias 3:10

Jeremias menciona com freqüência a "dureza" do coração humano, "enganoso, mais do que todas as coisas, e desesperadamente corrupto", e ansiava pelos dias da nova aliança quando Deus colocaria sua lei no interior dos homens e "também no coração lhas inscreveria" (Jer 7:24; 17:9; 31:33).

De qualquer forma, provou-se que Jeremias estava certo. Os resultados da reforma de Josias não duraram, e seu filho Jeoaquim conseguiu rapidamente desfazer tudo de bom que ele havia feito. O novo rei parece ter usado trabalho escravo para construir um luxuoso palácio para si mesmo e trouxe dessa forma sobre sua cabeça uma das denúncias mais violentas de Jeremias:

> Ai daquele que edifica a sua casa com injustiça e os seus aposentos, sem direito! Que se vale do serviço do seu próximo, sem paga, e não lhe dá o salário; que diz: Edificarei para mim casa espaçosa e largos aposentos, e lhe abre janelas, e forra-a de cedros, e a pinta de vermelhão. Reinarás tu, só porque rivalizas com outro em cedro? Acaso, teu pai não comeu, e bebeu, e não exercitou o juízo e a justiça? Por isso, tudo lhe sucedeu bem. Julgou a causa do aflito e do necessitado; por isso, tudo lhe ia bem. Porventura, não é isso conhecer-me? — diz o SENHOR. Mas os teus olhos e o teu

> coração não atentam senão para a tua ganância, e para derramar o sangue inocente, e para levar a efeito a violência e a extorsão.
>
> Jeremias 22:13-17

Um discurso tão direto não foi calculado para fazer com que Jeremias ganhasse o favor do rei Jeoaquim. Por isso, quando um pergaminho contendo as advertências de Jeremias sobre o julgamento vindouro de Judá foi lido enquanto o rei estava em sua casa de inverno sentado diante de um braseiro, ele fatiou-o com uma faca e atirou-o pedaço por pedaço no fogo (Jr 36:21-23).

Durante esses anos o cenário internacional sofria importantes alterações. Nos últimos duzentos anos os assírios haviam sido a potência dominante no Oriente Médio, e o interior de Israel e de Judá havia sido repetidamente invadido por seus exércitos. Mas no ano 616 a.C. a Assíria foi invadida por Napobolassar, fundador da dinastia babilônica, e em 612 Nínive (a capital assíria) caiu depois de um cerco de dois meses e meio. Não se derramaram lágrimas diante de sua queda. O Livro de Jonas ilustra quão relutantemente um israelita encararia o arrependimento e o perdão de Nínive, e o profeta Naum expressa a opinião predominante sobre a opressão de Nínive:

> Ai da cidade sanguinária, toda cheia de mentiras e de roubo e que não solta a sua presa! Eis que eu estou contra ti, diz o SENHOR dos Exércitos; todos os que ouvirem a tua fama baterão palmas sobre ti; porque sobre quem não passou continuamente a tua maldade?
>
> Naum 3:1,5,19

Mesmo depois da queda de Nínive a Assíria não admitiu prontamente a derrota. Em 609 a.C. o faraó egípcio Neco saiu em seu auxílio, mas foi derrotado em 605 a.C. pelos babilônios na Batalha de Carquemis, no Eufrates. A Babilônia reinava agora suprema, e Judá transferia seu tributo de Neco para Nabucodonosor.

Quando o exército de Nabucodonosor mostrou-se incapaz de derrotar Neco na fronteira egípcia em 601 a.C., o rei Jeoaquim deixou de entregar o dinheiro do tributo. Isso equivalia a rebelião. Jeoaquim porém morreu em 598 a.C., antes que Nabucodonosor tivesse tempo de sufocar a revolta, e coube a seu filho Joaquim enfrentar a ira punitiva da Babilônia. Ela recaiu sobre ele no ano seguinte. Jerusalém foi sitiada e capturada. Três mil membros da nobreza foram levados cativos para a Babilônia, e foram também com eles os tesouros do templo. Entre os exilados estava Ezequiel, profeta e sacerdote, que previu o afastamento da glória de Deus do templo por causa do pecado inveterado de Israel.

Nabucodonosor nomeou Zedequias para o trono de Judá, ainda outro dos filhos do rei Josias. Esse era um personagem fraco e indeciso. Seus conselheiros orientaram-no a buscar ajuda do Egito, enquanto Jeremias insistia em que a única esperança de sobrevivência para Judá era submeter-se à Babilônia. Patriota convicto, Jeremias achava muito difícil testemunhar a humilhação de seu país, e sofria ainda mais porque seus posicionamentos levaram a que se suspeitasse de traição da parte dele. A sua era uma voz clamando no deserto. Ele persistiu e sofreu sozinho.

Infelizmente Zedequias "não se humilhou perante o profeta Jeremias, que falava da parte do SENHOR" (2Cr 36:12). Em 589 a.C. ele se rebelou abertamente contra a Babilônia. Nenhuma da esperada ajuda do Egito estava disponível, e Jerusalém teve de suportar um segundo sítio, desta vez por dezoito meses. A fome era aterradora. Jeremias continuava a insistir pela rendição, trazendo sobre si mesmo primeiro a detenção, e depois uma tentativa de assassinato.

Em 587-586 a.C. uma brecha foi feita nas muralhas, e a cidade caiu. As muralhas foram feitas em ruínas, e o magnífico templo de Salomão, incendiado por completo.

O minúsculo remanescente foi colocado sob a liderança de Gedalias, enquanto Jeremias continuava insistindo na submissão à autoridade da Babilônia. Porém Gedalias foi assassinado, e os sobreviventes fugiram para o Egito, arrastando com eles o desafortunado Jeremias.

O melhor modo de sentir o desespero de Israel diante da destruição de seu templo e do exílio de seu povo é pelo Livro de Lamentações:

> Como jaz solitária a cidade outrora populosa! Tornou-se como viúva a que foi grande entre as nações; princesa entre as províncias, ficou sujeita a trabalhos forçados! Da filha de Sião já se passou todo o esplendor; os seus príncipes ficaram sendo como corços que não acham pasto e caminham exaustos na frente do perseguidor. Não vos comove isto, a todos vós que passais pelo caminho? Considerai e vede se há dor igual à minha, que veio sobre mim, com que o SENHOR me afligiu no dia do furor da sua ira.
>
> Lamentações 1:1,6,12

Apesar de tudo os tementes a Deus não foram pegos de surpresa. Eles sabiam que a aliança de Deus com Israel estava fundamentada não apenas na promessa de ele ser seu Deus, mas no compromisso do povo em obedecer. Desde o princípio Moisés os havia advertido das conseqüências da desobediência, e os profetas haviam continuado a insistir que o julgamento era inevitável caso a nação não se arrependesse:

> O SENHOR, Deus de seus pais, começando de madrugada, falou-lhes por intermédio dos seus mensageiros, porque se compadecera do seu povo e da sua própria morada.
>
> 2Crônicas 36:15

A RESTAURAÇÃO DEPOIS DO CATIVEIRO BABILÔNICO

O cativeiro babilônico durou cerca de cinqüenta anos. Embora os exilados tivessem sido deportados à força de suas casas, eles parecem ter desfrutado liberdade considerável. Jeremias havia escrito uma carta ao primeiro contingente de exilados, dizendo a eles: "edificai casas e habitai nelas", "plantai pomares e comei o seu fruto" e "tomai esposas e gerai filhos e filhas" (Jr 29:5,6).

A provação mais dura era a religiosa, pois eles sentiam espiritualmente perdidos sem o templo e os sacrifícios. Ezequiel, no entanto, estava entre eles para orientá-los. Ele ainda lhes falava a palavra do Senhor. Ele alegava até mesmo ter visto a glória do Senhor "no meio dos exilados, junto ao rio Quebar" (Ez 1:1) — a mesma glória que havia habitado no templo —, portanto Deus não podia afinal de contas tê-los abandonado por completo.

No ano 559 a.C. Ciro II subiu ao trono do reino vizinho da Pérsia. Nove anos depois, ao vencer o exército medo, Ciro tornou-se também rei da Média, e uniram-se então "os medos e os persas" (expressão familiar aos leitores do Livro de Daniel). Esse, porém, foi apenas o início da brilhante carreira militar de Ciro. Em 546 a.C. ele derrotou aquele que era sinônimo de riqueza, Croesus, rei da Lídia, e toda a Ásia Menor foi acrescentada a seu império.

Os exilados judeus devem ter ouvido a respeito das façanhas de Ciro com expectativa crescente de que sua própria libertação da Babilônia não deveria demorar. Eles sabiam que Deus iria um dia redimi-los, pois seus profetas haviam sempre acrescentado visões de esperança às suas advertências de ruína. Nessas promessas de Iavé os exilados colocavam sua confiança.

A mais clara e imediata dessas promessas de salvação pode ser encontrada em Isaías 40—55. Há um persistente debate entre os estudiosos da Bíblia sobre se esses capítulos foram de fato escritos 150 ou 200 anos antes por Isaías ou produzidos pela pena de algum profeta mais contemporâneo de mesmo nome. Se a autoria está em debate, a mensagem, porém, não está. Iavé não é como os ídolos pagãos. Ele é o Deus vivo, o criador do mundo e governa os reinos dos homens. Até mesmo os governantes pagãos são instrumentos de seu poder. Foi ele quem levantou Ciro para libertar seu povo.

> Quem suscitou do Oriente aquele a cujos passos segue a vitória? Quem faz que as nações se lhe submetam, e que ele calque aos pés os reis, e com a sua espada os transforme em pó, e com o seu arco, em palha que o vento arrebata? (...) Quem fez e executou tudo isso? Aquele que desde o princípio tem chamado as gerações à existência, eu, o SENHOR, o primeiro, e com os últimos eu mesmo.
>
> Isaías 41:2,4

> Assim diz o SENHOR ao seu ungido, a Ciro, a quem tomo pela mão direita, para abater as nações ante a sua face, e para descingir os lombos dos reis, e para abrir diante dele as portas, que não se fecharão. Eu irei adiante de ti, endireitarei os caminhos tortuosos, quebrarei as portas de bronze e despedaçarei as trancas de ferro (...) Por amor do meu servo Jacó e de Israel, meu escolhido, eu te chamei pelo teu nome e te pus o sobrenome, ainda que não me conheces. Eu sou o SENHOR, e não há outro; além de mim não há Deus; eu te cingirei, ainda que não me conheces.
>
> Isaías 45:1,2,4,5

No ano 539 a.C. a ansiada salvação foi concedida. Belsazar, rei da Babilônia, via a mão escrevendo na parede, e naquela mesma noite a Babilônia caiu nas mãos dos persas. De imediato Ciro emitiu dois decretos que autorizavam os exilados judeus a retornar para casa e reconstruir seu templo. O texto do segundo decreto, incluindo os materiais e as medidas para a construção do templo, foram preservados em Esdras 6:3-5. Que Ciro tenha emitido um decreto dessa natureza vai inteiramente ao encontro do que sabemos sobre a sua política. Como escreveu o professor F. F. Bruce:

> A concepção que Ciro nutria de império era amplamente diferente da nutrida pela Assíria. Os assírios impunham sobre os povos conquistados a adoração de seus deuses, e orgulhavam-se de ter colocado sob submissão os deuses de seus súditos. Ciro (...) não tinha a intenção de ofender a sensibilidade religiosa de seus súditos por meio de uma política dessa natureza; ao contrário, ele procurava conciliar essas suscetibilidades assumindo o papel de adorador de seus diversos deuses.[7]

É difícil imaginar o alívio, a alegria, a exultação dos exilados judeus quando a notícia de sua libertação chegou até eles.

> Quando o SENHOR restaurou a sorte de Sião, ficamos como quem sonha. Então, a nossa boca se encheu de riso, e a nossa língua, de júbilo; então, entre as nações se dizia: Grandes coisas o SENHOR tem feito por eles. Com efeito, grandes coisas fez o SENHOR por nós; por isso, estamos alegres.
>
> Salmos 126:1-3

De fato, quando refletiam sobre sua história passada e no amor firme de seu Deus da aliança, os israelitas faziam uma conexão entre três notáveis exemplos de sua misericórdia. Em cada caso Deus havia tomado a iniciativa com base em sua graça soberana, e em cada caso ele havia chamado seu povo para a terra da promessa. No primeiro ele trouxe Abraão da Mesopotâmia; no segundo, as doze tribos do Egito; no terceiro, os exilados da Babilônia.

Não que todos os exilados tenham aproveitado o decreto de Ciro e aceitado o repatriamento. Um grande número escolheu permanecer. O Livro de Ester conta a dramática história de alguns deles durante o reinado de Assuero (Xerxes I), que governou o império persa entre 486-465 a.C.

A restauração tomou lugar em três estágios claramente definidos. Nem todos os estudiosos concordam a respeito da ordem dos eventos, mas forneço a visão tradicional. Primeiro, Zorobabel partiu (538 a.C.) a fim de restaurar o templo, depois Esdras (458 a.C.), para restaurar as leis, e por fim Neemias (445 a.C.), para restaurar as muralhas da cidade.

A primeira e principal leva de judeus deixou a Babilônia a caminho de casa em 538 a.C., um ano depois do edito de Ciro. Foram conduzidos por Zorobabel, neto do rei Jeoaquim, e pelo sumo sacerdote Josué. Mal haviam chegado a Jerusalém e já haviam edificado o altar dos holocaustos e deitado as fundações do templo. Os samaritanos, porém, por terem sido rejeitados quando se ofereceram para ajudar, começaram a se opor à reconstrução, e a obra parou por cerca de quinze anos.

Sua retomada deveu-se grandemente ao encorajamento dos profetas Ageu e Zacarias. Ageu censurou o povo por ter construído novas casas para si enquanto a casa do Senhor estava ainda em ruínas:

> Quem dentre vós, que tenha sobrevivido, contemplou esta casa na sua primeira glória? E como a vedes agora? Não é ela como nada aos vossos olhos? Ora, pois, sê forte, Zorobabel, diz o SENHOR, e sê forte, Josué, filho de Jozadaque, o sumo sacerdote, e tu, todo o povo da terra, sê forte, diz o SENHOR, e trabalhai, porque eu sou convosco, diz o SENHOR dos Exércitos.
>
> Ageu 2:3,4

Zacarias acrescentou a seguinte palavra de exortação:

> As mãos de Zorobabel lançaram os fundamentos desta casa, elas mesmas a acabarão.
>
> Zacarias 4:9

Assim a obra foi retomada no ano 520 e finalizada em 515, cerca de setenta anos após a destruição do templo anterior.

Façamos agora um salto de cerca de 75 anos na história, até o segundo estágio da reconstrução da vida nacional de Israel depois do exílio. Ele foi conduzido por Esdras, sacerdote e escriba, e (como descreveram-no numerosos estudiosos) uma espécie de "Secretário de Estado para Assuntos Judaicos" na Babilônia. Ele foi enviado para Jerusalém pelo rei persa Artaxerxes I (465-423 a.C.), com instruções reais de "fazeres inquirição a respeito de Judá e de Jerusalém, segundo a Lei do teu Deus" (Ed 7:14). Sua tarefa era regulamentar as responsabilidades religiosas e morais de Israel em conformidade com a lei.

Treze anos depois veio Neemias, também enviado por Artaxerxes, com autoridade para reconstruir a cidade, em particular as muralhas. Logo ao chegar, sem perda de tempo, ele disse às autoridades locais:

> Estais vendo a miséria em que estamos, Jerusalém assolada, e as suas portas, queimadas; vinde, pois, reedifiquemos os muros de Jerusalém e deixemos de ser opróbrio.
>
> Neemias 2:17

A despeito de oposição e ameaças, a tarefa foi completada em 52 dias. Em seguida foi realizada uma grande assembléia em que Esdras e os levitas leram a lei de Deus em voz alta e expuseram-na para o povo. Seguiu-se uma confissão pública do pecado nacional e uma renovação do compromisso de observar a lei de Deus no futuro. Finalmente a muralha reconstruída foi dedicada em meio a muito regozijo, "de modo que o júbilo de Jerusalém se ouviu até de longe" (Ne 12:43).

Infelizmente, como havia ocorrido com reformas nacionais anteriores, nem todos os compromissos do povo foram mantidos. Quando fez outra visita a Jerusalém um pouco mais tarde, Neemias encontrou diversas irregularidades lamentáveis, como a negligência no pagamento dos dízimos, na observância do sábado e na obediência à proibição do casamento misto com pagãos. Neemias, porém, lidou fielmente com todas essas questões de acordo com a lei de Deus.

Pode ser que a profecia de Malaquias pertença a esse período, pois nela se faz referência a transgressões idênticas ou similares — por exemplo, casamento misto e divórcio, negligência no pagamento dos dízimos e o oferecimento de sacrifícios maculados a Deus.

O período intertestamentário

Israel teve de esperar outros quatrocentos anos antes que nascesse seu Messias. Esse é o chamado período intertestamentário, já que nenhum livro, quer do Antigo quer do Novo Testamento, foi escrito durante ele. Sabia-se que a voz da profecia havia silenciado. O autor do primeiro livro dos Macabeus, que pertence aos apócrifos[8] e descreve os eventos entre 175-134 a.C., faz menção a essa crença diversas vezes. Ele faz referência a uma época de grande aflição para Israel como "tal, que não houve igual desde o dia em que tinham desaparecido os profetas" (1Macabeus 9:27) e diz que Simão foi confirmado como líder e sumo sacerdote perpetuamente "até que se levantasse um verdadeiro profeta" (1Macabeus 14:41).

Apesar disso, há referências a esse período no Livro de Daniel, que é certamente um dos livros mais difíceis da Bíblia. Questões a respeito de sua autoria, composição e interpretação continuam a causar perplexidade entre os estudiosos. Ele contém diversos sonhos e visões, alguns dos quais são explicados, ao passo que outros permanecem total ou parcialmente sem explicação.

Esses em geral predizem a ascensão e queda de grandes impérios, especialmente quando afetam o povo de Deus. O mais conhecido é o sonho de Nabucodonosor com uma imensa imagem de um colosso, cuja cabeça era feita de ouro, peito e braços de prata, ventre e coxas de bronze, pernas de ferro e pés de uma mistura de ferro e barro. Então (no sonho) uma pedra atinge os pés, e a imagem inteira se despedaça. Daniel interpretou o sonho como se referindo a impérios sucessivos. Tradicionalmente eles têm sido entendidos como Babilônia ("tu és a cabeça de ouro"), Medo-Pérsia (o peito e os braços), a Grécia, "o qual terá domínio sobre toda a terra", e Roma, que tornar-se-á "um reino dividido" e não subsistirá. Se isso estiver correto, então a pedra "cortada, sem auxílio de mãos" é o reino do Messias, a respeito do qual Daniel diz:

> O Deus do céu suscitará um reino que não será jamais destruído; este (...) subsistirá para sempre.
>
> Daniel 2:44

Esses grandes impérios de fato seguiram-se um ao outro, provendo o cenário dentro do qual o drama divino da redenção foi representado. O reino babilônico durou de 605 a 539 a.C., o medo-persa de 539 a 331, o grego de 331 a 63, e o romano de 63 em diante, adentrando a era cristã.

Mais adiante os capítulos do Livro de Daniel tornam-se mais explícitos. Sua visão registrada no capítulo 8 é a de um poderoso carneiro que dava marradas para o Ocidente, para o norte e para o sul, e ao qual nenhum animal podia resistir. Tendo dois chifres, ele representa o império medo-persa (v. 20). Então "um bode vinha do ocidente sobre toda a terra" (v. 5). Esse é "o rei da Grécia" (v. 21), quer dizer, a ascensão do império grego por intermédio de Felipe da Macedônia. O bode do Ocidente tinha "um chifre notável entre os olhos", com o qual atingiu o carneiro, quebrando seus dois chifres. Esse chifre notável seria o filho de Felipe, Alexandre, o Grande, que depois de uma série de arrojadas vitórias contra a Ásia Menor, Tiro, Gade e Egito, derrotou o Império Persa em 331 a.C.

"O bode se engrandeceu sobremaneira" (v. 8), o que refere-se talvez ao prosseguimento da campanha de Alexandre, adentrando o Afeganistão e chegando até a Índia. Mas, no auge da "sua força, quebrou-se-lhe o grande chifre", pois Alexandre morreu em 323 a.C., e "em seu lugar saíram quatro chifres notáveis", pois seu império foi dividido em quatro grandes regiões a cargo de seus generais — Macedônia e Grécia, Trácia ou Ásia Ocidental, Síria e Babilônia (sob Seleuco) e Egito (sob Ptolomeu).

Desses, foram os dois últimos que determinaram a sorte de Israel nos trezentos anos seguintes. Graças a eles "males em quantidade multiplicaram-se sobre a terra" (1Macabeus 1:10). Da mesma forma que nos séculos anteriores a Palestina havia sido território intermediário entre os impérios assírio, babilônico e persa a nordeste e o egípcio a sudoeste, agora a Judéia via-se presa entre os selêucidas que governavam a Síria e os ptolomeus que governavam o Egito. O primeiro é denominado "o rei do Norte" em Daniel 11, e o segundo, "o rei do Sul". Ambas as dinastias duraram até a metade do século I a.C., e a relação entre elas variava entre coexistência desconfortável e guerra e hostilidades abertas. A Judéia manteve-se ora sob o domínio de uma, ora da outra.

Retornando à visão que Daniel teve do bode cujo único e conspícuo chifre havia sido substituído por "quatro chifres notáveis", a visão prossegue da seguinte forma:

> De um dos chifres saiu um chifre pequeno e se tornou muito forte para o sul, para o oriente e para a terra gloriosa. Cresceu até atingir o exército dos céus (...) Sim, engrandeceu-se até ao príncipe

> do exército; dele tirou o sacrifício diário, e o lugar do seu santuário foi deitado abaixo (...) e deitou por terra a verdade.
>
> Daniel 8:9-12

Esse "chifre pequeno" é interpretado como o "rei de feroz catadura" que "causará estupendas destruições e (...) destruirá os poderosos e o povo santo" (Dn 8:23,24). Esse parece ser sem dúvida Antíoco Epifânio (175-163 a.C.), descrito mais adiante como "homem vil" em Daniel 11:21.

Em 167 a.C., Antíoco Epifânio ordenou a suspensão dos sacrifícios do templo, a destruição das Escrituras e o abandono da circuncisão, da observância do sábado e das leis alimentares. O clímax chegou em dezembro, quando um novo altar foi dedicado a Zeus, "Senhor dos céus" (de quem Antíoco alegava ser uma encarnação), e animais impuros foram sacrificados sobre ele. Assim, a oferta contínua de holocaustos foi suprimida e o santuário profanado pela "abominação desoladora" (Dn 11:31).

O edito do rei aplicava-se tanto às províncias quanto a Jerusalém, sob pena de morte. Muitos obedeceram. Muitos outros resistiram, preferindo de bom grado a morte à profanação. Seguiram-se as mais medonhas torturas e massacres, alguns dos quais são descritos nos livros dos Macabeus. Os mártires morreram "pela espada e pelo fogo, pelo cativeiro e pelo roubo" (Dn 11:33). É provavelmente a eles que se referia o autor da Carta aos Hebreus quando escreveu:

> Alguns foram torturados, não aceitando seu resgate, para obterem superior ressurreição; outros, por sua vez, passaram pela prova de escárnios e açoites, sim, até de algemas e prisões. Foram apedrejados, provados, serrados pelo meio, mortos a fio de espada; homens dos quais o mundo não era digno.
>
> Hebreus 11:35-38

A resistência organizada foi incitada pelo sumo sacerdote Matatias, que ousou matar tanto um traidor judeu quanto o oficial do rei que os convidava a participar do sacrifício. Isso levou a um período de luta de guerrilha, em que altares pagãos foram demolidos, meninos judeus circuncidados à força e os transigentes eliminados.

Matatias morreu em 166 a.C. e foi substituído sucessivamente por três de seus filhos — Judas, de sobrenome Macabeu, título que significa provavelmente "o martelo" ou "erradicador" (sumo sacerdote entre 166-161 a.C.), Jônatas (161-143 a.C.) e Simão (143-135 a.C.). Os detalhes de sua revolta contra o domínio gentio e suas extraordinárias façanhas militares estão registrados nos livros dos Macabeus.

Provavelmente o momento mais triunfante de sua história ocorreu em 164 a.C., quando sob a liderança de Judas Macabeu a área do templo foi purificada e o templo em si restaurado, um novo altar construído e dedicado e os sacrifícios retomados.

> No mesmo dia e na mesma data em que os gentios o haviam profanado, o altar foi de novo consagrado ao som de cânticos, das harpas, das liras e dos címbalos.
>
> 1Macabeus 4:54

A guerra de independência prosseguiu por muitos anos, e a autonomia política somente foi garantida em 128 a.C. sob João Hircano, filho de Simão. Ele e seus filhos anexaram grande parte do território circundante da Judéia.

Porém, em 63 a.C., o general romano Pompeu adentrou Jerusalém, chegando a penetrar até mesmo o santo dos santos, para horror dos sacerdotes. A Judéia tornou-se um protetorado romano, e a independência judaica foi perdida novamente.

Em 40 a.C., Herodes, que já havia sido comandante militar da Galiléia e mais tarde tetrarca conjunto da Judéia, foi nomeado pelo senado romano "Rei dos Judeus". Ele gradualmente reconquistou seu reino e no ano 37 a.C. sitiou e tomou Jerusalém, executando Antígono, o último dos sacerdotes-governantes da linhagem dos macabeus. Herodes, um estrangeiro edomita (embora judeu por religião), sempre foi impopular, mas apesar disso reinou por 33 anos. Foi sob sua tutela que em 19 a.C. foi iniciada a grande reconstrução do templo. A obra durou até cerca de 70 d.C., quando o templo foi novamente destruído, desta vez pelo exército romano.

Durante todo o inquieto período do governo macabeu, importantes movimentos desenvolviam-se dentro da comunidade judaica, que mais tarde se consolidariam nos diversos partidos religiosos vigentes no tempo de nosso Senhor.

A revolta dos macabeus foi antes de tudo um protesto religioso, uma ousada recusa em ceder diante das tentativas de introdução da cultura grega. Nada excitava mais a indignação dos macabeus que os sumos sacerdotes oportunistas nomeados pelo favor dos reis selêucidas. Esses e seus seguidores são os "judeus renegados" dos livros dos Macabeus, que queriam até mesmo remover as marcas da circuncisão de modo a imitarem a conduta grega, como trajar roupas gregas e construir para si mesmos um estádio grego no qual pudessem competir em seus jogos.

Os judeus que evitaram toda a contaminação com as tentativas de introdução da cultura grega foram os hasidim, os piedosos. Eles eram separatistas radicais; ancestrais dos fariseus, mais preocupados com a liberdade religiosa do que com a política.

Os hasmoneus (o nome de família dos macabeus) não se contentavam com a liberdade religiosa; queriam também a independência nacional. Eles se envolviam em toda espécie de intriga política, e seus sucessores foram os saduceus.

Algumas datas memoráveis do Antigo Testamento

c. 1280	Êxodo do Egito.
c. 1050	A monarquia é estabelecida sob o rei Saul.
c. 1010	Sobe ao trono o rei Davi.
c. 930	Morre o rei Salomão. Tem início a monarquia dividida. Israel irá durar até 722, Judá até 586.
722	Queda de Samaria e fim do reino do Norte.
701	Jerusalém cercada por Senaqueribe.
612	Queda de Nínive, capital da Assíria.
597	Queda de Jerusalém. Tem início o cativeiro babilônico.
586	Jerusalém é destruída.
539	Edito de Ciro. Os primeiros exilados retornam cerca de um ano depois.
515	O templo restaurado é inaugurado.
458	Esdras chega a Jerusalém.
445	Neemias chega a Jerusalém.
323	Morte de Alexandre, o Grande.
167	Antíoco Epifânio profana o templo. Tem início a Revolta dos Macabeus.
63	Pompeu chega a Jerusalém. A Judéia torna-se protetorado romano.

Os grandes impérios da época do Antigo Testamento

As datas a.C. referem-se à soberania de cada império em relação a Israel.

854-612	Assírio
612-605	Egípcio
605-539	Babilônico
539-331	Persa
331-63	Grego (incluindo selêucidas e ptolomeus)
63-	Romano

Os extremistas políticos, que desejavam dar prosseguimento à luta dos macabeus pela independência, eram os zelotes — incendiários da revolução, determinados a extrair a todo custo sua liberdade de Roma.

Quando, na plenitude dos tempos, Jesus Cristo veio, o povo tentou uma vez "arrebatá-lo para o proclamarem rei" (Jo 6:15). Ele no entanto retirou-se deles. Ele era obrigado a explicar que, embora fosse de fato rei, seu reino "não era deste mundo" (Jo 18:33-38). A liberdade que ele oferecia era a liberdade da tirania do pecado.

> Se vós permanecerdes na minha palavra, sois verdadeiramente meus discípulos; e conhecereis a verdade, e a verdade vos libertará.
>
> João 8:31,32

Notas

[1] A disposição dos livros do Antigo Testamento é diferente na Bíblia cristã e na judaica. A Igreja cristã seguiu a disposição da Septuaginta, cuja tradução em grego data do século II a.C.

[2] Embora menos comum que "Jeová", esta é provavelmente a interpretação correta do nome hebreu YHWH, cujo significado foi revelado a Moisés. Ver Êxodo 3:13-15. Geralmente é traduzido por "o SENHOR".

[3] No capítulo 7 discorro mais sobre a questão da interpretação bíblica.

[4] Torre do templo construída de tijolos, com o formato de uma pirâmide escalonada criando uma elevação artificial. Sabe-se que os zigurates foram construídos na Babilônia no início de 3000 a.C.

[5] Por exemplo, para Abraão, Gênesis 15:16; 17:1-8; 22:15-18; para Isaque, 26:1-5; para Jacó, 28:13-15 e 35:9-12.

[6] Alguns, entretanto, datam tanto Jonas quanto Joel antes de Amós.

[7] BRUCE, F. F. *Israel and the Nations*. Paternoster, 1963, edição revista, 1997, p. 100.

[8] "Apócrifos" é uma expressão atribuída a determinados livros que não faziam parte do cânone hebraico do Antigo Testamento. Os cristãos os lêem mais por orientação ética do que doutrinária.

4

A NARRATIVA DA BÍBLIA (Novo Testamento)

- Em que sentido os quatro evangelhos são diferentes entre si, e em que sentido são similares?
- De que maneiras distintas as pessoas reagiram a Jesus, de seu nascimento à ascensão?
- De que forma o Novo Testamento mostra que a aliança de Deus com Israel foi estendida para o mundo todo?

O capítulo anterior esboçou a narrativa do Antigo Testamento, cobrindo diversos milhares de anos. Neste capítulo será apresentado um esboço da narrativa do Novo Testamento, cobrindo menos de um século. É a história fascinante das palavras e dos atos de Jesus de Nazaré, primeiro, do que ele "começou a fazer e a ensinar" durante sua vida na terra, e depois, do que ele continuou a fazer e a ensinar por intermédio de seus apóstolos escolhidos depois de haver retornado para seu Pai e constituído sua Igreja.

Os quatro Evangelhos

Embora haja algumas referências a Jesus espalhadas nos escritos seculares contemporâneos, especialmente em Tácito e Suetônio, nossa principal fonte de informação a respeito dele continua sendo os quatro

"Evangelhos". Eles recebem com justiça esse nome, pois a rigor não se trata de biografias, mas de testemunhos. Dão testemunho de Cristo e das boas novas de sua salvação. Por essa razão, seus autores selecionam, arranjam e apresentam seu material de acordo com seu propósito como "evangelistas". Isso, porém, não nos dá margem para duvidarmos de sua confiabilidade. Ao contrário, deveríamos abordar os Evangelhos com confiança, e não suspeita. Há muitas razões para agirmos assim.

- Primeiro, os quatro evangelistas eram com certeza homens cristãos, e cristãos são gente honesta, para quem a verdade importa.
- Segundo, eles fornecem evidência de sua imparcialidade incluindo incidentes que, é claro, prefeririam omitir. Por exemplo, embora naquela altura Pedro fosse um líder respeitado da Igreja, nem sua arrogância nem sua negação de Jesus são suprimidas.
- Terceiro, eles afirmam terem sido testemunhas oculares de Jesus ou estarem registrando a experiência de testemunhas oculares. Embora pareça provável que nenhum Evangelho tenha sido publicado antes de 60 d.C., não devemos imaginar que houve uma lacuna irreparável entre a ascensão de Jesus e essa data. Esse foi o período de "tradição oral", durante o qual as palavras e os feitos de Jesus foram utilizados na adoração, no evangelismo e no ensino cristão dos convertidos, e começaram assim a ser coletados na forma escrita. Lucas afirma ter consultado "muitas" dessas compilações (Lc 1:1-4).
- Quarto, Jesus parece ter ensinado como um rabi judeu. Ele dava sua instrução sob formas (por exemplo, parábolas e aforismos) que a tenaz memória oriental não teria tido dificuldade em memorizar, e ele além disso prometeu que o Espírito Santo estimularia as memórias dos apóstolos (Jo 14:25,26).

- Quinto, se Deus disse e fez algo absolutamente único e decisivo por meio de Jesus, como crêem os cristãos, é inconcebível que ele permitisse que isso se perdesse nas brumas da Antiguidade. Se ele tencionava que as gerações futuras se beneficiassem disso, deve ter tomado providências para que fosse registrado de forma confiável, a fim de tornar as boas novas disponíveis para todos os povos em todas as épocas e lugares. O que ele decidiu fazer foi apresentar o evangelho único em quatro Evangelhos.

Quando lemos os Evangelhos, fica claro que eles contam a mesma história, porém de forma diversa. Os três primeiros (Mateus, Marcos e Lucas) são geralmente chamados de Evangelhos "sinóticos", porque suas narrativas correm paralelas e apresentam versões da vida de Jesus que seguem a mesma "sinopse" (isto é, são similares). Mateus e Lucas parecem ter conhecido o Evangelho de Marcos, tendo incorporado a maior parte dele em seu próprio Evangelho. Eles também apresentam material comum de uma fonte adicional a que se dá normalmente o nome de Q (a primeira letra da palavra alemã *Quelle*, "fonte"), embora cada um apresente também informação independente. Os estudiosos não chegaram a um acordo a respeito de até que ponto os Evangelhos sinóticos foram conhecidos ou utilizados por João, porém a maior parte deles acredita que seu Evangelho foi o último a ser publicado.

O Evangelho de Marcos é o mais curto e provavelmente o primeiro dos quatro a ser escrito. O estilo é conciso, as histórias são vívidas e o tom da narrativa empolgante, com todas as coisas acontecendo "imediatamente" umas após as outras. O apóstolo Pedro refere-se a Marcos como seu "filho" (1Pe 5:13; At 12:11,12), e os pais da Igreja Papias e Irineu, do século II, descreveram-no como tradutor de Pedro. Pode muito bem ser, portanto, que as lembranças ou as pregações de Pedro, ou ambas, tenham sido preservadas no Evangelho de Marcos, que apresenta óbvias similaridades com a primeira carta de Pedro.

É possível que o nome de Mateus tenha sido associado ao primeiro Evangelho pelo fato de a compilação de Q, consistindo em grande parte dos ditos de Jesus, ter sido obra sua. Sabemos que ele era cobrador de impostos (Mt 9:9), de modo que deveria estar habituado a fazer anotações e manter registros. Certamente, de acordo com Papias, "Mateus compilou os *logia* — os ditos — em hebraico (quer dizer, aramaico, a língua falada no tempo de Jesus), e todos traduziram-nos como puderam".[1] Seu Evangelho é bastante judaico e mostra um interesse particular no cumprimento de profecias.

Lucas é o único gentio entre os autores do Novo Testamento. Ele havia viajado muito e, na qualidade de um dos companheiros de Paulo, teria absorvido o ensino do apóstolo a respeito da graça de Deus sobre os gentios. Conseqüentemente ele enfatiza o escopo universal do amor de Cristo, como ilustrado em seu zelo pelos "trusos" do judaísmo contemporâneo — mulheres e crianças, publicanos e pecadores, leprosos e sofredores, samaritanos e gentios.

Todo leitor do Evangelho de João imediatamente se dá conta das diferenças entre ele e os Evangelhos sinóticos no que diz respeito ao material, ênfase teológica, estilo literário e vocabulário. Sua tonalidade é mais "filosófica", uma vez que Jesus é apresentado como o *Logos* (Verbo) de Deus e como luz do mundo, e sua oferta é mais de vida eterna do que do reino. Suas alegações de divindade são mais declaradas. Além disso, a estrutura do Evangelho está fundamentada numa série de "sinais", dispersos entre (e interpretados por) longos e empolgados discursos. Tamanhas parecem essas diferenças para alguns estudiosos que eles escreveram extensivamente a respeito do "Problema do Quarto Evangelho". Alguns negam que tenha sido escrito pelo apóstolo João e atribuem-no até mesmo ao século II d.C. Ao mesmo tempo, escritores recentes têm chamado a atenção para o caráter judaico desse Evangelho, demonstrando que seu autor estava familiarizado com a geografia e a cultura contemporâneas da Palestina, sendo dessa forma testemunha histórica de confiança. Sem dúvida, a ênfase distinta do quarto Evangelho enriquece a diversidade do Novo Testamento.[2]

João tinha, é claro, meditado longa e profundamente a respeito do ensino de Jesus. Seu próprio pensamento e linguagem associaram-se de tal forma ao de seu Senhor que nem sempre é fácil dizer quando termina um e começa o outro. Ele não nos deixa com nenhuma dúvida quanto ao propósito de seu Evangelho, pois ele mesmo o define para nós. Ele registrou, afirma ele, uma série de "sinais" feitos por Jesus, a fim de que seus leitores creiam nele como o Cristo, o Filho de Deus, de modo a receberem vida eterna (Jo 20:30,31). De forma consistente com seu propósito declarado, ele reúne uma variedade de sinais e de testemunhos a fim de demonstrar o caráter único da "glória" de Jesus.

O NASCIMENTO E A JUVENTUDE DE JESUS

Cada evangelista começa sua história num lugar diferente. Marcos mergulha quase imediatamente no ministério público de Jesus, anunciado como foi por João Batista. João assume o outro extremo e vai resgatar na eternidade passada a existência pré-encarnada de Jesus Cristo. Como "Verbo" ele estava com Deus no início de tudo. De fato ele mesmo era Deus, ativo na criação do universo. Muito antes de ter factualmente "vindo" ao mundo ao tornar-se carne, ele estava continuamente "vindo ao mundo" como verdadeira luz (embora não reconhecida), a fim de iluminar cada homem com a luz da razão e da consciência (Jo 1:1-14).

São Mateus e Lucas que de fato contam a história do nascimento de Jesus. Lucas conta-a pelos olhos da virgem Maria (talvez até mesmo por seus próprios lábios), enquanto Mateus conta-a sob a ótica de José.

Lucas registra o anúncio angelical feito a Maria de que tanto sua concepção quanto o menino que nasceria seriam sobrenaturais:

> Respondeu-lhe o anjo: Descerá sobre ti o Espírito Santo, e o poder do Altíssimo te envolverá com a sua sombra; por isso, também o ente santo que há de nascer será chamado Filho de Deus.
>
> Lucas 1:35

Lucas prossegue descrevendo como Maria compartilhou seu segredo com sua prima Isabel, que logo daria à luz João Batista; como José (cujo doloroso dilema diante da gravidez de Maria é descrito por Mateus) viajou ao sul com ela, de Nazaré a Belém, residência de seus ancestrais, a fim de cumprir os requerimentos do recenseamento imperial e como foi num estábulo de uma hospedaria em Belém que Jesus nasceu e foi deitado, por sua mãe, numa manjedoura.

Embora tenha nascido em condições tão humildes, sem receber aclamação pública, houve aqueles que vieram prestar honras ao Salvador do mundo. Lucas conta de certos pastores que ficaram sabendo das boas novas por anjos, e Mateus fala de misteriosos magos — astrólogos da Pérsia — que foram guiados até ele por uma estrela. Parece ter havido uma providência deliberada trazendo esses grupos tão contrastantes. Pois os pastores eram judeus, iletrados e pobres, e os magos eram gentios, sofisticados e ricos. Ainda assim as barreiras de raça, nível educacional e social foram transcendidos por sua adoração comum ao menino Cristo. Eles prefiguravam a exuberante diversidade dos seguidores de Cristo.

Nem todos o adoraram, no entanto. Herodes, o Grande, que no curso de seu reino assassinou todo possível rival, ficou alarmado ao ouvir os magos dizendo que tinham vindo homenagear o Rei dos judeus — pois *ele* era o rei dos judeus. Quem então era esse? Advertidos por Deus da resolução de Herodes em destruir a criança, José e Maria fugiram com ele para a segurança do Egito, e aquele que havia nascido para reinar tornou-se um refugiado.

Jesus cresceu em Nazaré, na Galiléia. Seu lar deve ter sido longe de abastado, visto que quando foram apresentar o seu primogênito ao Senhor, José e Maria trouxeram como oferta um par de rolinhas, prescritas na lei para aqueles que não tinham condições financeiras de oferecer um cordeiro. Deve, porém, ter sido um lar feliz, compartilhado (com o passar dos anos) por outras crianças na família. José trabalhava como carpinteiro e ensinou o ofício a Jesus, enquanto Maria cultivava-o em devoção e justiça, ensinando-o a ler as Escrituras e a orar. Nos belos arredores ele teria se familiarizado com os lírios do campo e com as aves do céu, aos quais se referiria mais tarde, e com o Deus vivo que os vestia e alimentava.

O único incidente da infância de Jesus registrado nos Evangelhos tomou lugar quando ele completou doze anos de idade e foi levado a Jerusalém para a Páscoa, a fim de preparar-se para tornar-se, aos treze anos, um "filho do mandamento". Depois do festival ele foi acidentalmente deixado para trás. Seus pais encontraram-no "assentado no meio dos doutores, ouvindo-os e interrogando-os". Esses líderes judeus "admiravam da sua inteligência e das suas respostas", e seus pais ficaram perplexos quando ele lhes perguntou: "Não sabíeis que me cumpria estar na casa de meu Pai?" (Lc 2:49). Seu senso de comunhão com Deus como Pai e sua compulsão em fazer sua vontade permaneceriam com ele durante todo o seu ministério posterior.

Fora essa história, registrada em Lucas 2:41-51, os versículos que imediatamente a precedem e seguem dizem-nos tudo de que precisamos saber sobre a juventude de Jesus. Ambos são versículos-ponte, sendo que o versículo 40 abrange os doze anos desde seu nascimento e o versículo 52, os cerca de dezoito anos antes do início de seu ministério público. Ambos contam-nos que durante esses anos Jesus desenvolvia-se de forma natural, mas com perfeição, em corpo, mente e espírito.

> E crescia Jesus em sabedoria, estatura e graça, diante de Deus e dos homens.
>
> Lucas 2:52

Embora os evangelistas não se mostrem preocupados em fornecer-nos uma narrativa estritamente cronológica do ministério público do Senhor, parece pelo Evangelho de João que ele durou aproximadamente três anos.[3] Podemos chamar o primeiro de ano da obscuridade, o segundo de ano da popularidade e o terceiro de ano da adversidade.

O ANO DA OBSCURIDADE

Todos os quatro Evangelhos dizem alguma coisa a respeito do ministério de João Batista. Ele era um asceta, trajando apenas um manto de pêlo de camelo amarrado por um cinto de couro e alimentando-se com uma austera dieta de gafanhotos e mel selvagem. Por seus lábios, depois de um silêncio de muitos séculos, a autêntica voz da profecia foi novamente ouvida, enquanto ele convocava o povo ao arrependimento e a seu batismo de arrependimento em preparação para a vinda do Messias. Enormes multidões afluíam ao rio Jordão para ouvir sua pregação e ser batizadas.

Quando Jesus se apresentou para ser batizado, João se opôs, pronunciando-se indigno até mesmo de abaixar-se e desatar a correia da sandália daquele que vinha após ele. Jesus, porém, estava decidido a cumprir toda a justiça e, embora não tivesse de si mesmo pecados para confessar, identificar-se com os pecados dos outros. Assim ele persuadiu João Batista a batizá-lo. Naquele momento o Espírito Santo veio sobre ele como uma pomba, e a voz do Pai foi ouvida proclamando-o, com palavras da Escritura do Antigo Testamento, tanto seu Filho amado como seu servo sofredor (Mt 3; Sl 2:7 e Is 42:1).

Imediatamente após seu batismo, o mesmo Espírito que desceu sobre ele "levou-o" ao deserto da Judéia. Ali ele jejuou por quarenta dias, sem dúvida a fim de buscar pela oração forças para desempenhar o ministério para o qual tinha acabado de ser investido. Durante esse período ele foi também brutalmente tentado pelo Diabo a abrir concessões, alcançando os fins certos pelos meios errados. Mas os anos ocultos de meditação do Senhor nas Escrituras prestaram-lhe bons serviços. Ele foi capaz de ir contra cada sugestão diabólica com uma réplica bíblica adequada, pois estava determinado a viver em conformidade com a Escritura e obedecer à vontade de seu Pai.

Parece que após a tentação, Jesus voltou para o rio Jordão e deu aos dois irmãos André e Simão Pedro uma espécie de chamado preliminar a seu serviço. Eles deixaram João Batista e passaram a seguir Jesus (Jo 1:35-42).

Retornando à Galiléia, ao norte, Jesus realizou seu primeiro milagre: transformar água em vinho num casamento em Caná. Esse milagre simbolizou sua demanda em introduzir uma nova ordem, e por meio dele, Jesus revelou sua glória, e seus discípulos creram nele (Jo 2:1-11).

A seguir, ele subiu a Jerusalém para a Páscoa e ousadamente expulsou dos saguões do templo os mercadores e cambistas que o haviam profanado. Quando confrontado a respeito dessa sua atitude, ele respondeu enigmaticamente:

> Destruí este santuário, e em três dias o reconstruirei.
>
> João 2:19

Foi outra dramática reivindicação a respeito de uma nova ordem — pois ele estava aludindo não apenas a seu corpo físico, que seria levantado dos mortos depois de três dias, mas também a seu corpo espiritual, a Igreja, que viveria no poder da ressurreição. Sua Igreja seria também um templo novo e espiritual, habitação de Deus, a fim de substituir o templo material de Herodes, que seria destruído.

Um homem que ficou profundamente impressionado com os primeiros ensinos e os milagres de Jesus foi um destacado rabi judaico chamado Nicodemos. Ele veio sob o manto da escuridão para uma conversa em particular, em que ouviu de Jesus que a condição indispensável para se ver e se entrar no reino de Deus era um novo nascimento do alto pelo poder do Espírito Santo. Algum tempo depois, no caminho de volta para a Galiléia, ao norte, Jesus repetiu essa mensagem ou algo muito similar, só que desta vez não a um homem judeu, mas a uma mulher samaritana. Ela precisava de "água viva", disse ele, uma "fonte a jorrar para a vida eterna" que mataria sua sede e que apenas ele podia fornecer.[4]

Não há registro de outros detalhes a respeito do primeiro ano do ministério de Jesus. A maior parte dele parece ter sido passada na Judéia. Foi um período de transição, durante o qual seu ministério sobrepôs-se ao de seu precursor, João Batista. Os discípulos de Jesus estavam também batizando. Gradualmente esses seguidores de Jesus tornaram-se mais numerosos do que os de João, fato que João aceitou numa bela atitude de humildade, dizendo: "Convém que ele cresça e que eu diminua" (Jo 3:30).

Essa situação mostrou-se, porém, como sinal para Jesus deixar a Judéia e voltar para a Galiléia. Logo depois, João foi detido e colocado na prisão, e teve início o ministério na Galiléia, o ano da popularidade (Jo 3:24; 4:1-3; Mc 1:14).

O ANO DA POPULARIDADE

Certa vez, quando assistia ao ofício de sábado na sinagoga de Nazaré, sua cidade, foi dado a Jesus o rolo de Isaías, do qual ele leu:

> O Espírito do Senhor está sobre mim, pelo que me ungiu para evangelizar os pobres; enviou-me para proclamar libertação aos cativos e restauração da vista aos cegos, para pôr em liberdade os oprimidos, e apregoar o ano aceitável do Senhor.
>
> Lucas 4:18,19

Durante o sermão que se seguiu, Jesus ousou afirmar que ele mesmo era o cumprimento dessa Escritura. A princípio, a congregação ficou impressionada diante de suas palavras graciosas. Quando, porém, ele prosseguiu sugerindo que seu ministério, como o dos profetas Elias e Eliseu, seria mais aceitável aos gentios do que a Israel, eles ficaram tão furiosos que o expulsaram da cidade e tentaram atirá-lo de um despenhadeiro próximo. Isso foi um prenúncio de sua rejeição posterior e forçou-o a mudar sua residência e sede de operações de Nazaré para Cafarnaum, na costa noroeste do lago.

A partir de Cafarnaum, durante o restante de seu segundo ano, Jesus fez incontáveis jornadas pela Galiléia. Mateus resume a forma que seu ministério tomou:

> Percorria Jesus toda a Galiléia, ensinando nas sinagogas, pregando o evangelho do reino e curando toda sorte de doenças e enfermidades entre o povo.
>
> Mateus 4:23; v. tb. 9:35

Primeiro ele pregava. Marcos diz que o assunto de sua pregação era "o evangelho de Deus", resumido nas seguintes palavras:

> O tempo está cumprido, e o reino de Deus está próximo; arrependei-vos e crede no evangelho.
>
> Marcos 1:14,15

Esse reino divino consistia no reinado pessoal de Deus na vida dos seres humanos, e ele (Jesus) tinha vindo inaugurá-lo. Sua chegada ocorria em cumprimento à expectativa do Antigo Testamento, e a fim de "receber", "entrar" ou "herdar" o reino as pessoas deveriam arrepender-se e crer, aceitando humildemente seus privilégios e submetendo-se como criancinhas às suas exigências.

Depois ele ensinava. Quer dizer, ele fazia mais do que anunciar o evangelho do reino e convocar as pessoas a adentrá-lo; ele prosseguia ensinando a seus discípulos a lei do reino. Dela não temos melhor resumo do que o "Sermão da Montanha", que consiste talvez em instruções apresentadas durante um período prolongado. Seu tema unificador é o chamado a seus discípulos a ser diferentes tanto dos pagãos quanto dos fariseus.

Eles não devem tentar driblar as demandas da lei com raciocínios falsos, ou praticar sua piedade diante dos homens como os hipócritas, mas perceber que Deus vê em segredo e enxerga o coração. Seus discípulos devem também ser muito diferentes dos gentios, em seu amor, suas orações e sua ambição. Devem amar os inimigos bem como os amigos, renunciar às vãs repetições na oração, substituindo-as por uma aproximação inteligente porém inocente a seu Pai, e buscar em primeiro lugar, como bem supremo, não suas próprias necessidades materiais, mas a justiça e a integridade de Deus.

As pessoas ficavam perplexas diante da autoridade de Jesus, porque ele não ensinava nem como os escribas (que invariavelmente citavam outras autoridades), nem mesmo como os profetas (que falavam em nome de Iavé), mas com sua própria autoridade e em seu próprio nome, declarando "em verdade, em verdade, vos digo".

Ele, além disso, reforçava seu ensino com inesquecíveis parábolas, que ilustravam o amor de Deus pelos pecadores (p. ex., o filho pródigo), a necessidade de humildade na confiança na misericórdia de Deus para a salvação (p. ex., o fariseu e o publicano), o amor que devemos ter até mesmo por aqueles que não podem exigir nada de nós

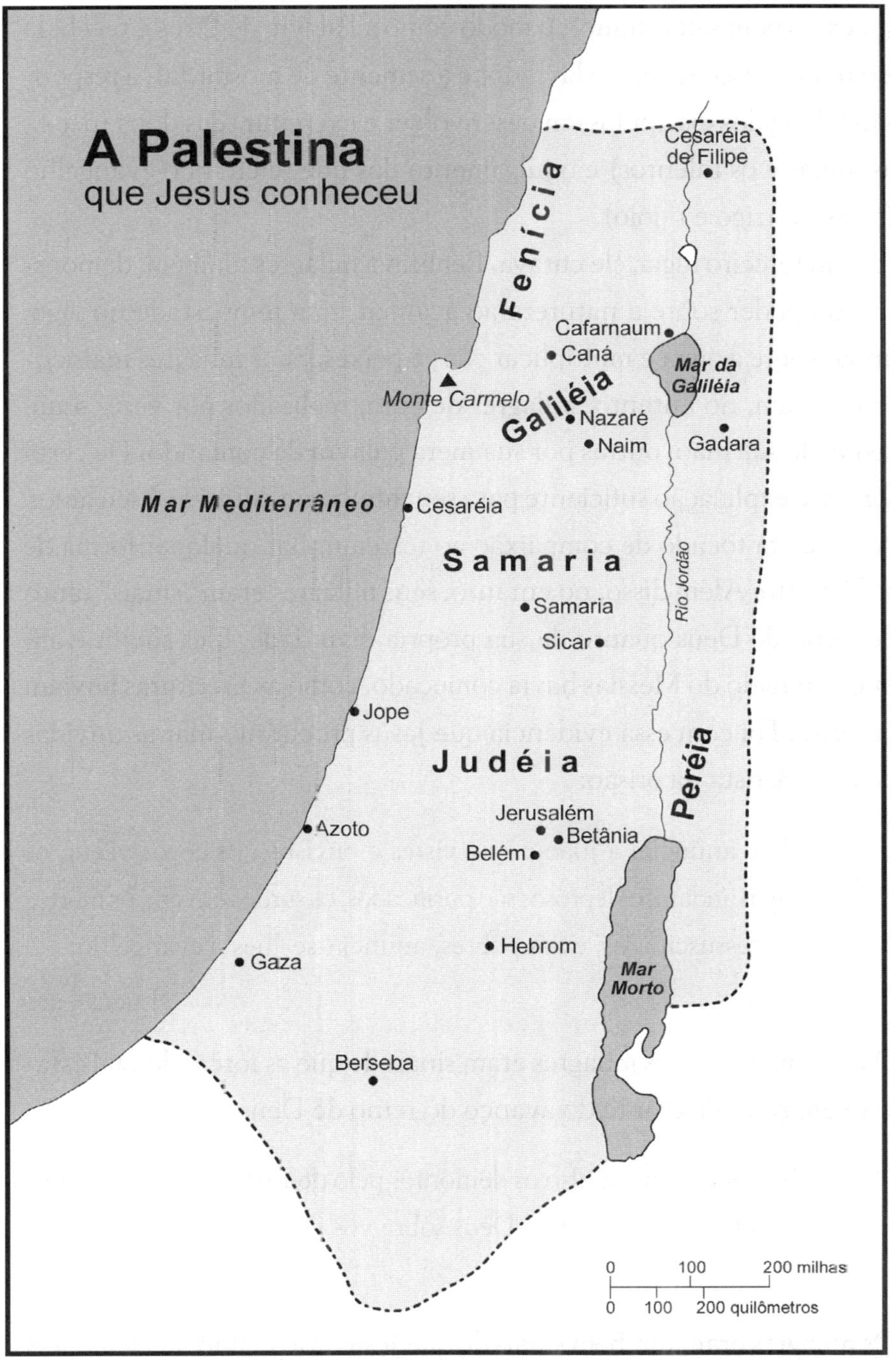
A Palestina
que Jesus conheceu
Fenícia
Cesaréia de Filipe
Cafarnaum
Caná
Mar da Galiléia
Monte Carmelo
Galiléia
Nazaré
Naim
Gadara
Mar Mediterrâneo
Cesaréia
Samaria
Rio Jordão
Samaria
Sicar
Jope
Judéia
Peréia
Jerusalém
Azoto
Betânia
Belém
Hebrom
Gaza
Mar Morto
Berseba
0 100 200 milhas
0 100 200 quilômetros

(p. ex., o bom samaritano), o modo como a Palavra de Deus é recebida e o reino cresce (p. ex., o lavrador e a semente de mostarda), a responsabilidade dos discípulos em desenvolver e exercitar seus dons (p. ex., as minas e os talentos) e o julgamento dos que rejeitam o evangelho (p. ex., o trigo e o joio).

Em terceiro lugar, ele curava. Realizava milagres também, demonstrando poder sobre a natureza ao acalmar uma tempestade no lago, andar sobre a água e multiplicar pães e peixes. Seus milagres mais comuns eram, no entanto, milagres de cura, realizados por vezes a um toque de sua mão, outras por sua mera palavra de comando. De certa forma, a explicação suficiente para seu ministério curativo é seu amor, pois ele era tocado de compaixão ao testemunhar qualquer forma de sofrimento. Além disso, no entanto, seus milagres eram "sinais" tanto do reino de Deus quanto de sua própria divindade. Eles sinalizavam que o reinado do Messias havia começado, como as Escrituras haviam previsto. Foi com essa evidência que Jesus procurou sanar as dúvidas de João Batista na prisão:

> Ide e anunciai a João o que vistes e ouvistes: os cegos vêem, os coxos andam, os leprosos são purificados, os surdos ouvem, os mortos são ressuscitados, e aos pobres, anuncia-se-lhes o evangelho.
>
> Lucas 7:22

Da mesma forma, os milagres eram sinais de que as forças do mal estavam em retirada diante do avanço do reino de Deus:

> Se, porém, eu expulso os demônios pelo dedo de Deus, certamente é chegado o reino de Deus sobre vós.
>
> Lucas 11:20

Os milagres eram também sinais de que Jesus era o Filho de Deus, pois cada um deles funcionava como uma parábola, dramatizando alguma de suas alegações divinas. A alimentação de cinco mil proclamava visivelmente sua alegação de ser o pão da vida; a cura do cego de nascença, sua alegação de ser a luz do mundo; os mortos que levantou, sua alegação de ser a ressurreição e a vida.

Nessa obra tripartite de pregação, ensino e cura, Jesus envolveu também os doze apóstolos. Ele parece tê-los chamado e escolhido cedo nesse segundo ano de seu ministério público; e, ao atribuir-lhes o sobrenome de "apóstolos", parece ter indicado a obra para que estavam sendo convocados. Pretendo estender-me sobre esse assunto em capítulo posterior, quando considerarmos o caráter único da autoridade deles. Em termos humanos, eles eram um grupo heterogêneo e pouco promissor que incluía quatro pescadores, um cobrador de impostos, pelo menos um extremista político e outro que provou ser um traidor. Ainda assim, Jesus os mantinha consigo, treinando-os pelo que eles viam e ouviam, e enviando-os dois a dois, providos de sua autoridade para pregar e curar como ele.

Durante seu ministério na Galiléia, as multidões não paravam de crescer. A região inteira ficou ansiosa de empolgação e expectativa:

> Grandes multidões afluíam para o ouvirem e serem curadas de suas enfermidades.
>
> Lucas 5:15

O ponto alto da popularidade de Jesus parece ter sido alcançado por ocasião da alimentação dos cinco mil. Ele aconteceu logo após a decapitação de João Batista, presságio ameaçador da mudança da maré. Como os cinco mil registrados não incluíam mulheres nem crianças (Mt 14:21), o total da multidão deve ter sido mais do que o dobro desse número. Quando a fome de todos havia sido satisfeita como resultado da multiplicação milagrosa de cinco pães de cevada e dois peixes defumados, a agitação e a empolgação alcançaram níveis febris. Começou a correr na multidão: "Este é, verdadeiramente, o profeta que devia vir ao mundo" (Jo 6:14). À medida que o rumor se espalhava, as pessoas se decidiam. Elas estavam determinadas a vir e fazê-lo rei à força, quer dizer, torná-lo o líder nacional que as libertaria do domínio de Roma. Mas Jesus ficou sabendo e "retirou-se novamente, sozinho, para o monte" (Jo 6:14,15).

O ANO DA ADVERSIDADE

Depois de retornar a Cafarnaum, na margem oposta do lago, Jesus pregou um sermão na sinagoga local, usando o milagre dos pães e dos peixes como seu discurso-base. Ele não tinha vindo para ser revolucionário político. Ele era o pão da vida, disse ele. Qualquer que viesse a ele e cresse nele nunca mais teria fome ou sede de novo. E o pão que Jesus daria para a vida do mundo era sua carne. Imediatamente um debate irrompeu entre os judeus:

> Como pode este dar-nos a comer a sua própria carne?

Até mesmo seus discípulos acharam aquela afirmação muito dura, e muitos deles deram as costas e deixaram de segui-lo (Jo 6:52,66). A maré havia mudado.

Portanto, Jesus novamente "retirou-se" e fez incursões mais distantes, além dos limites da Galiléia. Ele foi a Tiro e Sidom a noroeste (Mc 7:24) e a Decápolis, uma região ao sudeste do lago (Mc 7:31). Ele em seguida viajou novamente para o norte, desta vez para Cesaréia de Filipe, ao pé do monte Hermom (Mc 8:27). Aqui tomou lugar um incidente muito importante, que representa uma espécie de divisão de águas na narrativa do Evangelho. Jesus perguntou aos doze quem as pessoas estavam dizendo que ele era, e eles forneceram as respostas da especulação popular — que ele era João Batista, Elias ou algum dos profetas. Mas e os doze, quem diziam que ele era? Imediatamente Pedro respondeu: "Tu és o Cristo".

A réplica de nosso Senhor pode chocar muitos leitores, pois ele ordenou que eles não contassem a ninguém a respeito dele (Mc 8:30). Mas no versículo seguinte ele explica o enigma:

> Então, começou ele a ensinar-lhes que era necessário que o Filho do Homem sofresse muitas coisas, fosse rejeitado pelos anciãos, pelos principais sacerdotes e pelos escribas, fosse morto e que, depois de três dias, ressuscitasse. E isto ele expunha claramente.
>
> Marcos 8:31,32

A ordem de silêncio de Jesus, repetida depois de diversos de seus milagres, devia-se a seu desejo de manter seu messianato em segredo enquanto as pessoas fizessem uma idéia errada do que ele representava, como exemplificado na tentativa delas de torná-lo rei à força. Agora, porém, que Pedro havia confessado abertamente sua fé, Jesus "começou" a ensinar a necessidade de seu sofrimento, e a fazê-lo "claramente" — isto é, abertamente. A princípio, Pedro não foi capaz de aceitar essa verdade. Jesus, porém, insistiu nela e acrescentou que o mesmo padrão de glória pelo sofrimento, ou vida pela morte, seria também a experiência de seus seguidores (Mc 8:34-38).

Seis dias depois, de acordo com os Evangelhos sinóticos, Jesus tomou consigo Pedro, Tiago e João e levou-os consigo a um "alto monte" (talvez o Hermom?) e transfigurou-se diante deles, seu rosto e suas roupas permeando-se de uma fulgurante luz. Foi uma visão antecipada de sua glória, a glória de seu reino e de seu corpo de ressurreição, a glória à qual ele um dia chegaria pelo sofrimento.

Quando Jesus voltou à Galiléia, foi para uma visita que se manteve em sua maior parte confidencial, visto que ele continuava a ensinar aos discípulos a respeito de seus sofrimentos vindouros e subseqüente ressurreição (Mc 9:30,31). Logo depois, ele começou sua jornada para o sul (Mc 10:1). Ele na verdade "manifestou, no semblante, a intrépida resolução de ir para Jerusalém" (Lc 9:51), e no caminho continuou enfatizando as mesmas coisas (p. ex., Mc 10:32-34,45). Lucas provê uma série de detalhes a respeito dessa viagem e da instrução concomitante, que outros evangelistas não registram (v. Lc 9:51—18:14). Ele conta que Jesus referiu-se a um batismo de sofrimento que ele teria de suportar e seu sentimento de angústia até que ele se cumprisse (Lc 12:50). Mais tarde ele disse:

> Eis que subimos para Jerusalém, e vai cumprir-se ali tudo quanto está escrito por intermédio dos profetas, no tocante ao Filho do Homem.
>
> Lucas 18:31

A aproximação a Jerusalém foi via Jericó, um oásis não muito distante de onde o Jordão desemboca no mar Morto. Aqui Jesus deu a vista ao cego Bartimeu e salvação a Zaqueu, um cobrador de impostos de duvidosa reputação (Lc 18:35—19:10). Ele então começou a íngreme subida pela estrada do deserto, rumo à cidade santa.

A impressão transmitida pelos evangelistas sinóticos é de que Jesus foi diretamente a Jerusalém e aos eventos de sua última semana. Sabemos pelo Evangelho de João, no entanto, que ele passou ainda seis meses na Judéia, período que incluiu visitas a Jerusalém para a Festa dos Tabernáculos em outubro e para a Festa da Dedicação em dezembro (Jo 7:2,10,14; 10:22,23). Exatamente onde Jesus ficou nesse período não fica claro, mas ele por vezes se achava no deserto da Judéia e outras ainda na outra margem do Jordão, perto do local de seu batismo (Jo 10:40; 11:54).

Quando Jesus aparecia em público para os festivais, suas alegações (atestadas por seus sinais) tornavam-se mais claras e mais ousadas. Ele era o provedor da água viva, atestou, a luz do mundo (conforme evidenciado ao dar a visão a um homem cego de nascença), o grande "Eu sou" que vivia eternamente antes de Abraão, o bom pastor que daria a vida por suas ovelhas e (ao levantar Lázaro dos mortos) tanto a ressurreição quanto a vida (Jo 7:37-39; 8:12; 9:5; 8:58; 10:11; 11:25,26). Os líderes judeus consideraram essas alegações cada vez mais perturbadoras, e são registradas diversas ocasiões em que eles tentaram prendê-lo e matá-lo (Jo 5:18; 7:30,32; 8:59; 10:39; 11:53,57).

Já durante seu ministério na Galiléia, embora as multidões dessem a ele seu tumultuado apoio, Jesus não estava imune às críticas incessantes dos escribas e fariseus. Marcos compila uma série de quatro "histórias de controvérsia", nas quais Jesus é acusado primeiro de blasfêmia (por ousar perdoar os pecados de um homem), depois por confraternizar com pecadores, de falta de rigor religioso por negligenciar o jejum e finalmente de violar o sábado (Mc 2:1-28). Ao defender-se dessas acusações, Jesus só piorava as coisas aos olhos de seus oponentes, alegando ser o Filho do Homem com autoridade para perdoar, o médico que tinha vindo para curar pecadores doentes, o noivo em cuja presença os convidados não podiam jejuar e o Senhor até mesmo do sábado.

À medida que o tempo passava, ele ia mais longe. Havia condenado os fariseus por sua hipocrisia (p. ex., Lc 11:37-52) e por colocar as tradições humanas acima dos mandamentos de Deus (Mc 7:1-13). Mais adiante repreenderia os saduceus por ignorarem a Palavra de Deus e o poder de Deus (Mc 12:18-27). Gradualmente a tensão cresceu. Os líderes judeus sentiam inveja de sua reputação diante do povo, ressentiam-se dele por ter exposto sua superficialidade e por tê-los derrotado moralmente por meio de sua própria e transparente integridade. Era apenas uma questão de tempo até a colisão final.

Quando Jesus aproximou-se de Jerusalém pela última vez e chegou ao ponto da estrada que circundava o monte das Oliveiras, do qual se descortinava a vista da cidade, não foi capaz de refrear as lágrimas. Ele chorou e disse:

> Ah! Se conheceras por ti mesma, ainda hoje, o que é devido à paz! Mas isto está agora oculto aos teus olhos.
>
> Lucas 19:41,42

Apesar disso, a despeito do que parecia ser a rejeição certa por parte da cidade, ele lançou um último apelo. Por intermédio de um arranjo prévio ele pôde entrar em Jerusalém sentado num jumento emprestado, a fim de cumprir deliberadamente a profecia de Zacarias:

> Alegra-te muito, ó filha de Sião; exulta, ó filha de Jerusalém: eis aí te vem o teu Rei, justo e salvador, humilde, montado em jumento, num jumentinho, cria de jumenta.
>
> Zacarias 9:9; Mateus 21:5

As multidões que o acompanhavam mostraram-se ávidas em aclamá-lo. Eles cortaram ramos de árvores e tiraram seus mantos a fim de formar um tapete por cima do qual ele passasse. Eles agitaram ramos de palmeiras no ar e gritaram seus "hosanas" — pois essa foi a "entrada triunfal" dele em Jerusalém. Seu triunfo não foi, no entanto, compartilhado pelas autoridades e teve vida curta. Jesus opôs-se abertamente a eles purificando o templo pela segunda vez (Mc 11:15-19), e durante os três dias que se seguiram, de segunda a quarta-feira, a hostilidade das autoridades contra ele tornou-se cada vez mais intensa. Eles engajaram-se em discussões políticas e teológicas com Jesus, embora não tenham sido capazes de encontrar falha na argumentação dele (Mc 12). Jesus, por sua vez, criticou os fariseus por sua pretensão religiosa numa série de devastadores "ais" (Mt 23), ao mesmo tempo que advertia os apóstolos a respeito da futura destruição de Jerusalém e da oposição que eles deveriam esperar antes que seu retorno colocasse um ponto final na História (Mt 24; Mc 13; Lc 21).

A MORTE E RESSURREIÇÃO DE JESUS

A quinta-feira da última semana foi, segundo um entendimento, a véspera da Páscoa; segundo outro, foi o dia da Páscoa em si. Jesus sabia que sua "hora", a respeito da qual ele havia repetidamente dito "ainda não", havia finalmente chegado. Seria uma hora de sofrimento sem paralelo, e ainda assim a hora de sua "glorificação", pela qual ele seria revelado da forma mais completa, e a salvação, até mesmo dos gentios, seria alcançada (Jo 12:20-33).

Ele passou suas últimas horas de liberdade numa reunião íntima com os Doze no aposento mobiliado de um andar superior, emprestado a ele por um amigo. Aqui eles comeram juntos a refeição da Páscoa. Durante a ceia ele realizou o que era um trabalho de escravo, e que evidentemente nenhum deles estava disposto a fazer, pois fez a volta lavando os pés deles. Jesus disse a eles que deviam humilhar a si mesmos e amar uns aos outros da mesma forma. Durante e depois da ceia ele também deu-lhes pão e vinho como emblemas de seu corpo e de seu sangue, que seriam oferecidos pela salvação deles, e ordenou que comessem e bebessem em memória dele. Em seguida fortaleceu-os e encorajou-os com um ensinamento profundo a respeito do novo e íntimo relacionamento com eles que o Santo Espírito vindouro tornaria possível, e orou por eles para que o Pai os mantivesse como eram, um povo distinto, que não mais pertencia ao mundo, mas deveria continuar a viver nele como seus representantes.

Devia ser tarde da noite quando eles deixaram o aposento no andar superior, andaram pelas ruas desertas da cidade, atravessaram o vale de Cedrom e começaram a subir o monte das Oliveiras. No jardim de

Getsêmani Jesus orou com o desejo agonizante de ser poupado de beber seu "cálice", símbolo do Antigo Testamento para a ira de Deus sobre o pecado. Ele, porém, terminou cada oração com uma entrega renovada de sua vontade e levantou-se com uma resolução serena e inabalável de bebê-lo. Naquele exato momento os soldados do templo chegaram para prendê-lo, carregando tochas e armas, e Judas traiu-o entregando-o a eles.

Seguiu-se uma extenuante série (naquela noite e na manhã seguinte) de seis julgamentos independentes, três deles em cortes judaicas, um diante de Herodes e dois diante de Pôncio Pilatos. Quando falsas testemunhas acusaram-no, Jesus guardou silêncio, porém quando o sumo sacerdote desafiou-o a dizer se ele era "o Cristo, o Filho de Deus", ele ousadamente reconheceu que era e foi imediatamente condenado à morte por blasfêmia. Essa grotesca paródia de justiça mostrou-se ainda mais amarga para ele por causa da brutalidade dos que o golpeavam e cuspiam em seu rosto, e pelas negações covardes de Pedro no pátio lá fora.

Como pela lei romana os judeus não tinham permissão para levar a cabo a pena de morte, foi necessário que eles conseguissem para ela a ratificação do procurador. Sabe-se que Pilatos foi um administrador eficiente, mas implacável. Ele logo enxergou além da acusação política que os judeus traziam contra Jesus, a saber, que ele proibia o pagamento de tributo a César e alegava ser rei. Umas poucas perguntas a respeito da natureza do reinado de Jesus bastaram para convencê-lo de que o prisioneiro não era nenhum agitador revolucionário. Pilatos, no entanto, era homem que governava mais por conveniência que por princípios. Ele queria ao mesmo tempo soltar Jesus e satisfazer os judeus, por isso tentou várias soluções de meio-termo. Eles ficariam satisfeitos se Jesus recebesse um açoite, ou um julgamento por Herodes, ou ainda a costumeira anistia de Páscoa? Os judeus, porém, não permitiriam que ele se esquivasse de uma decisão. Quando eles deram a entender que se Pilatos soltasse Jesus perderia o favor de César, ele decidiu. Pilatos lavou as mãos publicamente em fingida inocência e entregou-lhes Jesus para ser zombado, açoitado e crucificado.

A crucificação era uma forma horrível de execução. Para os romanos era uma coisa vergonhosa, reservada por eles para escravos e os piores criminosos. Era ainda uma espécie de sádica tortura, pois prolongava deliberadamente a dor e adiava a morte às vezes por dias.

A forma como Jesus enxergou e suportou seu suplício é demonstrada pelas sete "palavras" pronunciadas por ele na cruz. As três primeiras indicam que ele foi capaz de esquecer seu sofrimento de modo a preocupar-se inteiramente com o bem-estar de outros. Ele orou para que seus torturadores fossem perdoados; entregou sua mãe aos cuidados de João, e João aos de sua mãe e assegurou ao criminoso penitente que estava sendo crucificado a seu lado que ele estaria com ele naquele mesmo dia no paraíso (Lc 23:34; Jo 19:26,27; Lc 23:43). Depois disso, Jesus parece ter permanecido em silêncio por várias horas, enquanto uma estranha escuridão cobria a terra. Ele então proferiu quatro clamores, talvez em rápida sucessão, que nos dão uma idéia da natureza e do propósito de seus sofrimentos (Jo 19:28; Mc 15:33,34; Jo 19:30; Lc 23:46). Primeiro "Tenho sede", traindo sua angústia física. Em seguida "Meu Deus, meu Deus, por que me desamparaste?" Esse clamor de abandono foi colocado na forma de pergunta não porque Jesus não soubesse a resposta, mas porque ele estava citando o Salmo 22:1. E ele o citou (como sempre citava a Escritura) porque cria que o estava cumprindo. O abandono por parte de Deus que ele experimentava era o julgamento divino que nossos pecados mereciam. Ele estava bebendo o "cálice" da ira de Deus. Quase imediatamente depois veio um forte clamor de triunfo, na forma de uma única palavra: "consumado",[5] expressando seu cumprimento da obra de levar os pecados, que ele tinha vindo fazer. Finalmente ele entregou seu espírito ao Pai, a fim de demonstrar que sua morte foi um ato voluntário, determinado por ele mesmo:

> Pai, nas tuas mãos entrego o meu espírito.
>
> Lucas 23:46

Cerca de 36 horas mais tarde Deus o ressuscitou dos mortos, como prova decisiva de que ele não havia morrido em vão. Aos primeiros sinais do amanhecer do Domingo de Páscoa, Maria Madalena e algumas outras mulheres foram até a tumba de José de Arimatéia a fim de completar os ritos funerais que a intervenção do sábado havia interrompido. Elas, porém, descobriram que a pedra havia sido rolada para fora da entrada da tumba e que ela estava vazia. Ao ouvir essa notícia, Pedro e João correram para o sepulcro. Olhando para dentro, descobriram não apenas que o corpo do Senhor havia desaparecido, mas que seus trajes mortuários estavam ainda lá, repousando intocados. Estava claro, pela evidência circunstancial, que o corpo não havia sido tocado por mãos humanas, mas ressuscitado dos mortos por Deus. Eles "viram e creram".

O Senhor ressurreto começou então a aparecer para as pessoas. Primeiro individualmente, para Maria Madalena e para Pedro. Depois a dois discípulos na estrada de Jerusalém a Emaús. Em seguida, na mesma noite, aos apóstolos, e novamente no domingo seguinte, quando Tomé (que havia estado ausente na semana anterior) estava com eles. Depois, quando eles retornaram para a Galiléia, ele apareceu para eles também ali, numa montanha e nas margens do lago. A cada aparição ele lhes fornecia evidência de que se tratava dele mesmo, a mesma pessoa de antes de sua morte, embora agora maravilhosamente transformada, e comissionava-os a ir pelo mundo todo e fazer de todas as nações discípulos dele.

Essas aparições prolongaram-se por quarenta dias. A última tomou lugar no monte das Oliveiras. Depois de prometer-lhes o poder de serem suas testemunhas uma vez que o Espírito Santo descesse, e depois de abençoá-los, ele foi "elevado às alturas... ao céu". Não há necessidade de duvidar-se da natureza literal de sua ascensão, desde que compreendamos seu propósito. Ela não foi necessária como forma de partida, pois "ir para o Pai" não envolveu uma jornada no espaço, e ele podia provavelmente ter desaparecido no ar como em prévias ocasiões. A razão pela qual ele ascendeu diante dos olhos deles foi mais para demonstrar que sua partida era final. Ele tinha agora ido de vez, ou pelo menos até seu retorno em glória. Assim, eles retornaram para Jerusalém com grande júbilo e esperaram — agora não mais uma aparição de Jesus ressurrecto, mas que o Espírito Santo viesse em poder, como havia sido prometido.

A Igreja nascente

Os discípulos tiveram de esperar apenas dez dias. Então, repentinamente, enquanto oravam juntos para que a promessa se cumprisse, aconteceu. Acompanhado pelo ruído de ventania e pelo surgimento de chamas ardentes, o Espírito Santo veio e os encheu a todos. Foi o evento culminante da carreira salvífica de Jesus, pois, como explicou Pedro em seu sermão naquela mesma manhã, foi Jesus Cristo quem trouxe o significado de seu nascimento, morte, ressurreição e ascensão a seu clímax ao derramar do céu seu Espírito.

O Pentecostes deve ser também entendido basicamente como um evento missionário. O milagre das línguas estrangeiras que os discípulos falaram simbolizou a comunidade cristã internacional que estava prestes a vir à luz por intermédio do evangelho.

Três mil pessoas foram convertidas, batizadas e acrescentadas à Igreja naquele dia:

> E perseveravam na doutrina dos apóstolos e na comunhão, no partir do pão e nas orações.
>
> Atos 2:42

É de ficar maravilhado diante da clareza e da energia da pregação inicial dos apóstolos. Lucas nos oferece de exemplo quatro sermões de Pedro — no dia de Pentecostes, depois da cura do coxo do lado de fora da Porta Formosa do templo, diante do sinédrio judaico e para os familiares de Cornélio (At 2:14-40; 3:12-26; 5:29-32; 10:34-43). Embora ele naturalmente forneça apenas um sumário de cada um, é suficiente para demonstrar o conteúdo e o padrão da proclamação de Pedro.

Pedro pregava Jesus Cristo, sua vida, morte e ressurreição. Durante sua vida ele havia sido divinamente confirmado por meio de milagres. Sua morte devia-se tanto ao propósito de Deus quanto à impiedade dos homens (At 3:23). Embora os homens o tivessem negado e matado, Deus o havia justificado ao ressuscitá-lo dos mortos. Ele agora é exaltado como Senhor, Cristo, Salvador e Juiz. Tudo isso ainda é duplamente confirmado pelo testemunho da Escritura do Antigo Testamento e das testemunhas oculares apostólicas. Portanto, que eles se arrependam de seus pecados, creiam no nome de Jesus Cristo e sejam batizados, para que então recebam a bênção prometida à semente de Abraão, a saber, o perdão dos pecados e o dom do Espírito.

Não devemos imaginar, no entanto, que a Igreja nascente não tenha enfrentado problemas. Bastou que Jesus Cristo por intermédio de seu Espírito lançasse sua ofensiva a fim de conquistar o mundo para que o Diabo organizasse um poderoso contra-ataque. A estratégia do Diabo foi tripartite.

Primeiro ele tentou o grosseiro artifício da perseguição (At 3—5). Quando Pedro e João começaram a "falar ao povo e anunciar, em Jesus, a ressurreição dentre os mortos" (At 4:1,2), foram detidos e levados a julgamento diante do Sinédrio. Aqui eles testemunharam de Jesus com maravilhosa ousadia, declarando ser ele o único Salvador. O conselho ficou profundamente impressionado, sabendo que eram homens iletrados, mas proibiram que eles "falassem ou ensinassem no nome de Jesus" (At 4:18). Pedro e João responderam que deviam obediência a Deus, e não a homens, e que de qualquer forma simplesmente não eram capazes de deixar de falar do que tinham visto e ouvido. Então, depois de terem sido ameaçados ainda mais, deixaram-nos partir. Os apóstolos foram diretamente a seus amigos cristãos, e eles juntos oraram ao soberano Deus da natureza, da Escritura e da história, não por sua segurança ou proteção, mas que lhes fosse dada coragem para continuar transmitindo sua palavra. Assim, a pregação continuou. Eles foram novamente detidos e dessa vez colocados na prisão, mas um anjo do Senhor libertou-os e disse que eles fossem e pregassem nos recintos sagrados do próprio templo. Uma vez mais eles foram presos e levados a julgamento, porém dessa vez o conselho judaico, advertido por Gamaliel de que poderiam ser achados em oposição a Deus, não fez mais do que espancá-los e repetir a proibição de que não falassem em nome de Jesus. A reação dos apóstolos?

> E eles se retiraram do Sinédrio regozijando-se por terem sido considerados dignos de sofrer afrontas por esse Nome. E todos os dias, no templo e de casa em casa, não cessavam de ensinar e de pregar Jesus, o Cristo.
>
> Atos 5:41,42

A outra arma que o Diabo brandiu contra a Igreja foi mais sutil. Incapaz de esmagá-la pela pressão externa, ele tentou miná-la de dentro. Primeiro pela hipocrisia.

A generosidade dos primeiros cristãos havia levado muitos deles a vender suas terras e trazer o dinheiro apurado aos apóstolos para o socorro dos necessitados. Ananias e Safira, casal de marido e mulher, decidiram fazer o mesmo, mas retiveram parte do dinheiro para si mesmos enquanto fingiam estar entregando tudo. A propriedade deles estava à sua inteira disposição antes e depois da venda, como Pedro mais tarde deixou claro. Eles não tinham nenhuma obrigação de entregá-la. Seu pecado estava no fato de que eles desejavam o crédito de ter dado tudo, sem o custo. Se tivessem sido bem-sucedidos em sua fraude, a hipocrisia teria começado a infiltrar-se no seio da comunidade cristã. Pedro, no entanto, detectou sua mentira, e eles pagaram com a vida por sua falsidade (At 5:1-11).

A terceira arma satânica foi a mais indireta de todas. Foi preocupar os apóstolos com o serviço social (mais precisamente com o cuidado das viúvas cristãs) e assim desviá-los do papel de instrução para o qual Jesus os havia chamado. Mas os apóstolos estavam alertas para esse perigo e delegaram a tarefa. Eles instruíram o corpo de discípulos a escolher sete diáconos (como são normalmente chamados) que assumissem o trabalho assistencial da Igreja, de modo que eles pudessem dedicar-se a sua prioridade dada por Deus, a saber: "à oração e ao ministério da palavra".

Quando a tripartite contra-ofensiva inicial do Diabo fracassou, Lucas pôde escrever:

> Crescia a palavra de Deus, e, em Jerusalém, se multiplicava o número dos discípulos.
>
> Atos 6:7

Um dos sete era Estêvão, um cristão cheio de graça, fé, sabedoria e poder. Acusado de falar contra a lei de Moisés e contra o templo, ele foi trazido diante do sinédrio. Sua defesa, registrada em Atos 7, é uma magistral narrativa do relacionamento de Deus com Israel, estruturado de modo a demonstrar que Deus não está preso a algum lugar ou edificação, mas apenas ao povo cujo Deus é ele. Ele concluiu seu discurso acusando seus acusadores. Eles eram teimosos, disse ele, sempre resistentes ao Espírito Santo, e agora culpados do assassinato de Cristo. Diante disso eles atiraram-se sobre ele, arrastaram-no para fora da cidade e apedrejaram-no até a morte.

Dentro da providência de Deus, porém, a morte do primeiro mártir cristão ajudou em vez de prejudicar a difusão do evangelho. A perseguição dos cristãos que se seguiu espalhou-os por toda a Judéia e Samaria, e por onde passavam eles pregavam a palavra (At 8:1-4). Entre eles estava Filipe, que era outro dos sete "diáconos". Foi concedido a ele ostensivo sucesso na evangelização dos samaritanos, que por séculos haviam sido repudiados pelos judeus. Dessa forma, os apóstolos (que haviam ficado para trás em Jerusalém) enviaram Pedro e João para investigar e ratificar o que havia acontecido, evitando, assim, a permanência dentro da Igreja da divisão entre judeus e samaritanos. Filipe também expôs a boa nova do Cristo crucificado a um dignitário estatal etíope que voltava para casa de Jerusalém (At 8:5-40).

Esse alcançar de Samaria e da Etiópia foi apenas o prelúdio para a missão aos gentios que em breve começaria. Lucas apresenta-a em Atos com duas conversões significativas, a de Saulo de Tarso e (pelo testemunho de Pedro) a do centurião romano Cornélio. Esses eventos ilustram o papel vital desempenhado pelos principais apóstolos, Paulo e Pedro, na abertura dos portões da Igreja para os gentios.

Saulo de Tarso é mencionado pela primeira vez como o homem que cuidava das roupas dos que estavam apedrejando Estêvão.

Conjectura-se que ele jamais esqueceu a coragem e o amor do primeiro mártir cristão, que orou pelo perdão de seus inimigos. Ele, porém, continuou a abafar a voz da consciência, perseguindo implacavelmente a Igreja até aquele dia memorável (descrito não menos de três vezes no Livro de Atos) em que Jesus Cristo apareceu a ele na estrada para Damasco e (como ele colocou a coisa mais tarde) "tomou-o para si". Depois de chegar a Damasco, ele ficou sabendo por Ananias que havia sido chamado para ser apóstolo e discípulo, e o instrumento escolhido por Cristo para levar seu nome igualmente a gentios e a judeus (At 9:15). Sua conversão deve ter ocorrido entre três e cinco anos após a crucificação.

Quase dois capítulos inteiros de Atos são devotados à história da conversão de Cornélio, de tão importante que Lucas considerou o acontecimento (At 10,11). Pois Cornélio, embora "temente a Deus", no limiar da sinagoga, era ainda gentio, gente de fora. Foi necessária uma visão especial para convencer a Pedro de que deveria entrar na casa de Cornélio e pregar-lhe o evangelho, e também foi necessária uma repetição especial do Pentecostes (como creio que se possa descrevê-lo) para convencê-lo de que Deus agora não fazia distinção entre judeus e gentios, mas concedia sua purificação e seu Espírito a todos os que criam sem discriminação (At 10:47; 11:17; 15:7-11). Foi um tremendo progresso.

Alguns dos que deixaram Jerusalém depois do martírio de Estêvão viajaram para o norte, para Antioquia, que era capital da Síria e a terceira cidade mais famosa do império. Eles pregaram o Senhor Jesus aos gregos, e um grande número deles creu. Ouvindo sobre isso, a Igreja de Jerusalém enviou Barnabé a Antioquia, e ele por sua vez foi atrás de Paulo para ajudá-lo. Por um ano inteiro, esses dois homens ensinaram os convertidos. Aqui (em Antioquia) a primeira igreja gentia foi estabelecida, pela primeira vez os discípulos foram chamados de cristãos, e daqui foi lançada a primeira expedição missionária (At 11:19-26; 13:1-3). A data: cerca de 47 d.C.

A PRIMEIRA VIAGEM MISSIONÁRIA

Os missionários escolhidos, separados pela Igreja em obediência à condução do Espírito, foram Barnabé e Paulo, que em seguida convidaram Marcos (primo de Barnabé) para acompanhá-los. Eles navegaram até Chipre, terra natal de Barnabé, e em seguida a noroeste, alcançando a terra em solo da Ásia Menor, em Perge, na Panfília. A essa altura Marcos achou que para ele bastava e voltou para Jerusalém. Talvez ele tivesse ficado com medo dos pântanos da Panfília, onde (conjectura-se) Paulo pegou malária, que acabou prejudicando sua visão. De qualquer forma, quando eles chegaram ao topo do platô e alcançaram a Galácia, parece que Paulo ostentava uma desfigurante doença nos olhos (Gl 4:13-15). A primeira cidade da Galácia que ele visitou foi Antioquia da Pisídia, onde pregou na sinagoga e muitos judeus se converteram. Quando, porém, os judeus que não haviam crido negaram a mensagem de Paulo, ele tomou a ousada decisão (repetida com freqüência por ele no futuro) de voltar-se para os gentios. Expulsos da cidade pela oposição, Paulo e Barnabé seguiram adiante e visitaram mais três cidades da Galácia — Icônio, Listra (onde os pagãos locais por pouco não os adoraram como deuses e os judeus apedrejaram Paulo como blasfemador) e Derbe. Então, refazendo seu trajeto, eles voltaram fortalecendo os novos convertidos, apontando em cada igreja anciãos para cuidarem deles.[6]

De volta a Antioquia, eles reuniram a igreja e relataram o que Deus havia feito, especialmente "como abrira aos gentios a porta da fé" (At 14:27). A alegria da igreja logo deu lugar à controvérsia, pois chegou a Antioquia, de Jerusalém, um grupo dos assim chamados "judaizantes", que começaram a ensinar que, a não ser que os gentios convertidos fossem circuncidados e observassem a lei de Moisés, não podiam ser salvos (At 15:1-5). Paulo travou com eles um vigoroso debate. E quando até mesmo Pedro, num lapso temporário mais por medo do que por convicção, abandonou a comunhão com os gentios cristãos, Paulo teve de repreendê-lo publicamente (Gl 2:11-14).

Parece que a influência insidiosa dos judaizantes havia penetrado até mesmo as igrejas da Galácia. Isso levou Paulo a escrever a primeira de suas muitas cartas. Nessa carta aos gálatas ele defendeu sua autoridade apostólica como originada no próprio Cristo, assegurou-os de que não havia discordância entre ele e os apóstolos de Jerusalém, rejeitou o evangelho dos judaizantes como "de modo algum um evangelho", enfatizou que a salvação é só pela graça de Deus apenas pela fé, sem adição da circuncisão ou das obras da lei ou de qualquer outra coisa, e implorou que seus leitores gálatas permanecessem firmes na liberdade cristã.

A igreja de Antioquia decidiu enviar Paulo e Barnabé a Jerusalém para decidir a questão levantada pelos judaizantes, e isso levou ao "Concílio de Jerusalém" (descrito em At 15), em cerca de 49 ou 50 d.C. Depois de muita discussão, Pedro (que havia a essa altura se recuperado de seu lapso) descreveu novamente a conversão de Cornélio. Em seguida, Paulo e Barnabé contaram o que Deus havia feito por intermédio de seu ministério entre os gentios. Finalmente, Tiago, o irmão do Senhor, fechou a questão com argumentos da Escritura do Antigo Testamento. Os convertidos gentios, concluiu ele, não precisavam ser circuncidados a fim de serem salvos. Entretanto, para respeitar os escrúpulos das fracas consciências dos judeus, de modo a promover a comunhão entre gentios e judeus dentro da igreja, pediu-se que eles seguissem voluntariamente certos regulamentos alimentares e de casamento dos judeus.[7]

A SEGUNDA VIAGEM MISSIONÁRIA

Armado com uma carta dos apóstolos e anciãos de Jerusalém, contendo as decisões do Concílio, Paulo lançou-se em sua segunda viagem missionária, dessa vez acompanhado de Silas.[8] Eles revisitaram as igrejas

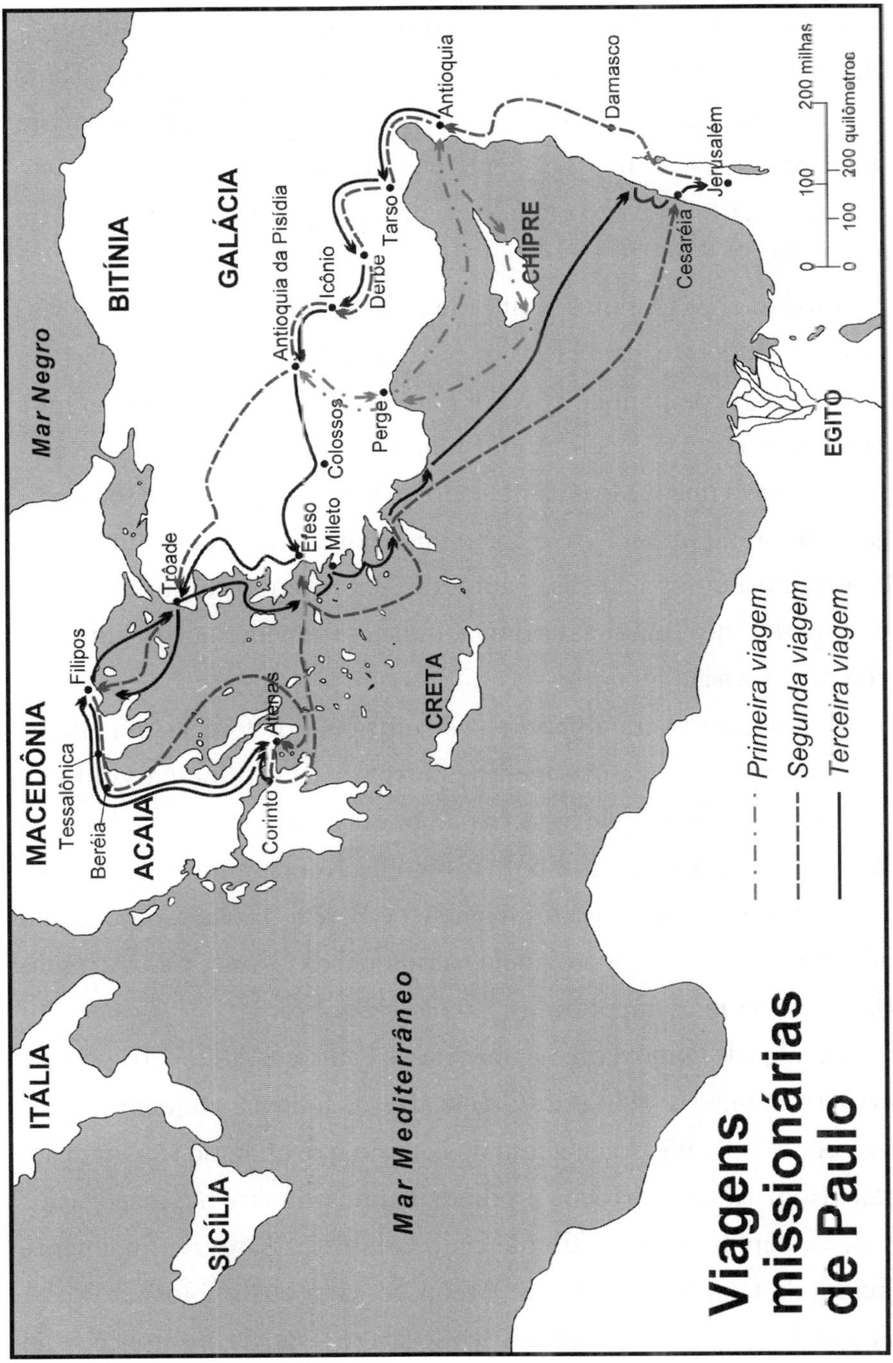
Viagens missionárias de Paulo
Mar Negro
Mar Mediterrâneo
ITÁLIA
SICÍLIA
MACEDÔNIA
ACAIA
BITÍNIA
GALÁCIA
CHIPRE
CRETA
EGITO
Filipos
Tessalônica
Beréia
Corinto
Atenas
Trôade
Éfeso
Mileto
Colossos
Antioquia da Pisídia
Icônio
Derbe
Perge
Tarso
Antioquia
Damasco
Cesaréia
Jerusalém
Primeira viagem
Segunda viagem
Terceira viagem
0 100 200 milhas
0 100 200 quilômetros

da Galácia administrando o decreto do Concílio. Em Listra, Paulo convidou Timóteo a juntar-se a eles. Como ele tinha pai gentio, Paulo chegou a circuncidá-lo em deferência aos judeus locais, pois agora que o princípio da salvação apenas pela graça já havia sido estabelecido, ele se mostrou pronto a fazer essa concessão política (At 16:1-4; v. tb. 1Co 9:19,20).

Proibido pelo Espírito Santo (de um modo não explicado) de viajar quer a sudoeste, para Éfeso, quer a norte, para a Bitínia, restou para Paulo e seus companheiros viajar para noroeste, e assim chegaram a Trôade, na costa do Egeu. Aqui Paulo teve um sonho em que um grego implorava que ele fosse à Macedônia e os ajudasse. Ele e seus amigos interpretaram essa visão como um chamado de Deus para levar o evangelho à Europa. Lucas, o autor de Atos, usando pela primeira vez o pronome "nós" em sua narrativa, indica sutilmente que se juntara a eles na travessia.

A Macedônia era a província setentrional da Grécia, e a equipe missionária pregou o evangelho em três de suas principais cidades — Filipos (onde Paulo e Silas passaram uma noite memorável na prisão, seus pés presos ao tronco), Tessalônica (onde muitos passaram a crer durante a missão de três semanas) e Beréia. Paulo, então, seguiu adiante para a Acaia, a província meridional da Grécia, visitando suas duas cidades mais importantes, Atenas e Corinto.

Há algo de comovente na imagem de Paulo em Atenas, o apóstolo cristão em meio às glórias da Grécia antiga. Todavia, enquanto andava pela cidade, não foi a beleza do cenário que chamou sua atenção, mas a idolatria. Isso o tocou profundamente; primeiro na sinagoga dos judeus, depois na praça do mercado com os passantes e finalmente diante do famoso Concílio do Areópago, com os filósofos estóicos e epicuristas, ele fielmente pregou a respeito de Jesus, da ressurreição e do julgamento vindouro.

Timóteo juntou-se a ele enquanto Paulo estava em Atenas, mas Paulo estava tão preocupado em descobrir como a igreja de Tessalônica estava passando sob a perseguição que o mandou a eles de imediato, a fim de informar-se e encorajá-los a permanecer firmes (1Ts 3:1-5). Quando Timóteo voltou, Paulo já havia seguido para Corinto (1Ts 3:6; At 18:5). As boas notícias trazidas por Timóteo foram a ocasião da primeira carta de Paulo aos tessalonicenses, sendo que a segunda carta seguiu logo depois. Nessa cartas Paulo regozija-se diante da fé, do amor e da firmeza dos tessalonicenses, e diante do exemplo que eles estão estabelecendo para todos os crentes na Macedônia e na Acaia (1Ts 1). Ele prossegue defendendo sua integridade pessoal diante de seus detratores judeus (1Ts 2,3) e em seguida exorta seus leitores a ganhar seu próprio sustento e não deixar de trabalhar (coisa que alguns parecem ter feito na suposição de que a volta do Senhor era iminente), a ser fortes diante da privação, porque os vivos não terão precedência sobre os mortos quando Jesus vier, e a viver uma vida de pureza sexual. Talvez ele tivesse essas três categorias em mente quando escreveu: "Admoesteis os insubmissos, consoleis os desanimados, ampareis os fracos" (1Ts 5:14).

Paulo permaneceu em Corinto por quase dois anos. Ele seguiu seu costume de pregar em primeiro lugar aos judeus, e conquistou uma admirável conversão na pessoa de Crispo, líder da sinagoga. Quando, porém, os judeus se opuseram e o maltrataram, ele novamente se voltou para os gentios, obtendo apoio para sua política de uma fonte inesperada, o procônsul da Acaia, chamado Gaio. Foi verdadeiramente um triunfo da graça de Deus que uma igreja gentio-judaica tenha se levantado num antro de imoralidade como era Corinto.

A TERCEIRA VIAGEM MISSIONÁRIA

A viagem de volta de Paulo a Antioquia foi interrompida por uma breve visita a Éfeso, a principal cidade da província romana da Ásia.

Ele deve ter ficado tão impressionado diante de sua importância estratégica que se dirigiu quase diretamente para lá ao começo de sua terceira viagem missionária.[9] Depois de três meses pregando na sinagoga, ele lançou uma iniciativa evangelística pioneira. Ele alugou "o auditório de Tirano", presumivelmente uma escola secular ou sala de conferências, e aqui, diariamente por dois anos, e de acordo com alguns manuscritos "da quinta à décima hora" (quer dizer, das 11 da manhã às 4 da tarde), ele defendia o evangelho. Pressupondo uma semana de trabalho de seis dias, isso representa 3.120 horas de defesa do evangelho. Não é de surpreender que como resultado "todos os habitantes da Ásia ouviram a palavra do Senhor, tanto judeus como gregos" (At 19:8-10).

Enquanto Paulo estava em Éfeso, a igreja de Corinto deu a ele muitos motivos de ansiedade por fatores tanto doutrinários quanto morais. Sua primeira carta endereçada a eles (mencionada em 1Co 5:9) não chegou até nós. Entretanto, depois de receber notícias perturbadoras de alguns viajantes coríntios, que traziam também consigo uma série de perguntas da igreja, Paulo escreveu-lhes uma segunda carta, que é nosso livro de 1 Coríntios. Nela ele é capaz de agradecer a Deus os dons com os quais Cristo os enriqueceu (1Co 1:4-9), porém deplora as facções em que a igreja se dividiu e sua visão errônea do ministério, que está acima de qualquer facção (1Co 1:10—4:21). Ele também expressa indignado horror diante da imoralidade e dos litígios que os coríntios estão tolerando entre seus membros (1Co 5,6), e as irregularidades que estão permitindo na adoração pública (1Co 11). Em resposta às suas perguntas, ele escreve sobre o casamento (1Co 7), sobre o consumo de comida oferecida aos ídolos (1Co 8—10) e sobre o uso e abuso de dons espirituais (1Co 12—14). Ele em seguida faz um resumo de seu evangelho e enfatiza particularmente a ressurreição de Cristo e a dos cristãos (1Co 15). Fica evidente que essa carta não produziu o efeito desejado, pois Paulo decidiu visitar Corinto pessoalmente. Ele mais tarde mencionou essa visita como um "encontro com tristeza" (2Co 2:1), porque aparentemente um dos líderes da igreja desafiou abertamente sua autoridade. Tão sério foi esse desafio que, ao deixá-los, Paulo escreveu ainda outra carta (por vezes chamada de "carta severa"), insistindo em que o ofensor fosse punido. Essa carta também parece ter sido perdida, a não ser (como crêem alguns estudiosos) que tenha de alguma forma sobrevivido em 2Coríntios 10—13. De qualquer forma, a carta severa foi ouvida, e o ofensor foi devidamente disciplinado. Paulo ficou extremamente feliz de ouvir de Tito a respeito da lealdade deles (2Co 7:12-14) e imediatamente lhes escreveu novamente.

Nessa carta, 2Coríntios, ele pede que "perdoem e confortem" o rebelde, que já recebeu punição suficiente (2Co 2:5-11). Ele prossegue escrevendo sobre a glória, os problemas e as responsabilidades do ministério cristão (2Co 3—6), devota dois capítulos a um apelo que ele havia lançado às igrejas da Macedônia e da Acaia de levantar recursos para a empobrecida igreja da Judéia (2Co 8,9) e conclui com uma extensa defesa de sua autoridade apostólica (2Co 10—13).

Ele mencionou nessa carta sua intenção de fazer-lhes uma terceira visita (2Co 12:14; 13:1), que acabou acontecendo da seguinte forma: Éfeso orgulhava-se de um magnífico templo da deusa Artêmis (ou Diana), construção que era uma das sete maravilhas do mundo. Com o crescimento do número de efésios convertidos da idolatria, os artesãos de prata enxergaram uma forte ameaça para seu comércio de altares e suvenires da deusa (At 19:23-41). Seguiu-se uma tumultuada manifestação pública, e Paulo deixou a cidade, indo para a Macedônia e por fim para a Acaia (At 19:21, 22; 20:1,2), incluindo Corinto.

Parece que o apóstolo ficou cerca de três meses em Corinto na casa de Gaio, e que foi dali que escreveu sua grandiosa carta aos romanos (Rm 16:23; 1Co 1:14). Nela ele diz aos cristãos de Roma quanto está ansioso não apenas para visitá-los e encorajá-los, mas também para pregar o evangelho na capital do mundo (Rm 1:8-15) e viajar dali para a Espanha (Rm 15:18-29). Ele aproveita a oportunidade para expor detalhadamente esse evangelho que lhe foi confiado e ao qual ele confiou a si mesmo. Ele descreve a terrível degradação da humanidade e argumenta que não há distinção entre judeu e gentio na questão de seu pecado e sua culpa. Não há tampouco distinção entre eles no que diz respeito à salvação:

> Pois não há distinção entre judeu e grego, uma vez que o mesmo é o Senhor de todos, rico para com todos os que o invocam.
>
> Romanos 10:12; compare com 1:16; 3:22,23

Essa salvação é um dom gratuito oferecido pela graça de Deus, fundamentado na morte de Cristo e — como o próprio Antigo Testamento deixa claro — recebido pela fé, não adquirido pelas obras (Rm 3:21—5:21). A fé não apenas justifica o pecador, mas o une a Cristo. E "em Cristo", isto é, unido a Cristo pela fé (de forma invisível) e pelo batismo (de forma visível), o cristão começa a desfrutar uma vida inteiramente nova de liberdade. Ele está livre do domínio do pecado agora que é escravo de Deus (Rm 6), livre do fardo da lei por meio da habitação do Espírito (Rm 7:1—8:13) e livre de todo temor do mal, quer na vida, quer na morte, pela segurança de ser para sempre filho de Deus (Rm 8:14-39).

Paulo aborda em seguida um problema que o perturbava profundamente: como se explica que os judeus, povo especialmente privilegiado de Deus, não aceitaram Jesus como seu Messias? Certamente não porque a promessa de Deus tenha falhado. O estranho fenômeno da descrença deles pode ser compreendido parcialmente à luz do misterioso processo da eleição de Deus (Rm 9), parte pela rebelião deles como "povo rebelde e contradizente" (Rm 10, especialmente o v. 21), parte por uma ampla perspectiva histórica de que um dia a "plenitude" dos judeus bem como dos gentios irá entrar, e "assim, todo o Israel será salvo" (Rm 11, especialmente os v. 12,25,26).

Depois dessa exposição, Paulo volta à vida de santidade prática que, por causa das "misericórdias de Deus", todos de seu povo deveriam viver — em serviço mútuo (Rm 12), em cidadania consciente (Rm 13) e em amor fraternal que aceita até mesmo o crente mais fraco com uma consciência escrupulosa em excesso (Rm 14,15).

Deixando Corinto, Paulo e seus companheiros começaram sua longa viagem a Jerusalém (At 20:3—21:16), levando com eles a agora completa coleta em favor da igreja da Judéia. Entre os portos pelos quais passaram estavam Trôade (onde o sermão de Paulo estendeu-se até a meia-noite e a comunhão até o amanhecer) e Mileto (onde Paulo deu uma ministração matinal aos anciãos da igreja de Éfeso).

A PRISÃO DE PAULO E SUA VIAGEM A ROMA

Quando chegaram finalmente a seu destino, não haviam estado ainda uma semana em Jerusalém antes que alguns judeus da Ásia começassem a alegar maliciosamente que Paulo havia com seu ensino solapado a lei de Moisés e profanado o templo levando gentios para seu interior. Levantou-se um tumulto, e Paulo foi resgatado de ser linchado pela rápida ação do tribuno militar (At 21:17— 22:29).

Durante os dois anos seguintes ou mais, o apóstolo foi mantido prisioneiro. Durante o mesmo período Lucas percorria livremente a Palestina, sem dúvida reunindo material para seu Evangelho e para o Livro de Atos. Paulo teve de submeter-se a uma série de julgamentos em Jerusalém e em Cesaréia, diante do Sinédrio (At 22:30—23:10), diante do procurador Félix (At 24:1-21), diante de seu sucessor Festo (At 25:1-12) e diante do rei Agripa e de sua esposa Berenice (At 25:12—26:32). Todavia, como na qualidade de cidadão romano ele havia exercitado seu direito de apelar para César, foi com o tempo mandado a Roma para ser julgado.

A longa e perigosa viagem marítma incluiu o emocionante livramento de um naufrágio na ilha de Malta, narrado por Lucas em vívidos detalhes (At 27:1—28:10), e finalmente Paulo chegou à Roma de seus sonhos. Os cristãos o receberam, e os judeus foram visitá-lo e ouviram o evangelho de seus lábios.

Lucas havia agora rastreado a expansão do evangelho de Jerusalém, capital dos judeus, até Roma, capital do mundo. Ele termina sua narrativa com a descrição de seu herói, o apóstolo Paulo, que, mesmo sob prisão domiciliar, era ainda um infatigável evangelista:

> Paulo recebia todos que o procuravam, pregando o reino de Deus, e, com toda a intrepidez, sem impedimento algum, ensinava as coisas referentes ao Senhor Jesus Cristo.
>
> Atos 28:30,31

Não foi apenas com testemunho falado, no entanto, que o apóstolo explorou seus dois anos de aprisionamento em Roma. Ele também passou tempo escrevendo a diversas igrejas, e as assim chamadas "epístolas da prisão" que pertencem a esse período são as epístolas aos efésios (provavelmente uma carta circular para as igrejas daquela região da Ásia Menor), aos colossenses, a Filemom (carta pessoal instruindo-o a receber de volta como irmão um escravo fugitivo, agora convertido) e aos filipenses (embora alguns pensem que essa carta foi escrita antes disso, durante um suposto aprisionamento em Éfeso). Não é fácil fornecer um resumo da mensagem dessas epístolas, pois cada uma foi ocasionada por uma situação local peculiar. Mas, se há uma verdade que se destaca em todas elas, é a grandeza de Jesus Cristo. A própria plenitude de Deus, escreve Paulo, agradou-se tanto em habitar em Jesus Cristo quanto em agir por intermédio dele, por um lado criando o universo e por outro reconciliando todas as coisas consigo mesmo. Cristo foi agora exaltado à mão direita de Deus, muito acima de todos os principados e poderes, e a ele foi dado o nome supremo, de modo que todo joelho se dobre e toda língua confesse-o como Senhor. Esse Cristo cósmico é também a cabeça da Igreja, cujos membros são chamados para ser o que são — um povo santo, vitorioso e unido.

A supremacia de Cristo é também o tema de um livro muito diferente do Novo Testamento, a epístola aos Hebreus. Tanto seu autor quanto seu destinatário são desconhecidos, pois nenhum dos dois é mencionado nela. Seu propósito, porém, é enfatizar o caráter definitivo de Cristo e assim impedir que certos judeus cristãos recaiam no judaísmo. Nele todo o sacerdócio e todo o sacrifício foram cumpridos, e por ele foi conquistada uma eterna redenção.

Depois dos Atos dos Apóstolos

Como Lucas conclui Atos com a chegada e ministério de Paulo em Roma, somos deixados um pouco no escuro sobre os anos que se seguiram. Parece, no entanto, certo que Paulo foi libertado de sua custódia (como ele esperava) e que retomou suas viagens por um ano ou dois. Ele visitou Creta e deixou Tito ali (Tt 1:5). Logo depois ele escreveu sua carta a Tito para lembrá-lo de suas responsabilidades. Ele devia em cada cidade nomear anciãos com o perfil adequado, capacitados a combater ensinamentos errôneos. Ele mesmo deveria ser professor e enfatizar o tipo de conduta cristã apropriada para aqueles que haviam abraçado a "sã doutrina" do evangelho de salvação.

Paulo prosseguiu, então, para Éfeso, onde deixou Timóteo por razões similares (1Tm 1:3). Em sua primeira carta a Timóteo, ele lhe dá instruções sobre como lidar com falsos professores, conduzir a adoração pública, selecionar candidatos ao pastorado, exercer seu próprio ministério de modo que sua juventude não seja desprezada, providenciar assistência para as viúvas cristãs, fornecer orientação equilibrada a respeito de questões financeiras e comportar-se como um homem de Deus. É verdadeiramente uma "carta pastoral" (como são normalmente chamadas as cartas de Timóteo e Tito), contendo muita sabedoria prática para os líderes da Igreja de hoje.

Paulo seguiu então viagem, talvez para Colossos (Fm 22), depois para a Macedônia (1Tm 1:3) e em seguida Grécia adentro até Nicópolis (Tt 3:12), capital de Epiro, no Adriático. Talvez fosse sua intenção navegar dali para a Espanha assim que o inverno terminasse. Se ele conseguiu, talvez nunca cheguemos a saber, embora a tradição primitiva afirme que sim. De qualquer modo, em algum momento ele foi preso novamente. Pode ter sido em Trôade, de modo que teve de deixar seus pertences para trás, incluindo um manto e alguns livros e pergaminhos (2Tm 4:13). Dessa vez seu cativeiro em Roma não teve a comparativa liberdade de uma prisão domiciliar, mas foi provavelmente numa lúgubre masmorra subterrânea.

Dessa prisão ele escreveu sua segunda epístola a Timóteo. Ele sentia intensamente sua solidão, pois apenas Lucas estava com ele. Implorava a Timóteo que viesse visitá-lo logo, antes que o inverno tornasse a navegação impossível. Todavia, sua maior preocupação não era com ele mesmo, mas com o evangelho, o precioso "tesouro" que ele havia confiado a Timóteo e que agora este deveria transmitir a homens fiéis que também o passassem adiante. Timóteo deveria perseverar nele, guardando-se de qualquer deturpação. Deveria estar preparado para, se preciso fosse, sofrer por ele. Acima de tudo, ele deveria pregá-lo com persistência e fidelidade. O próprio Paulo havia exposto o evangelho integralmente na primeira audiência de seu caso, de modo que "todos os gentios" que se amontoavam no local de seu julgamento haviam-no ouvido (2Tm 4:17). Foi uma conclusão apropriada para uma vida de testemunho. Agora finalmente ele podia dizer:

> Combati o bom combate, completei a carreira, guardei a fé. Já agora a coroa da justiça me está guardada, a qual o Senhor, reto juiz, me dará naquele dia.
>
> 2Timóteo 4:7,8

A tradição afirma que Paulo foi decapitado (como teria sido um cidadão romano) na Via Óstia. Sua execução foi provavelmente parte da perseguição que se levantou em Roma em 64 d.C., quando Nero tentou transferir a responsabilidade pelo grande incêndio de si mesmo para os cristãos.

A mesma perseguição associada a Nero forma o pano de fundo da primeira epístola de Pedro. Ele a escreveu de Roma[10] e endereçou-a aos cristãos da região norte da Ásia Menor para os quais, ele antecipava, a perseguição estava prestes a se espalhar. Ele a chama de "ardente prova" (1Pe 4:12). Eles não devem surpreender-se diante dela como se fosse algo estranho, nem devem temer, mas ao contrário regozijar-se do privilégio de participar dos sofrimentos de Cristo (1Pe 4:13). De fato, a paciente perseverança diante do sofrimento imerecido é parte inescapável do chamado cristão, visto que os cristãos são seguidores de Cristo, o servo sofredor do Senhor (1Pe 2:18-25). O apóstolo Pedro teve logo de colocar sua própria instrução em prática, pois ele também (como Paulo) foi executado durante a perseguição de Nero, de acordo com a tradição sendo crucificado de cabeça para baixo.

O Novo Testamento termina da mesma forma com que Atos começa, a saber, com ataques satânicos atingindo a Igreja de dentro e de fora. As três epístolas de João, escritas algum tempo depois dos martírios de Paulo e Pedro, advertem as igrejas na vizinhança de Éfeso a respeito de um tipo particular de heresia. Os heréticos em questão eram um grupo gnóstico[11] que negava que Jesus "tivesse vindo em carne", alegava desfrutar a experiência com Deus sem ter de levar uma vida íntegra e fazia pretensiosas alegações de uma iluminada compreensão superior que os levava a desprezar os não-esclarecidos. Contra eles João enfatizou a verdade da pessoa divina-humana de Cristo, a necessidade da obediência e a centralidade do amor. A segunda epístola de Pedro e a epístola de Judas foram também escritas a fim de deter os promotores do "antinomianismo", falsos mestres que deturpavam a liberdade cristã transformando-a em permissividade (v. 2Pe 2:19). O julgamento de Deus cairia sobre eles.

O pano de fundo do Livro de Apocalipse é provavelmente a perseguição mais severa e mais ampla iniciada pelo imperador Domiciano (81-96 d.C.). Por causa de seu fiel testemunho, João se encontra exilado na pequena ilha de Patmos, a algumas milhas da costa de Éfeso (Ap 1:9). Aqui é concedido a ele um "apocalipse", uma revelação. Em certo sentido, o Livro de Atos e o de Apocalipse são complementares. Atos descreve o início da missão e da perseguição da Igreja ao surgirem no palco da história, enquanto Apocalipse nos permite espiar os bastidores e vislumbrar a batalha espiritual invisível que se desenrola entre Cristo e Satanás.

As visões de João são cheias de bizarro simbolismo. Satanás aparece como "um dragão, grande, vermelho, com sete cabeças (e) dez chifres" que declara guerra contra a Igreja. Seus três aliados são dois medonhos monstros e uma ostentosa prostituta. A "besta que saiu do mar" representa o poder de perseguição do Estado, a segunda "besta que saiu da terra" (também chamada de "o falso profeta") representa o culto de adoração ao imperador e, na verdade, todo ensino errôneo, enquanto "a grande prostituta" vestida de escarlate e ornada de jóias, cujo nome é "Babilônia", representa as seduções pecaminosas do mundanismo. A perseguição, o erro e o mal são ainda as três maiores armas que o Diabo empunha contra a Igreja. Ele, no entanto, não prevalecerá contra ela.

Algumas datas memoráveis do Novo Testamento

É difícil precisar a cronologia do período do Novo Testamento, embora algumas datas sejam conhecidas. Nos períodos sobre os quais não há precisão, entretanto, os estudiosos discordam por um ou dois anos. Uma das reconstruções mais comumente aceitas é apresentada a seguir.

a.C.	
c. 5	Nascimento de Jesus
4	Morte de Herodes, o Grande
d.C.	
30	Morte, ressurreição e ascensão de Jesus. Pentecostes
c. 33	Conversão de Saulo de Tarso
44	Morte de Herodes Agripa I (At 12:20-23)
c. 47,48	Primeira viagem missionária (At 13,14)
c.49	Concílio de Jerusalém (At 15)
c. 49-52	Segunda viagem missionária (At 16:1—18:22)
c. 52-56	Terceira viagem missionária (At 18:23—21:17)
c. 57	Paulo é preso em Jerusalém (At 21:27—23:30)
c. 57-59	Paulo prisioneiro em Cesaréia (At 23:31—26:32)
c. 60,61	Paulo em prisão domiciliar em Roma (At 28:14-31)
c. 62-64	Paulo novamente em liberdade
64	Incêndio de Roma. Perseguição de Nero aos cristãos
c. 65	Martírio de Paulo
70	Destruição de Jerusalém por Tito
81-96	Reinado do imperador Domiciano. Ampla perseguição
c. 100	Morte do apóstolo João

Pois o Livro de Apocalipse é acima de tudo uma revelação de Jesus Cristo como o Cordeiro que enfrenta e derrota o Dragão. Ele é visto sob outros disfarces também, ora patrulhando e supervisionando sua Igreja, ora compartilhando do trono do Pai, ora cavalgando um cavalo branco como Rei dos reis e Senhor dos senhores para julgar as nações, ora vindo como o noivo para buscar sua noiva. O livro inteiro convoca cristãos sob pressão a erguer suas cabeças e tomarem ânimo. Pois Cristo Jesus morreu para resgatar para Deus seu povo de toda nação. Ele está reinando agora a partir de seu trono celestial. E em breve virá para julgar e salvar.

A oração da Igreja, com a qual a Bíblia termina, é: "Vem, Senhor Jesus". E a segurança para a Igreja em meio à sua tribulação é que, até que ele venha, "a graça do Senhor Jesus Cristo" é suficiente para sustentar todo o seu povo (Ap 22:20,21).

Notas

[1] Eusébio. *Ecclesiastical History* III.39.16.

[2] Para uma breve porém completa e abrangente discussão sobre os problemas levantados pelo Quarto Evangelho, ver o ensaio introdutório da *The New Bible Commentary Revised*, 3ª ed. (IVP, 1970). Em *John, Evangelist and Interpreter*, de Stephen S. Smalley, Paternoster, 1980 e *The Gospel according to John*, IVP/Eerdmans, 1991, tem-se um tratamento completo e crítico porém conservador.

[3] João menciona três Páscoas em sua narrativa (2:13; 6:4; 11:55).

[4] A história de Nicodemos está registrada em João 3:1-21, e a da mulher em Samaria, em João 4:4-26.

[5] Uma palavra no original grego, que significa "está consumado" (Jo 19:30).

[6] A história da primeira viagem missionária está relatada em Atos 13:4—14:28.

[7] A palavra grega traduzida por imoralidade sexual em Atos 15:20,29 pode referir-se a fornicação, em particular, ou a imoralidade, em geral, ou (como se discutiu) a regras judaicas sobre o casamento dentro de escalas proibidas.

[8] A história da segunda viagem missionária está relatada em Atos 15:36—18:22.

[9] A história da terceira viagem missionária está relatada em Atos 18:23—21:16.

[10] Ver 1Pedro 5:13, onde "Babilônia" é certamente símbolo de Roma.

[11] Gnosticismo é o nome atribuído a vários movimentos heréticos que se mostravam uma ameaça à Igreja primitiva, o resultado das tentativas de reconciliar a filosofia grega com a fé cristã, o pensamento gnóstico, por exemplo, de que Deus jamais poderia ter criado o mundo material ou ter-se feito ser humano, de que a carne é pecado e captura a centelha divina nos seres humanos e de que a salvação depende do conhecimento e do ritual. Os escritos da Igreja primitiva apresentam um conflito contínuo com os ensinamentos gnósticos incipientes.

5

A MENSAGEM DA BÍBLIA

- Quais são as duas verdades básicas que precisamos saber a respeito de Deus?
- Qual é a natureza da aliança de Deus?
- Os três estágios no desdobramento da aliança divina.

É uma convicção cristã fundamental que Deus falou, e falou num cenário histórico e geográfico concreto. Nos capítulos anteriores pesquisamos aspectos geográficos e históricos; agora é hora de ouvir sua mensagem. Parte desse conteúdo já aparece na narrativa da Bíblia, o ensinamento dos profetas inserindo-se na vida de Israel, o ensinamento de Cristo e de seus apóstolos na narrativa do Novo Testamento. Vimos também, no primeiro capítulo, que a mensagem da Bíblia diz respeito à salvação por intermédio de Cristo. Isso, porém, precisa ser explicado em mais detalhes.

Como a Bíblia é uma biblioteca, composta por diversos autores ao longo de mais de mil anos, parece para alguns inteiramente inacreditável que reivindiquemos para ela um único tema, que dirá condensá-lo num único capítulo. Além disso, dizem eles, o Antigo e o Novo Testamento não se contradizem mutuamente? Não é fato que o Antigo Testamento apresenta Iavé como um Deus temível de ira e julgamento, inteiramente incompatível com o Deus e Pai de nosso Senhor Jesus Cristo? Como podemos reconciliar os trovões do Sinai com a mansidão e a gentileza de Cristo?

Espero que a verdadeira resposta a essas perguntas fique clara à medida que me proponho a demonstrar a espantosa unidade da Bíblia. Bastará por enquanto expressar a afirmação da própria Bíblia de que ela não contém nem uma miscelânea combinada de contradições nem a evolução gradual das idéias humanas a respeito de Deus à medida que os seres humanos amadureceram e descartaram suas noções infantis, mas uma revelação progressiva da verdade pelo próprio Deus.

E uma progressão ela sem dúvida é. Por exemplo, a grande ênfase do Antigo Testamento é a unidade de Deus, em contraste com o degradante politeísmo das nações pagãs. Embora haja vislumbres indicativos dela no Antigo Testamento, a doutrina da Trindade é claramente expressa apenas no Novo Testamento. Igualmente, há progressão entre o ensinamento registrado de Jesus e a compreensão maior de sua pessoa e obra que encontramos nas Epístolas e no prólogo do quarto Evangelho. Mas é exatamente isso o que o próprio Jesus levou-nos a esperar pelo que disse aos apóstolos no cenáculo:

> Tenho ainda muito que vos dizer, mas vós não o podeis suportar agora; quando vier, porém, o Espírito da verdade, ele vos guiará a toda a verdade; porque não falará por si mesmo, mas dirá tudo o que tiver ouvido e vos anunciará as coisas que hão de vir. Ele me glorificará, porque há de receber do que é meu e vo-lo há de anunciar. Tudo quanto o Pai tem é meu; por isso é que vos disse que há de receber do que é meu e vo-lo há de anunciar.
>
> João 16:12-15

Progressão não é, porém, o mesmo que contradição. Um artista começa fazendo um esboço, depois aplica tinta sobre a tela pouco a pouco até que a pintura inteira (evidente para ele desde o início, mas não para o observador) finalmente é revelada. Da mesma forma, os pais ensinam seus filhos passo a passo, "preceito sobre preceito, preceito e mais preceito; regra sobre regra, regra e mais regra; um pouco aqui, um pouco ali" (Is 28:10). Mas se são sábios, eles não ensinam nada nos estágios iniciais que precise ser contradito mais tarde. O ensino posterior suplementa o que veio antes e o amplia; não vai de encontro a ele. Dessa forma Deus pouco a pouco completou sua revelação, constantemente expandindo-a, mas jamais a repudiando, até que ela estivesse completa em Cristo, o Verbo feito carne (maior revelação do que ele é inconcebível), e no testemunho dos apóstolos de Cristo.

A Epístola aos Hebreus abre com uma valiosa exposição dessa verdade:

> Havendo Deus, outrora, falado, muitas vezes e de muitas maneiras, aos pais, pelos profetas, nestes últimos dias, nos falou pelo Filho.
>
> Hebreus 1:1,2

Aqui o autor admite que há diversas diferenças entre as revelações do Antigo e as do Novo Testamento. A revelação foi dada em diferentes ocasiões ("outrora" e "nestes últimos dias"), a pessoas diferentes ("aos pais" e "a nós") e especialmente de modos diferentes ("muitas vezes e de muitas maneiras, aos pais, pelos profetas" e "pelo Filho"). Mas, embora a ocasião, os destinatários e a maneira da revelação tenham sido diferentes, o autor foi o mesmo. *Deus* é quem falou a nós e por intermédio de seu Filho.

À luz do que foi dito, não devemos hesitar em dizer que Deus é ele mesmo o autor definitivo de ambos os Testamentos ou em designar a

Escritura como um todo de "Palavra de Deus". Terei mais a dizer a respeito no capítulo seguinte.

O que, então, Deus falou? A Bíblia é essencialmente uma revelação de Deus. É, de fato, uma auto-exposição divina. Na Bíblia ouvimos Deus falando de Deus. Dizer isso não contradiz a tese, desenvolvida no primeiro capítulo, de que a Bíblia fala sobre a salvação e dá testemunho de Cristo. Pois o que Deus diz sobre si mesmo é, acima de tudo, que ele concebeu e executou um plano de salvar os homens caídos por meio de Cristo.

O Deus vivo e consistente

Antes, porém, de chegarmos a essa sua atividade salvadora, há duas verdades básicas sobre ele a considerar, que a Escritura enfatiza do começo ao fim. A primeira, que ele é o Deus vivo e soberano; a segunda, que ele é consistente, sempre o mesmo, "o Pai das luzes, em quem não pode existir variação ou sombra de mudança" (Tg 1:17).

Repetidamente o Deus vivo e verdadeiro é contrastado com os ídolos mortos do mundo pagão. Os profetas e salmistas levam os ídolos pagãos ao ridículo. Isaías descreve a cena num dos templos quando a Babilônia foi capturada. Ele descreve as principais divindades babilônicas sendo desonrosamente arrebatadas de seus pedestais, carregadas nos ombros de homens e empilhadas em carroças do lado de fora. Imagine só deuses sendo carregados por homens e tornando-se "canseira para bestas já cansadas".

Quando as risadas se aquietam, ouve-se a voz do próprio Deus. Ele não é um ídolo que precise ser carregado de um lado para o outro por homens, pois é ele mesmo quem carrega seu povo:

> Ouvi-me, ó casa de Jacó e todo o restante da casa de Israel; vós, a quem desde o nascimento carrego e levo nos braços desde o

> ventre materno. Até à vossa velhice, eu serei o mesmo e, ainda até às cãs, eu vos carregarei; já o tenho feito; levar-vos-ei, pois, carregar-vos-ei.
>
> Isaías 46:3,4

Não é apenas a incapacidade dos ídolos de salvar que despertava o escárnio dos profetas, mas também sua completa ausência de vida:

> Prata e ouro são os ídolos deles, obra das mãos de homens. Têm boca e não falam; têm olhos e não vêem; têm ouvidos e não ouvem; têm nariz e não cheiram. Suas mãos não apalpam; seus pés não andam; som nenhum lhes sai da garganta.
>
> Salmos 115:4-7

Em contraste com eles, "no céu está o nosso Deus e tudo faz como lhe agrada" (Sl 115:3). Ele é o Deus vivo, que vê e ouve e fala e age.

Esse Deus vivo é soberano, um grande rei sobre toda a terra. Ele é rei da natureza e também rei das nações.

Como rei da natureza ele sustenta o universo que criou e todas as suas criaturas. Mesmo a fúria dos elementos está sob o controle dele. "Dele é o mar, pois ele o fez" (Sl 95:5), e os "ventos procelosos que lhe executam a palavra" (Sl 148:8). O Salmo 29 fornece uma dramática descrição de uma tempestade, na qual "a voz do Senhor" rompe os cedros do Líbano. Faísca o relâmpago. O deserto é sacudido. As florestas são despidas por completo. A chuva causa inundações. À medida que a destruição se alastra, seria de esperar que a apreensão e o alarme se alastrassem com ela. Porém o salmista permanece serenamente confiante em que Deus está no controle:

> O SENHOR preside aos dilúvios; como rei, o SENHOR presidirá para sempre.
>
> Salmos 29:10

O salmo 104 é um estudo pioneiro de ecologia. Nele o salmista se maravilha (Sl 104:17,18) do modo como as cegonhas fazem seus ninhos nos ciprestes, enquanto "os altos montes são das cabras montesinhas" e "as rochas, o refúgio dos arganazes" (quer dizer, o texugo das rochas, ou hyrax). O salmo prossegue descrevendo como Deus alimenta a todos os animais:

> Todos esperam de ti que lhes dês de comer a seu tempo. Se lhes dás, eles o recolhem; se abres a mão, eles se fartam de bens.
>
> Salmos 104:27,28

Em consonância completa com a insistência do Antigo Testamento de que Deus é Senhor da natureza está o ensino de Jesus no Sermão da Montanha de que Deus governa os mundos animado e inanimado. Por um lado, ele alimenta as aves do céu e veste os lírios do campo; por outro, "ele faz nascer o seu sol sobre maus e bons e vir chuvas sobre justos e injustos" (Mt 5:45; 6:26-30).

O Rei da natureza é também Rei das nações. Como disse Daniel ao rei Nabucodonosor, "o Altíssimo tem domínio sobre o reino dos homens e o dá a quem quer" (Dn 4:32). Vimos num capítulo anterior como os pequenos territórios de Israel e de Judá pareciam muitas vezes os peões num tabuleiro de xadrez internacional. As poderosas coalizões da época eram os impérios do Egito e da Mesopotâmia. Quando eles se confrontavam no campo de batalha, e a maré da guerra recuava e subia, eram Israel, Judá e os pequenos estados vizinhos que ficavam presos no meio. Ainda assim, Israel repetia continuamente o esplêndido clamor de fé:

> Reina o SENHOR; tremam os povos!
>
> Salmos 99:1

Nenhum poder na terra, quer sozinho, quer em coalizão com outros, poderia triunfar sobre o povo de Deus sem a permissão de Deus. Levantam-se, então, as nações e conspiram contra o Senhor e contra seu ungido?

> Ri-se aquele que habita nos céus; o SENHOR zomba deles.
>
> Salmos 2:4

Os apóstolos de Jesus nos dias do Novo Testamento tinham a mesma convicção. Depois que Pedro e João foram proibidos por completo de falar ou ensinar no nome de Jesus, eles chamaram seus amigos para orar. Eles levantaram juntos suas vozes a Deus na qualidade de "soberano Senhor", o criador do universo. Eles em seguida recitaram os dois primeiros versículos do salmo 2 (que acabei de citar), aplicando-os a Herodes e a Pôncio Pilatos, aos gentios e aos líderes de Israel. Eles haviam juntamente conspirado em Jerusalém contra Jesus. Com que finalidade? "Para fazerem tudo o que a tua mão e o teu propósito predeterminaram" (At 4:18,23-28).

Mais do que isso. Os profetas ensinavam que os poderosos imperadores-guerreiros da época, alguns deles homens cruéis e implacáveis, eram instrumentos nas mãos do Senhor. Salmaneser, da Assíria, era o cetro de sua ira e a vara de seu furor, com o qual ele puniria Samaria (Is 10:5,6), Nabucodonosor, da Babilônia, seu "servo", por meio do qual ele destruiria Jerusalém (Jr 25:9; 27:6), e Ciro, da Pérsia, seu "ungido" para libertar seu povo do cativeiro (Is 5:1-4; v. tb. 44:28).

Se o Deus da Bíblia é o Deus vivo e soberano, é também sempre consistente. Seu poder soberano nunca é utilizado de forma arbitrária. Ao contrário, sua atividade é sempre consistente com sua natureza. Uma das mais importantes declarações a respeito de Deus na Escritura é aquela que diz que ele "de maneira nenhuma pode negar a si mesmo"

(2Tm 2:13). Parecerá surpresa ouvir que Deus "não pode" fazer alguma coisa? Então ele não pode fazer *qualquer coisa*? Não é onipotente? Sim, ele pode fazer qualquer coisa que lhe agrade fazer, qualquer coisa que seja consistente com sua natureza fazer. Mas sua onipotência não significa que ele possa fazer absolutamente qualquer coisa, não importa o que seja, pois ele a limita por sua própria consistência interna.

O amor e a ira de Deus, junto com suas obras de salvação e de julgamento, são por vezes colocados um contra o outro pelos críticos, apontados como supostamente incompatíveis. Já mencionamos algumas dessas pessoas que imaginam que o Deus do Antigo Testamento é um Deus de ira e o Deus do Novo Testamento, um Deus de misericórdia. Essa, porém, é uma falsa antítese. O Antigo Testamento o revela também como um Deus de misericórdia, e o Novo Testamento também o revela como um Deus de julgamento. Na verdade, a Bíblia toda, tanto o Antigo quanto o Novo Testamentos, apresenta-o como um Deus de amor e de ira simultaneamente. Os autores bíblicos não se sentem embaraçados por isso, como muitos modernos parecem sentir-se. Assim, o apóstolo João pode dizer a seus leitores como "Deus amou ao mundo de tal maneira que deu o seu Filho unigênito" e ao final do mesmo capítulo declarar que a ira de Deus permanece sobre os rebeldes (Jo 3:16, 36). De forma similar, o apóstolo Paulo pode dizer de seus leitores que eram "como também os demais, por natureza, filhos da ira" e no versículo seguinte escrever que "Deus é rico em misericórdia" e amou-nos com grande amor (Ef 2:3,4).

A única explicação que a Bíblia oferece para a atividade amável e indignada de Deus, para seus feitos de salvação e de julgamento, é simplesmente que ele é assim. Esse é o tipo de Deus que ele é, e é por isso que ele age dessa forma. "Deus é amor", por isso ama o mundo e deu seu Filho por nós (1Jo 4:8,9). Mas também "Deus é fogo consumidor"

(Hb 12:29; Dt 4:24). Sua natureza de perfeita santidade não pode jamais abrir concessão para o mal, mas, por assim dizer, "devorá-o". Deus sempre se posiciona implacavelmente contra ele.

Um dos modos que a Escritura ousa utilizar para expressar essa verdade da consistência interna de Deus é dizer que ele deve e irá "se satisfazer".[1] Quer dizer, ele sempre é perfeitamente ele mesmo e age de um modo que é verdadeiro a ele mesmo. Em cada situação ele expressa *a si mesmo* como ele é, em misericórdia e em julgamento. Mas foi na cruz que ele de forma suprema demonstrou em igual medida sua justiça e seu amor (Rm 3:25,26; 5:8).

Tendo chamado a atenção para a revelação bíblica de Deus como vivo e soberano por um lado e consistente consigo mesmo por outro, não pode restar dúvida de que o principal modo pelo qual o Deus vivo expressou a si mesmo foi "em graça". Ninguém pode compreender a mensagem da Escritura a não ser que conheça o significado da graça. O Deus da Bíblia é "o Deus de toda a graça" (1Pe 5:10). Graça é amor, mas amor de uma ordem especial. É amor que se dobra e se sacrifica e serve, amor que é bom para os maus e generoso para os ingratos e para os que não o merecem. A graça é o favor gratuito e imerecido de Deus, amando o detestável, buscando o fugitivo, resgatando o desesperançado e erguendo o mendigo do monturo para fazê-lo sentar entre príncipes (Sl 113:7,8).

Foi a graça que levou Deus a estabelecer sua aliança com um povo em particular. A graça de Deus é a graça da aliança. Também é verdade que ela é demonstrada a todos sem distinção. Isso é chamado de "graça comum", pela qual ele dá a todos os homens indiscriminadamente bênçãos como a razão e a consciência, amor e beleza, vida e comida, casamento e filhos, trabalho e lazer, governo organizado e muitas outras dádivas adicionais. No entanto, a entrada de Deus numa aliança especial com um povo especial pode ser descrita como seu ato de graça característico — pois nela ele tomou a iniciativa de escolher um povo para si e comprometer-se a ser o Deus dele. Ele não escolheu Israel porque ele era maior ou melhor do que os outros povos. A razão para sua escolha estava nele mesmo, não neles. Como explicou Moisés:

> Não vos teve o SENHOR afeição (...) mas porque o SENHOR vos amava.
>
> Deuteronômio 7:7,8

"Aliança" é um termo legal, e representa qualquer compromisso que gere obrigação. Quando usado na Escritura para descrever o que Deus fez, no entanto, não devemos pensar num acordo entre duas partes iguais, uma espécie de contrato mútuo. É mais como um "testamento", no qual um testador tem ampla e irrestrita liberdade sobre a disposição de seus bens. De fato, as palavras "aliança" e "testamento" podem ser usadas intercambiavelmente, motivo pelo qual as duas metades da Bíblia são conhecidas como Antigo e Novo "Testamentos". A palavra grega *diatheke* pode significar tanto um quanto o outro, e por duas vezes nas Epístolas há um jogo com o duplo significado da palavra, a fim de deixar claro que a aliança de Deus é semelhante a um "testamento solene e unilateral" no sentido de que nele Deus fez livremente determinadas promessas (Gl 3:15-18; Hb 9:15-18). As promessas de sua aliança não são incondicionais, visto que se requer de seu povo que obedeça a seus mandamentos, sendo que essa é a parte deles na aliança, mas é o próprio Deus quem estabelece tanto os mandamentos quanto as promessas. Assim, até mesmo no Sinai a aliança de Deus é uma aliança de graça.

É importante entender, portanto, que a aliança de Deus é a mesma do começo ao fim, de Abraão até Cristo, de modo que aqueles que pertencem a Cristo pela fé são, portanto, filhos de Abraão e herdeiros das promessas que Deus fez a ele (Gl 3:29). A lei dada no Sinai não anulou a aliança da graça. Ao contrário, a aliança da graça foi confirmada e renovada no Sinai. O que a lei fez foi enfatizar e expandir os requerimentos de obediência. É apenas quando considerada isoladamente da aliança da graça que a lei é contrastada com o evangelho. A lei, então, é vista como condenando o pecador por sua desobediência, ao passo que o evangelho oferece-lhe vida pela graça.

Estamos agora em condições de pensar sobre o que pode ser descrito como os três estágios no desdobramento da aliança de Deus, expressos em três palavras: "redenção", "adoção" e "glorificação".

Redenção

Redenção não era originalmente um termo teológico, mas comercial. Com freqüência no Antigo Testamento (como hoje em dia) lemos sobre redenção de terras que haviam sido alienadas da possessão do proprietário, ou hipotecadas. Havia também pessoas que precisavam ser redimidas, como escravos e prisioneiros. Em cada caso alguma coisa ou alguém era adquirido, na verdade readquirido, de um estado de alienação ou cativeiro. Redimir era comprar a liberdade de alguém, recobrar por meio do pagamento de um valor algo que havia sido perdido.

Essa é a palavra que veio a ser aplicada ao primeiro ato divino de graça em favor de seu povo. Quando haviam de algum modo se perdido, separados dele e de sua terra em exílio ou servidão, ele os libertava de seu cativeiro e restaurava-os à sua terra. Esse padrão é repetido três vezes na história de Israel. Primeiro ele chamou Abraão de Ur dos Caldeus (a rigor não se trata de uma redenção, porque Abraão não havia ainda estado em Canaã), depois libertou Israel da servidão no Egito e finalmente os exilados do cativeiro babilônico. Em cada caso ele chamou, agiu, libertou e trouxe-os de volta à terra da promessa.

Esse é o pano de fundo que o Antigo Testamento fornece para a grande obra redentora de Jesus. Agora a alienação e o cativeiro da humanidade são espirituais. É nosso pecado — nossa rebelião tanto contra a autoridade do Criador quanto contra o bem-estar de nosso próximo — que nos escravizou e nos separou de Deus. Nosso pecado sujeitou-nos ao julgamento; nada menos que a morte é o que merecemos por nossa rebelião.

Nessa situação de desespero e desamparo entrou Jesus Cristo. Ele assumiu nossa natureza quando nasceu e nossa culpa quando morreu. No linguajar direto e sem rodeios do Novo Testamento, ele primeiro "se fez carne", depois "foi feito pecado" e até mesmo "fez-se maldição" por nós (Jo 1:14; 2Co 5:21; Gl 3:13). Por essa simples verdade, ele tomou nosso lugar. Ele se identificou tão completamente conosco em nossa aflição que levou nosso pecado e morreu nossa morte. Nossa vida foi confiscada por causa do pecado. Ele morreu em vez de nós, experimentando em nosso lugar a desolação das trevas longe de Deus.

Os autores do Novo Testamento fazem muitas vezes uma analogia entre a Páscoa, que deu início ao processo de redenção de Israel do Egito, e a morte de Cristo, que adquiriu nossa redenção do pecado. A vida de cada primogênito no Egito foi confiscada, mas Deus proveu para que a vida de um cordeiro fosse aceitável no lugar deles, se seu sangue fosse derramado e depois salpicado na ombreira e nas vergas laterais da porta da frente. Quando via o sangue, Deus passava adiante daquela casa, a fim de protegê-la de seu próprio julgamento.

A concretização no Novo Testamento é dramática. João mostra em seu Evangelho que segundo uma versão Deus derramava seu sangue na cruz na hora exata em que os cordeiros da Páscoa estavam sendo sacrificados (Jo 13:1; 18:28). Paulo escreveu que "Cristo, nosso Cordeiro pascal, foi imolado" (1Co 5:7), enquanto Pedro fez referência ao "precioso sangue, como de cordeiro sem defeito e sem mácula, o sangue de Cristo", derramado para nos redimir e que deve ser (simbolicamente, é claro) "aspergido" sobre nós (1Pe 1:2,18,19).

Depois que Cristo, o Cordeiro de Deus, já havia oferecido a si mesmo como nosso sacrifício de Páscoa, havia derramado seu sangue e morrido, Deus ressuscitou-o dos mortos a fim de confirmar sua inocência e demonstrar que seu sacrifício pelo pecado não havia sido oferecido em vão. Agora ele é descrito como "assentado à mão direita de Deus", descansando de sua obra finalizada de redenção e coroado de glória e honra. Ele conquistou uma "eterna redenção" (Hb 9:12) para nós. E por toda a eternidade as multidões do céu cantarão: "Digno é o Cordeiro que foi morto" (Ap 5:12; v. tb. 5:9,10).

Adoção

A redenção é, em grande parte, um conceito negativo. Ele se concentra no problema do qual fomos libertos e no preço que teve de ser pago. É verdade que ser redimido do pecado pelo sangue de Cristo é ser redimido "para Deus" (Ap 5:9). Todavia, esse aspecto positivo de nossa salvação é particularmente enfatizado na noção de nossa adoção como seus filhos. Paulo reúne ambos os conceitos, tornando-os inseparáveis um do outro, quando escreve:

> Vindo, porém, a plenitude do tempo, Deus enviou seu Filho, nascido de mulher, nascido sob a lei, para resgatar os que estavam sob a lei, a fim de que recebêssemos a adoção de filhos.(...) De sorte que já não és escravo, porém filho; e, sendo filho, também herdeiro por Deus.
>
> Gálatas 4:4,5,7

Redimidos da escravidão e adotados como filhos — esse é o duplo e glorioso privilégio daqueles que colocam sua confiança em Cristo. Nossa relação com Deus como seus filhos é parte essencial da promessa de sua aliança.

Esse fato de "pertencer a Deus" já ficava claro nos dias do Antigo Testamento. A fórmula da aliança, usada cada vez que a aliança era renovada, dizia: "Eu serei o vosso Deus e vós sereis o meu povo". Além disso essa adoção de Israel, para tornar-se povo de Deus, seguia-se à sua redenção. Vez após vez Deus teve de lembrá-los disso dizendo: "Eu sou o SENHOR, teu Deus, que te tirei da terra do Egito, da casa da servidão" (Êx 20:2). Ele os havia redimido. Eles eram seus. Ele deixou isso muito claro para eles durante o período entre a redenção do Egito e a renovação da aliança no Sinai:

> Tendes visto o que fiz aos egípcios, como vos levei sobre asas de águia e vos cheguei a mim. Agora, pois, se diligentemente ouvirdes a minha voz e guardardes a minha aliança, então, sereis a minha propriedade peculiar dentre todos os povos; porque toda a terra é minha; vós me sereis reino de sacerdotes e nação santa. São estas as palavras que falarás aos filhos de Israel.
>
> Êxodo 19:4-6

Com freqüência, essa aliança, pela qual o povo redimido de Deus tornou-se sua propriedade particular, seu tesouro especial, era comparada a uma aliança de casamento. Iavé era o esposo de seu povo. Ele havia se deleitado no amor e na devoção iniciais de sua esposa, no deserto (Jr 2:2; 31:32). Mas em Canaã ela havia buscado "amantes", os Baalins dos santuários locais. Ela se tornou uma adúltera, até mesmo prostituta. Ela havia quebrado a aliança.

A metáfora do casamento é retomada e expandida no Novo Testamento. O apóstolo Paulo descreveu como "Cristo amou a Igreja e a si mesmo se entregou por ela", mas acrescenta em outra passagem quão apreensivo estava, a ponto de sentir divino "ciúme", no sentido de que a esposa não se desviasse "da simplicidade e pureza devidas a Cristo" (Ef 5:25; 2Co 11:2,3).

A relação entre Deus e seu povo nos dias do Novo Testamento é, porém, expressa com maior freqüência em termos de um pai e sua família do que de marido e mulher. Esse é um desenvolvimento da convicção do Antigo Testamento de que Israel era o "primogênito" de Deus (p. ex., Êx 4:22). Com freqüência, Jesus ensinou seus discípulos a pensar em Deus como seu Pai celeste e neles mesmos como seus filhos amados, a orar a ele na qualidade de Pai, a confiar que seu cuidado paternal supriria suas necessidades materiais e a passar a se preocupar com o nome, com o reino e com a vontade do Pai deles.

Um dos grandes privilégios de ser filho de Deus é ter o Espírito Santo habitando dentro de nós. A presença pessoal e duradoura do Espírito Santo é uma bênção diferenciada, característica tanto da era cristã (Jr 31:33) quanto do cristão como indivíduo. É porque somos filhos e filhas que "enviou Deus ao nosso coração o Espírito de seu Filho" (Gl 4:6). Paulo discorre:

> Todos os que são guiados pelo Espírito de Deus são filhos de Deus. Porque não recebestes o espírito de escravidão, para viverdes, outra vez, atemorizados, mas recebestes o espírito de adoção, baseados no qual clamamos: Aba, Pai. O próprio Espírito testifica com o nosso espírito que somos filhos de Deus.
>
> Romanos 8:14-16

Portanto, a vida dos filhos de Deus pode ser descrita como "vida no Espírito". É uma vida sob a direção e pelo poder do Espírito Santo. Ele testemunha com nosso espírito que somos de fato filhos de Deus. Na qualidade de "Espírito de sabedoria e revelação" em nosso conhecimento de Cristo (Ef 1:17), ele abre também os olhos de nosso coração para conhecê-lo melhor. E ele é o Espírito *Santo*, que busca conduzir-nos à *santidade*, para tornar-nos semelhantes a Cristo (2Co 3:18). Ele subjuga o poder de nossa carne (nossa natureza decaída) e produz o amadurecimento em nosso caráter de seu fruto de “amor, alegria, paz, longanimidade, benignidade, bondade, fidelidade, mansidão, domínio próprio” (Gl 5:16-23).

A reunião dos filhos de Deus forma sua família, a Igreja, que desfruta uma continuidade direta com o povo de Deus na época do Antigo Testamento. Essa comunidade de irmãos e irmãs em Cristo transcende todas as barreiras. É difícil para nós imaginar quão grande era a “parede da separação que estava no meio, a inimizade” entre judeus e gentios. Cristo, porém, a derrubou, e Paulo devota grande parte de sua Epístola aos Efésios à tese de que judeus e gentios desfrutam Cristo em igualdade de condições, sendo concidadãos do reino de Deus e membros um ao lado do outro na família de Deus (Ef 2:11-19; 3:6).

Outros grandes abismos sociais existiam entre homens e mulheres e entre escravos e livres. No império romano, os escravos não tinham direito perante a lei; todos os privilégios pertenciam aos livres. Mas quando Paulo conduziu a Cristo um escravo fugido chamado Onésimo, mandou-o de volta a seu senhor Filemom, pedindo que ele o recebesse “não como escravo; antes, muito acima de escravo, como irmão caríssimo” (Fm 16).

Também na sociedade antiga a mulher era universalmente desprezada. Jesus, no entanto, tratou-as com honra, e Paulo afirmou que homens e mulheres são em Cristo igualmente filhos de Deus. Os efeitos sociais do evangelho foram explosivos.

A fim de resumir essa unidade, essa igualdade de todos os membros da família de Deus, Paulo escreveu:

> Não pode haver judeu nem grego; nem escravo nem liberto; nem homem nem mulher; porque todos vós sois um em Cristo Jesus.
>
> Gálatas 3:28

O povo de Deus é um povo "santo", isto é, um povo distinto ou separado, tirado do restante da humanidade para servir a Deus. Eles são, portanto, chamados para ser o que são, a manifestar em seu caráter e sua conduta a santidade de seu *status* ou posição. Eles são "chamados para serem santos", isto é, chamados para serem diferentes do mundo secular, e a não se conformarem às suas tendências ou padrões. "Não fareis segundo as obras deles", disse Deus a Israel no deserto, referindo-se tanto aos egípcios quanto aos cananeus (Lv 18:1-5). Semelhantemente, "não sejais como eles", Jesus disse no Sermão da Montanha, referindo-se tanto aos gentios quanto aos fariseus.

Em vez disso, o cristão deve seguir a Cristo. E seus padrões éticos absolutos são apresentados sem concessões tanto nos Evangelhos quanto nas epístolas, da mesma forma que os padrões de Deus foram expostos a Israel na Lei e nos Profetas.

Não devemos pensar, no entanto, que o chamado de Cristo a que seu povo seja "santo" ou "diferente" oferece qualquer desculpa para o afastamento do mundo num agrupamento santo. Ao contrário, o mesmo povo que Cristo "escolheu do mundo" ele manda de volta "ao mundo" como seus representantes, para oferecerem-se às outras pessoas em humilde serviço e testemunho (Jo 15:19; 17:15-19).

Além disso, ao permanecerem no mundo por Cristo, buscando ministrar às necessidades do mundo mas recusando-se a assimilar os padrões do mundo, eles experimentarão a oposição do mundo. O mundo irá odiá-los justamente por serem diferentes, Cristo advertiu, e persegui-los também (Jo 15:18-25; 17:14). Assim, eles sofrerão. De fato, sofrer injustamente e abrir mão da vingança é outra parte do chamado cristão — pois Cristo deixou-nos exemplo disso, para seguirmos seus passos (1Pe 2:18-23).

O sofrimento, porém, conduz à glória. Foi assim para Cristo. É assim para os seguidores de Cristo. Pedro manda que nos regozijemos tanto em nossa participação nos sofrimentos de Cristo quanto em nossa participação antecipada na glória que será revelada (1Pe 4:13; 5:1,10). O apóstolo Paulo disse a mesma coisa:

> Ora, se somos filhos, somos também herdeiros, herdeiros de Deus e co-herdeiros com Cristo; se com ele sofremos, também com ele seremos glorificados.
>
> Romanos 8:17

Essas são algumas das implicações de nossa "adoção" na família de Deus. Como filhos de Deus, nosso Pai, somos habitação de seu Espírito, unidos como irmãos e irmãs a todos os outros cristãos no mundo, servindo e sofrendo por sua causa, sendo também co-herdeiros de Cristo.

Pois ser filho é ser herdeiro. O sofrimento é o penhor. Isso nos leva diretamente ao terceiro estágio no desdobramento do plano de salvação de Deus, a saber, a "glorificação".

Glorificação

O Novo Testamento está cheio de esperança cristã. Ele nos faz lembrar que embora no passado tenhamos sido redimidos do pecado por Cristo e estejamos agora desfrutando os privilégios que nos traz a adoção na família de Deus, há ainda muito mais por vir. Por essa consumação aguardamos ansiosamente. Pois nossa "esperança" não tem em si nenhum grau de incerteza. É uma expectativa jubilante e confiante fundamentada nas promessas de Deus. E ela nos sustenta enquanto prosseguimos como peregrinos para nosso lar eterno.

Qual é o objeto de nossa esperança? Pelo que ansiamos? Paulo chamou-o de "a esperança da glória" (Rm 5:5). Mas o que isso significa?

Em primeiro lugar, a volta de Cristo. Não está em voga acreditar nela hoje em dia, pelo menos não num sentido literal. Mas Jesus clara e repetidamente disse que voltaria e que sua volta seria "em poder e grande glória". Os apóstolos discorrem em maior profundidade sobre essa esperança. Sua vinda será em pessoa e visível, embora seja também de uma natureza transcendente que a coloca muito além de nossa presente compreensão:

> Porque, assim como o relâmpago sai do oriente e se mostra até no ocidente, assim há de ser a vinda do Filho do Homem.
>
> Mateus 24:27

Em segundo lugar, a ressurreição. A ressurreição não quer dizer nem ressuscitação nem sobrevivência. "Ressuscitação" denota a restauração do corpo à vida, sem mudança. "Sobrevivência" denota a permanência da alma, sem o corpo. "Ressurreição", entretanto, denota simultaneamente o reerguimento e a transformação do corpo num novo veículo para nossa personalidade, possuindo novos poderes como os exibidos pelo Cristo ressurrecto.

Aqueles que Jesus levantou dos mortos durante seu ministério terreno foram ressuscitados. Eles voltaram da morte, retomaram seu modo de vida anterior e mais tarde morreram pela segunda vez. A ressurreição, no entanto, implica o começo de uma vida nova, diferente e imortal. Assim, nossos corpos ressurrectos, embora mantendo alguma espécie de continuidade com nosso corpo atual, serão também transformados. Serão tão diferentes, diz Paulo, quanto a planta é da semente da qual brota. Serão libertos tanto da decadência quanto da "carne", a natureza decaída que em certo sentido pertence a eles. Eles terão também novos poderes. De fato, nosso corpo ressurrecto será um "corpo de glória", como o de Cristo (v. Fp 3:21; 1Co 15:35-37).

Em terceiro lugar, o julgamento. Quando Cristo vier, tanto a salvação quanto o julgamento serão levados a seu cumprimento completo, pois ambos os processos são iniciados nesta vida, como Jesus deixou claro (Jo 5:19-29). Seremos julgados segundo nossas obras (Mt 16:27; Jo 5:28,29; Rm 2:6; Ap 20:11-15). Não podemos ser justificados (tornarmo-nos aceitáveis para Deus) por nossas obras; a justificação é apenas pela graça de Deus por intermédio da fé em Cristo e de sua obra completada. Todavia, seremos julgados por nossas obras, porque o julgamento será um evento público, e nossas "obras" — aquilo que dissemos e fizemos — serão a única evidência pública que poderá ser levantada para provar a presença (ou a ausência) de qualquer fé salvadora. Aqueles cujas obras revelarem que desobedeceram ao evangelho e rejeitaram a Cristo serão perdidos. Qualquer que seja sua exata natureza, o inferno é uma terrível realidade. Cristo chamou-o de "as trevas exteriores" e de "destruição". Ele nos disse para temermos a Deus, "aquele que pode fazer perecer no inferno tanto a alma como o corpo" (Mt 10:28).

Em quarto lugar, o novo universo. Ele é descrito de formas diversas. Haverá "um novo céu e uma nova terra" (2Pe 3:13; Ap 21:1), pois Deus fará "novas todas as coisas" (Ap 21:5). Jesus chamou-o de "renascimento" (Mt 19:28, tradução literal), Paulo, da união de todas as coisas, tendo Cristo como cabeça (Ef 1:10), Pedro de "a restauração de todas as coisas" (At 3:21; tradução literal).

A devoção cristã tem talvez se concentrado demais nas alegrias negativas do céu, quer dizer, nas promessas do Apocalipse de que não haverá mais fome nem sede, não mais calor abrasador nem insolação, não mais lágrimas ou dor, não mais noite, não mais maldição, não mais morte. Graças a Deus por essas ausências. Mas graças a Deus ainda mais pelo motivo delas, a saber, a presença — a presença central e dominante — do trono de Deus.

Quando foi concedida a João sua visão da realidade celestial, e foi permitido que ele olhasse através da "porta aberta", a primeira coisa que seus olhos viram foi um "trono" (Ap 4:1,2), símbolo da soberania de Deus. Todo o restante em sua visão está relacionado a esse trono. O Pai se assentava nele, e o Cordeiro compartilhava dele, junto com os "sete espíritos de Deus", que representam o Espírito Santo. Ao redor dele, em círculos concêntricos, estão os 24 anciãos, que representam a Igreja, e quatro criaturas vivas que simbolizam a criação, e além deles miríades de anjos. Relâmpagos e trovões saíam do trono, e diante do trono posicionava-se o grande ajuntamento dos redimidos, de toda nação e língua, trajando as vestes brancas da justiça, acenando com ramos vitoriosos de palmeiras e atribuindo sua salvação a seu Deus, que se assenta no trono, e ao Cordeiro (Ap 4—7).

A Bíblia começa com a criação do universo e termina com a recriação do universo. Ela parte em seu princípio da descrição da queda do homem num jardim e do paraíso perdido; ela conclui num jardim, com o paraíso reconquistado. Aqui estão a árvore da vida para alimento e cura, e a água da vida para refrigério. E o rio da água da vida é visto como "fluindo do trono de Deus e do Cordeiro" (Ap 22:1). Pois o reino de Deus foi finalmente consumado. Toda a criação está sujeita a ele. E as bênçãos de nossa herança serão devidas à perfeição de seu governo. Assim a multidão canta:

> Aleluia! Pois reina o Senhor, nosso Deus, o Todo-Poderoso.
>
> Apocalipse 19:6

E, de algum modo, sabemos que seu povo redimido, adotado e glorificado compartilhará do reinado com ele:

> E reinarão pelos séculos dos séculos.
>
> Apocalipse 22:5

Nota

[1] Para versículos em que Deus fala que "derramará", "satisfará" ou "cumprirá seu furor", e depois julgará seu povo pela revolta inveterada, ver, p. ex., Ezequiel 5:13; 6:12; 7:8; 16:42, 43; 24:13,14 e Lamentações 4:11. No Salmo 89:33, entretanto, é seu amor firme segundo sua promessa de aliança e juramento que o direciona. "Mas jamais (...) desmentirei a minha fidelidade" (v. 33). Compare a afirmação em Isaías 53:11 de que o Servo sofredor do Senhor verá o fruto da labuta de sua alma e "ficará satisfeito".

6

A AUTORIDADE DA BÍBLIA

- De que forma a revelação, a inspiração e a autoridade bíblicas são distintas entre si, e quais são os três esclarecimentos que devemos acrescentar a essas palavras?
- Como Jesus colocou seu selo no Antigo e Novo Testamento?
- Como sabemos que os apóstolos tinham autoridade para falar por Deus?

Tentei no capítulo anterior resumir a mensagem da Bíblia, e nos três que o precederam, esboçar o cenário geográfico e histórico em que essa mensagem foi concedida e recebida. Será, porém, que a mensagem bíblica é realmente a revelação divina que alega ser? Podemos confiar na Bíblia? Ela possui alguma autoridade duradoura?

Lance a palavra "autoridade" em qualquer discussão hoje em dia, e ela desperta nas pessoas toda uma gama de vibrações diversas. Nenhum de nós escapou da crise das décadas recentes. A difundida e consciente revolta contra toda autoridade constituída — governo, universidade, igreja, família, tradição, Bíblia — explodiu em 1968, quando estudantes e trabalhadores recorreram às barricadas em Paris e o movimento pela "Liberdade de Expressão" irrompeu no *campus* de

Berkeley, da Universidade da Califórnia. Desde então, registraram-se algumas conquistas genuínas, de modo que a sociedade contemporânea é mais aberta e participativa do que antes. Tem, no entanto, ocorrido também sérios prejuízos, especialmente no que diz respeito à rejeição de valores e de padrões. Os existencialistas insistem em que nada mais tem significado e que, portanto, não resta nenhuma autoridade intelectual ou moral de qualquer natureza. E, agora, com o amanhecer do terceiro milênio, o pós-modernismo é hostil a todas as assertivas de verdade.

O testemunho cristão, que procura infiltrar as defesas do relativismo, não deve começar apelando à autoridade da Bíblia, mas antes à autoridade de Cristo. Pois Jesus de Nazaré permanece uma figura atraente para eles, a despeito do fato de ele de algum modo ter conseguido combinar seus desafios radicais à tradição a uma estranhamente conservadora atitude em relação a Deus e à Escritura. Além disso, sua humilde submissão tinha uma qualidade de auto-autenticação, e tem ainda quando incorporada em seus seguidores. Sua autoridade não se impõe simplesmente de cima: ela recomenda a si mesma de baixo. É inesperadamente liberadora.

Meu foco neste capítulo não são, porém, os rebeldes e relativistas, pois é provável que não estejam entre os leitores deste livro. Interesso-me, antes, por aqueles que professam e chamam a si mesmos de cristãos, e que aceitam que as palavras "autoridade" e "submissão", embora com necessidade de constante redefinição, não podem ser abandonadas do vocabulário cristão. Pois não é fato que confessamos que "Jesus é o Senhor"? Nossa confissão de seu senhorio não envolve inevitavelmente uma submissão à sua autoridade? Poderia ser que sua exortação "quem tem ouvidos para ouvir, ouça o que Espírito diz às igrejas" (sete vezes em Ap 2,3) fosse um convite para que demos ouvidos à Escritura, pela qual Cristo por seu Espírito ainda fala com a Igreja? Essas são as questões que quero levantar. São perguntas fundamentais, que devem ser respondidas e das quais não se pode desviar.

Pois de um lado, a Bíblia alega (como vimos) ser um livro de salvação, que quer "fazer-nos sábios para a salvação". Precisamos, portanto, saber se o modo de salvação que ela propõe é verdadeiro ou falso. O destino eterno de seres humanos depende disso.

De outro, a Igreja contemporânea está confusa. O mundo não-cristão está sendo constantemente presenteado com o espetáculo desconcertante de cristãos em discordância e discórdia. Por que isso? A primeira causa de confusão dentro da Igreja é a ausência de uma autoridade unânime. A Igreja jamais recuperará seu estado de espírito ou sua missão a não ser que redescubra primeiro a fonte de sua autoridade.

Além disso, está em voga hoje em dia negar a toda religião qualquer exclusividade que ela alegue ter. Outras religiões têm também seus livros sagrados; o que há de tão especial a respeito das Escrituras cristãs, a Bíblia?

Três definições

Cônscios, portanto, da importância de nosso assunto e da resistência com a qual muitos vão encarar nossa tentativa de defender o caráter único da Bíblia, comecemos com algumas definições. As três palavras mais comuns usadas pelos cristãos com relação a esse assunto são "revelação", "inspiração" e "autoridade". São correlatas porém distintas.

A palavra fundamental é "revelação". Derivada de um substantivo latino que significa "remover aquilo que encobre", ela indica que Deus tomou a iniciativa de fazer-se conhecido. Que esse é um conceito cabível deveria ser claro, pois quem ou o que quer que seja Deus, ele está completamente além de nosso conhecimento. "Porventura, desvendarás os arcanos de Deus ou penetrarás até à perfeição do Todo-Poderoso?"

(Jó 11:7). Certamente não. Sua infinita grandeza está encoberta a nossos olhos. Não podemos descobri-lo por nós mesmos. Se é que chegaremos a conhecê-lo, é ele que deve fazer-se conhecido.

A segunda palavra, "inspiração", indica o modo principal pelo qual Deus escolheu revelar a si mesmo. Ele se revelou em parte na natureza e supremamente em Cristo; porém, também "falando" a pessoas em particular. Esse processo de comunicação verbal é chamado de "inspiração". Não utilizamos a palavra no sentido genérico com que dizemos que um poeta ou músico foram "inspirados". Ao contrário, ela tem uma conotação específica e muito precisa, a saber, que "toda a Escritura é emitida pelo sopro de Deus" (2Tm 3:16) — frase que traduz uma única expressão grega, com uma tradução menos precisa em algumas versões, como "inspirada por Deus". O significado, então, não é que Deus soprou nos escritores, nem que de alguma forma soprou nos escritos de modo a conferir-lhes algum caráter distintivo, mas que aquilo que foi escrito pelos autores humanos foi emitido pelo sopro de Deus. Ele falou por intermédio deles. Eles foram seus porta-vozes.

Não hesitamos, além disso, em afirmar que essa inspiração foi "inspiração verbal", no sentido de que se estende às próprias palavras utilizadas pelos autores humanos. É isso o que eles alegavam. O apóstolo Paulo, por exemplo, podia declarar que, ao comunicar a outros o que Deus lhe havia revelado, ele havia utilizado "não palavras ensinadas pela sabedoria humana, mas ensinadas pelo Espírito" (1Co 2:13). Isso é tampouco surpreendente, visto que não é possível transmitir uma mensagem precisa de qualquer modo que não seja por meio de palavras precisas.

"Autoridade", a terceira palavra, é o poder ou o peso que a Escritura possui por ser aquilo que é, a saber, a revelação divina concedida pela inspiração divina. Se ela é uma palavra de Deus, sua autoridade está sobre nós. Pois por trás de cada palavra pronunciada por alguém está a pessoa que a pronuncia. É quem fala (seu caráter, seu conhecimento e sua posição) que determina como as pessoas encaram suas palavras. Dessa forma, as palavras de Deus carregam em si a autoridade de Deus. É por ser quem ele é que deveríamos crer no que diz.

Essa foi a lição que Simão Pedro aprendeu quando Jesus disse a ele no lago da Galiléia que fosse para águas profundas e descesse as redes de pesca. Toda a sua perícia de pescador, reunida em anos de experiência, rebelava-se contra a sugestão. Ele chegou a protestar: "Mestre, havendo trabalhado toda a noite, nada apanhamos", porém, sabiamente, acrescentou: "mas sob a tua palavra lançarei as redes" (Lc 5:4,5).

Nossa alegação, portanto, é que Deus revelou a si mesmo falando; que seu discurso divino (emitido pelo sopro de Deus) foi colocado por escrito e preservado na Escritura; e que a Escritura é, de fato, a Palavra de Deus escrita, que é, portanto, verdadeira e confiável e possui divina autoridade sobre nós.

Três esclarecimentos

Parece necessário agora acrescentar a essas definições certos esclarecimentos que poderão antecipar objeções e desarmar possíveis críticas.

Primeiro, o processo de inspiração não foi mecânico. Deus não tratou os autores humanos da Escritura como ditafones ou gravadores, mas como pessoas vivas e responsáveis. Algumas vezes ele falou com elas em sonhos e visões, algumas vezes em voz audível, algumas vezes por intermédio de anjos. Em outras ocasiões não ficamos sabendo a forma como a palavra de Deus chegou até eles. Eles podem muito bem não ter tido qualquer consciência disso. Assim, no caso do evangelista Lucas, a inspiração divina não foi com certeza incompatível com a pesquisa humana, pois ele nos conta no prefácio a seu Evangelho a respeito das exaustivas investigações que conduziu. Quaisquer que tenham sido os meios de comunicação que Deus empregou para falar com seres humanos, ele nunca obliterou a personalidade de cada um. Ao contrário, ao escreverem, seu estilo literário e vocabulário eram próprios. Da mesma forma também — ainda mais importante — o tema era deles. Não é acidente que Amós tenha sido o profeta da justiça de Deus, Oséias de seu amor e Isaías da soberania de seu reinado, nem que Paulo tenha sido o apóstolo da graça e da fé, Tiago das obras, João do amor e Pedro da esperança. A evidência interna, reunida a partir da leitura do texto bíblico, é a de que Deus fez uso integral da personalidade, do temperamento, do histórico e da experiência dos autores bíblicos, a fim de transmitir por intermédio de cada um uma mensagem apropriada e única.

Dessa forma, então, a Bíblia é igualmente a palavra de Deus e a palavra de seres humanos. É assim, na verdade, a forma como ela descreve a si mesma. Se é verdade que "a boca do Senhor o disse" (p. ex., Is 1:20), é também verdade que Deus falou "através dos seus santos profetas" (p. ex., At 3:21). Similarmente, "Deus falou [...] pelos profetas" (Hb 1:1) e "homens falaram da parte de Deus" (2Pe 1:21). Igualmente, a lei podia ser descrita por um autor numa única passagem tanto como "a Lei de Moisés" quanto como a "Lei do Senhor" (Lc 2:22,23).

A dupla autoria da Escritura é uma importante verdade, a ser diligentemente defendida. Por um lado, *Deus* falou, revelando a verdade e guardando do erro autores humanos, sem ainda violar sua personalidade. Por outro lado, *homens* falaram, usando livremente suas próprias faculdades, ainda que sem distorcer a mensagem divina. Suas palavras eram verdadeiramente suas próprias palavras. Ainda assim eram (e ainda são) palavras de Deus, de modo que o que a Escritura diz Deus também diz.

Meu segundo esclarecimento é que, embora a Escritura na qualidade de Palavra de Deus seja verdadeira, isso não significa — para citar uma alegação comum — que "cada palavra da Bíblia é literalmente verdadeira". Uma declaração dessa natureza precisa ser amenizada de diversas maneiras. Embora esteja aqui avançando ligeiramente sobre terreno que devo cobrir no capítulo seguinte, sobre interpretação bíblica, penso ser necessário dizer alguma coisa a respeito.

Para começar, cada palavra da Bíblia é verdadeira dentro de seu próprio contexto. Isolada dele, pode ser inteiramente falsa. O melhor exemplo do que quero dizer é o Livro de Jó, cuja maior parte consiste num diálogo entre um Jó esmagado pela dor e seus três "consoladores", junto com um quarto que aparece mais tarde. Essa porção ocupa os capítulos 1-37. Então Deus revela-se a Jó nos capítulos 38—42. Parte do que Jó e seus consoladores dizem a respeito do sofrimento nos primeiros 37 capítulos é errôneo. Ela é registrada a fim de ser contradita, não a fim de ser crida. Ficamos sabendo disso ao fim do livro, quando Jó diz a Deus: "na verdade, falei do que não entendia", e Deus diz aos confortadores de Jó: "não dissestes de mim o que era reto" (Jó 42:3,7). Seria inteiramente impossível, portanto, tomar qualquer versículo do Livro de Jó e dizer: "esta é a palavra de Deus", porque pode não ser. O livro como um todo é Palavra de Deus, porém os 37 primeiros capítulos podem ser compreendidos apenas à luz dos últimos cinco.

O princípio-chave, já mencionado no capítulo 2 e que deve ser examinado mais a fundo no capítulo seguinte, foi bem expresso na Aliança de Lausanne (1974), a saber, que a Escritura é "livre de erro em tudo o que afirma". Essa frase indica que nem tudo o que a Bíblia contém é afirmado pela Bíblia (como vimos no Livro de Jó). Ela em seguida acrescenta que tudo que é afirmado pela Escritura é verdadeiro e livre de erro, porque suas afirmações são de Deus. Esse princípio vital não tem sido sempre aparente no assim chamado "debate da inerrância" nos Estados Unidos. Deveríamos ser capazes de concordar que tudo o que a Escritura afirma é verdadeiro, quer no campo da religião, da ética; da história, da ciência; quer sobre a própria natureza e origem. Isso, porém, deixa a questão maior da interpretação: o que precisamente a Bíblia afirma a respeito desses assuntos?

Por outro lado, muito da Escritura é deliberadamente apresentado sob forma altamente figurada. Nesse sentido, há muitas descrições "antropomórficas" de Deus, referindo-se a seus olhos e ouvidos, seu "braço estendido" e "forte mão" e dedos, sua boca, seu sopro e suas narinas. Não interpretamos essas descrições literalmente pela simples razão de que "Deus é espírito" (Jo 4:24) e, portanto, não tem corpo. Assim, quando lemos que "os olhos do Senhor passam por toda a terra, para mostrar-se forte para com aqueles cujo coração é totalmente dele" (2Cr 16:9), não tentamos visualizar um par de olhos divinos percorrendo literalmente a superfície da terra, mas entendemos, antes, que Deus vê a todos em todo lugar e está sempre pronto a salvar e a dar forças aos que confiam nele. Do mesmo modo, quando lemos sobre gente escondida sob suas "asas" não o imaginamos como uma ave com penas, mas aprendemos que ele protege os que nele se refugiam.

De forma similar, quando o salmista escreve que o Sol sai "como noivo dos seus aposentos, se regozija como herói, a percorrer o seu caminho", e quando segue descrevendo que ele "principia numa extremidade dos céus, e até à outra vai o seu percurso" (Sl 19:1-6), ele não nos consigna a uma visão pré-coperniciana do Sistema Solar. Ele está evidentemente descrevendo a resplandecente magnificência do Sol em figuras poéticas e do ponto de vista do observador preso à terra. Até mesmo sofisticados tecnocratas do terceiro milênio podem discorrer apaixonadamente a respeito do Sol e falar de seu "nascimento" e de seu "pôr". Eles não precisam desculpar-se por fazê-lo. As pessoas entendem que eles estão usando linguagem poética e da experiência comum, não científica.

O terceiro esclarecimento que eu faria diz respeito a qual é o texto inspirado da Escritura que pode, somente ele, ser considerado a Palavra de Deus escrita. Trata-se do texto grego ou hebraico original da forma como saiu das mãos de seus autores. Não reivindicamos inspiração ou autoridade especial sobre qualquer tradução em particular *como tradução* — quer em latim antigo, quer em inglês contemporâneo, nem na verdade para qualquer interpretação particular.

É verdade que nenhum manuscrito original sobreviveu. Podemos presumir que sua perda deve-se à deliberada providência de Deus, que pode ter sido poupar-nos de conceder supersticiosa reverência a pedaços de papel. Sabemos, no entanto, alguma coisa sobre o cuidado escrupuloso com que os escribas copiavam o texto sagrado hebraico (como evidenciado pelos Manuscritos do Mar Morto), e o mesmo seria verdade para os documentos do Novo Testamento. Além disso, temos em mãos muito mais cópias antigas do texto original do que de qualquer outra obra literária. Comparando-as umas com as outras, com as versões (isto é, traduções) primitivas e com as citações bíblicas dos pais da Igreja, os estudiosos (chamados de "críticos textuais") foram capazes de estabelecer o texto autêntico (especialmente do Novo Testamento) além de qualquer dúvida razoável. As incertezas que restam são quase inteiramente triviais: nenhum aspecto doutrinário de qualquer importância depende delas.

Até aqui tenho tentado limpar o terreno indicando tanto o que alegamos quanto o que não alegamos a respeito da Bíblia. Chegou a hora de perguntarmos em que base fundamentamos nossa segurança de que ela é a Palavra de Deus escrita, origina-se do próprio Deus e tem autoridade sobre nós. Muitas respostas diferentes foram dadas.

Considerarei brevemente as três primeiras para concentrar-me no quarto e decisivo argumento.

Argumentos em favor da autoridade da Escritura

O primeiro ponto a ser levantado é que as igrejas cristãs históricas têm consistentemente afirmado e defendido a origem divina da Escritura. Apenas em época comparativamente recente algumas igrejas alteraram sua doutrina oficial quanto a essa questão. Quer consultemos os manuais doutrinários de igrejas protestantes (digamos, anglicana, presbiteriana e luterana), quer das igrejas católica romana ou ortodoxa, o testemunho é quase unânime. Esse de fato não é um argumento conclusivo e pode não atrair a simpatia de alguns. O consenso, porém, de séculos é muito impressionante e não deve ser colocado de lado ou desprezado levianamente.

Em segundo lugar, voltamo-nos daquilo que as igrejas históricas consistentemente ensinaram para aquilo que os próprios escritores bíblicos alegavam. Isso é ainda mais impressionante. Por exemplo, Moisés disse que havia recebido a lei de Deus. Os profetas introduziam seus oráculos com fórmulas como "Assim diz o Senhor" ou "A palavra do Senhor veio até mim e disse". E os apóstolos podiam escrever declarações como esta de Paulo:

> Tendo vós recebido a palavra que de nós ouvistes, que é de Deus, acolhestes não como palavra de homens, e sim como, em verdade é, a palavra de Deus, a qual, com efeito, está operando eficazmente em vós, os que credes.
>
> 1Tessalonicenses 2:13

Os autores bíblicos fizeram também alegações similares a respeito uns dos outros. Encontramos na Escritura um elaborado padrão de autorização cruzada. Por exemplo, os profetas endossavam a lei, e os salmistas louvavam sua verdade, sua beleza e sua doçura (p. ex., Sl 19 e 119). Acima de tudo, o Novo Testamento confirma o Antigo, sendo que os autores apostólicos extraem dele uma rica variedade de citações como sanção divina para o que estão escrevendo. Há até mesmo a famosa passagem em que o apóstolo Pedro refere-se às cartas "do nosso amado irmão Paulo", comenta sobre a sabedoria que foi concedida a ele e equipara suas epístolas à Escritura (2Pe 3:15,16).

A terceira linha de evidência em favor da inspiração e da autoridade da Escritura é suprida não pelos escritores, mas por seus leitores. Pois fato é que há determinadas características da Bíblia que o leitor atento não pode deixar de perceber. Há, por exemplo, a notável unidade e coerência do livro, a respeito da qual procurei me estender em capítulos anteriores. Em vista da diversidade de autoria e de assunto do ponto de vista humano, a melhor explicação para essa unidade parece ser a atividade norteadora de um autor divino por trás de autores humanos. Há também, como um dos aspectos dessa unidade generalizada, o formidável fenômeno da profecia cumprida. Há ainda a nobreza e a dignidade dos grandes temas da Escritura, e a extraordinária relevância de sua mensagem milhares de anos mais tarde, do que dá testemunho a sua contínua popularidade.

Além disso, há o poder que a Bíblia tem demonstrado (o poder de Deus por intermédio dela, cremos) em vidas humanas, incomodando o complacente e confortando o aflito, humilhando o orgulhoso, corrigindo o pecador, encorajando o tímido, trazendo esperança para o enlutado e dando direção àqueles que se desencaminharam. Acrescente-se a tudo isso o que os reformadores chamavam de "testemunho interior do Espírito Santo". Trata-se da profunda convicção de que a Escritura é verdade de Deus, uma convicção que brota não de confirmações externas, como descobertas arqueológicas (por mais proveitosas que essas sejam), mas internamente, do próprio Espírito Santo. É a experiência do "arder do coração", dada pela primeira vez aos discípulos no caminho de Emaús, porém concedida ainda aos discípulos cristãos do mundo moderno:

> Porventura, não nos ardia o coração, quando ele, pelo caminho, nos falava, quando nos expunha as Escrituras?
>
> Lucas 24:32

A primeira e mais destacada razão pela qual os cristãos crêem na inspiração divina da Escritura não está, porém, no que as igrejas ensinam, no que os escritores afirmaram ou os leitores intuem, mas naquilo que o próprio Jesus disse. Como ele endossou a autoridade da Escritura, somos levados a concluir que sua autoridade e a autoridade da Escritura ou permanecem ou caem juntas.

Alguns podem retrucar que se fundamentar no testemunho de Cristo em favor da Escritura é empregar um argumento circular, que poderia ser expresso da seguinte forma: "Como posso saber que a Escritura é inspirada? Porque Cristo diz que é. Como posso saber que Cristo diz que é? Por causa da Escritura, que é inspirada". Isso, assinalam nossos críticos, é incorrer em petição de princípio, pois pressupomos a própria verdade que queremos provar. Eles, porém, adulteraram nosso argumento. Quando nos aproximamos da Bíblia pela primeira vez, não trazemos conosco qualquer pressuposição quanto à inspiração divina. Aceitamo-la como mera reunião de documentos históricos, contendo em particular o testemunho dos cristãos do século I a respeito de Cristo. Ao lermos o testemunho deles, passamos a crer em Cristo, sem ainda formular nenhuma doutrina particular a respeito da Escritura. Nesse ponto, porém, o Cristo em que passamos a acreditar nos reporta à Escritura. Ele nos dá uma nova compreensão dela porque endossa para nós sua autoridade.

Mas de que forma Cristo endossa a Escritura? A Escritura consiste, naturalmente, em duas porções separadas: o Antigo e o Novo Testamentos. O modo como Cristo coloca seu selo em cada uma é diferente.

A visão de Cristo sobre o Antigo Testamento

Tome o Antigo Testamento primeiro. Não pode haver dúvida, como qualquer leitor atento dos Evangelhos vai concordar, de que Jesus concedeu sua reverente aprovação à autoridade da Escritura do Antigo Testamento, pois se submeteu à sua autoridade. Darei três exemplos para demonstrá-lo.

Em primeiro lugar, Jesus submeteu-se ao Antigo Testamento em sua conduta pessoal. Desse modo, ele contra-atacou cada uma das tentações do Diabo por intermédio de uma citação bíblica apropriada. Algumas vezes é dito que ele citou a Escritura "para o Diabo". Não é bem assim. Mais correto seria dizer que ele citou a Escritura para si mesmo na presença do Diabo. Pois quando o Diabo ofereceu-lhe os reinos do mundo se ele caísse de joelhos e o adorasse, Jesus respondeu:

> Retira-te, Satanás, porque está escrito: Ao Senhor, teu Deus, adorarás, e só a ele darás culto.
>
> Mateus 4:10

Jesus não estava aplicando esse texto a Satanás, mas a ele mesmo. Ele sabia pela Escritura que a adoração era devida somente a Deus. Ele iria, portanto, obedecer. Como homem ele deveria adorar a Deus, não a Satanás. A simples palavra *gegraptai* ("está escrito") era suficiente para ele. Não havia necessidade de questionar, discutir ou negociar. A questão havia já sido decidida pela Escritura. Essa submissão voluntária e pessoal do Filho de Deus à autoridade da Escritura é extremamente significativa.

Em segundo lugar, Jesus submeteu-se ao Antigo Testamento no cumprimento de sua missão. Ele parece ter chegado a uma compreensão de seu papel messiânico a partir do estudo da Escritura do Antigo Testamento. Ele sabia que era tanto o servo sofredor de Isaías quanto o Filho do Homem de Daniel. Assim, ele aceitou o fato de que poderia entrar em sua glória apenas pelo caminho do sofrimento e da morte. Isso explica o senso de necessidade, de compulsão que o constrangia:

> Era necessário que Filho do Homem sofresse muitas coisas, fosse rejeitado [...] e [...] fosse morto e que, depois de três dias, ressuscitasse.
>
> Marcos 8:31

Por que "*era necessário*"? Porque a Escritura o dizia. Voluntária e deliberadamente, ele se colocou sob sua autoridade. Ele estava determinado a cumprir o que estava escrito em sua missão e sua conduta. Assim quando Pedro tentou impedir a prisão de Cristo no jardim do Getsêmani, ele lhe disse que colocasse a espada na bainha. Ele não precisava de defesa humana. Ele não podia, se quisesse, pedir a seu Pai por legiões de anjos em sua defesa? Por que, então, ele não o fez? Eis o motivo que ele deu:

> Como, pois, se cumpririam as Escrituras, segundo as quais assim deve suceder?
>
> Mateus 26:54

Ele era da mesma opinião depois da ressurreição, e confirmou-a tanto aos dois discípulos de Emaús quanto ao grupo mais amplo de seus seguidores:

> Porventura, não convinha que o Cristo padecesse e entrasse na sua glória? [...] São estas as palavras que eu vos falei, estando ainda convosco: importava se cumprisse tudo o que de mim está escrito na Lei de Moisés, nos Profetas e nos Salmos.
>
> Lucas 24:26,44

Em terceiro lugar, Jesus submeteu-se ao Antigo Testamento em suas controvérsias. Ele se achava em constante debate com os líderes religiosos de seu tempo, e onde houvesse diferença de opinião entre eles, Jesus considerava a Escritura o tribunal definitivo de apelação. "Que está escrito na Lei?", ele perguntava. "Como interpretas?" (Lc 10:26). Ou: "Ainda não lestes esta Escritura?" (Mc 12:10). Uma das principais críticas de Jesus a seus contemporâneos era contra o desrespeito deles pela Escritura. Os fariseus acrescentavam a ela e os saduceus subtraíam dela. Assim, aos fariseus ele disse:

> Jeitosamente rejeitais o preceito de Deus para guardardes a vossa própria tradição [...] invalidando a palavra de Deus pela vossa própria tradição, que vós mesmos transmitistes.
>
> Marcos 7:9,13

E aos saduceus que negavam o sobrenatural:

> Não provém o vosso erro de não conhecerdes as Escrituras, nem o poder de Deus?
>
> Marcos 12:24

Está além de qualquer dúvida, portanto, que Jesus Cristo tinha ele mesmo uma atitude de submissão à Escritura. Em seus próprios padrões éticos, em sua compreensão de sua missão e no debate com os líderes judeus, o que a Escritura dizia era decisivo para ele. "A Escritura não pode falhar", ele afirmava. E ainda:

> Porque em verdade vos digo: até que o céu e a terra passem, nem um i ou um til jamais passará da Lei, até que tudo se cumpra.
>
> Mateus 5:18

Não existe um único exemplo de Cristo contradizendo a origem divina da Escritura do Antigo Testamento. Algumas pessoas supõem que ele o fez nas seis antíteses do Sermão da Montanha, nas quais ele disse: "Ouvistes o que foi dito... eu, porém, vos digo...". Todavia, não é de Moisés que ele está divergindo, mas das perversões de Moisés por parte dos escribas; não a Escritura (o que está "escrito"), mas a tradição oral (o que foi "dito"). Toda a evidência disponível confirma que Jesus Cristo assentiu em sua mente e submeteu-se em vida à autoridade da Escritura do Antigo Testamento. Não é inconcebível que seus seguidores tenham dela uma visão inferior à dele?

A provisão de Cristo para o Novo Testamento

O modo de Cristo endossar o Novo Testamento foi, naturalmente, diferente da maneira como ele endossou o Antigo, pois nenhum dos livros do Novo Testamento havia ainda sido escrito. Se, então, a redação do Novo Testamento pertencia inteiramente ao futuro, como ele pode tê-lo endossado de alguma forma?

A resposta a essa pergunta está em sua escolha dos apóstolos. Jesus parece ter previsto a necessidade de Escrituras do Novo Testamento que correspondessem às Escrituras do Antigo. No Antigo Testamento, Deus foi ativo na redenção e no julgamento de Israel, e levantou profetas que fornecessem registro e interpretações fidedignas do que ele estava fazendo. Agora Deus estava ativo, por meio de Cristo, na redenção e no julgamento do mundo. Deveria essa suprema e final revelação de Deus perder-se para as gerações futuras? Não, era necessário que houvesse escribas e intérpretes leais dessa revelação também. Dessa forma, Jesus tomou providências nesse sentido. Ele cuidadosamente (depois de uma noite inteira de oração) escolheu, nomeou e seguiu treinando e concedendo autoridade a doze apóstolos para serem suas testemunhas, da mesma forma que Deus havia escolhido os profetas nos dias do Antigo Testamento:

> Naqueles dias, retirou-se para o monte, a fim de orar, e passou a noite orando a Deus. E, quando amanheceu, chamou a si os seus discípulos e escolheu doze dentre eles, aos quais deu também o nome de apóstolos.
>
> Lucas 6:12,13

Todos os seguidores de Jesus eram "discípulos"; apenas os doze eram apóstolos. Um estudo do uso do termo no Novo Testamento demonstra que, embora houvesse "apóstolos das igrejas" que equivaliam aproximadamente aos missionários modernos (p. ex., 2Co 8:23; At 13:1-3; 14:14; Fp 2:25), "os apóstolos de Cristo" eram um grupo pequeno e restrito que consistia nos doze, Matias (que assumiu o lugar de Judas), Paulo, Tiago, o irmão do Senhor, e talvez mais uns dois. Embora a Igreja inteira seja apostólica no sentido de que Cristo a envia ao mundo para cumprir sua missão, e embora todo cristão deva estar envolvido nessa missão, "apóstolo" não é um termo genérico para o cristão no Novo Testamento. Até mesmo os leais e fidedignos companheiros de Paulo, como Timóteo, não eram apóstolos. Ele traçava deliberadamente uma distinção entre si mesmo e eles. Assim, ele começa em sua carta aos Colossenses: "Paulo, apóstolo de Cristo Jesus, por vontade de Deus, e o irmão Timóteo". Timóteo era irmão. De fato, todos os cristãos são irmãos e irmãs. Mas ele não era apóstolo de Cristo como Paulo.

A pesquisa recente indica que a palavra grega *apostolos* equivale ao aramaico *shaliach*, e que no judaísmo rabínico o *shaliach* era uma pessoa com um papel claramente definido. Tratava-se de um emissário do Sinédrio, enviado aos judeus da dispersão para ensinar em nome do Conselho. Dizia-se dele: "aquele enviado por alguém é como a própria pessoa". Em outras palavras, era um porta-voz autorizado, falando com autoridade da pessoa ou do corpo que o havia comissionado. Dessa forma é que Saulo de Tarso foi rumo às sinagogas de Damasco, "levando autorização dos principais sacerdotes e por eles comissionado" (At 26:12; v. tb. 9:1,2; 22:5).

É contra esse pano de fundo que Jesus escolheu doze homens e deu-lhes deliberadamente esse título. Os apóstolos eram seus representantes pessoais, dotados por ele com a autoridade de falar em seu nome. Quando os enviava, ele dizia: "Quem vos recebe a mim me recebe" (Mt 10:40; Jo 13:20).

Parece que os apóstolos de Jesus foram únicos de quatro maneiras diferentes.

Em primeiro lugar, eles receberam um chamado e uma autorização especial de Jesus. Isso fica claro no caso dos doze, e Paulo reivindicava para si algo comparável. Ele veementemente afirmava e defendia sua autoridade apostólica, insistindo que havia recebido seu encargo de apóstolo "não da parte de homens, nem por intermédio de homem algum, mas por Jesus Cristo e por Deus Pai" (Gl 1:1). É ainda mais significativo que em uma das narrativas da conversão de Paulo em Atos, as precisas palavras que Jesus usou para comissioná-lo estão registradas (embora Lucas as tenha traduzido para o grego), a saber, *ego apostello se*, "eu o envio" ou "eu te faço meu apóstolo" (At 26:17; v. tb. 22:21).

Em segundo lugar, eles haviam sido testemunhas oculares de Cristo. Os doze foram nomeados, diz Marcos, para "estarem com ele e para os enviar a pregar". O verbo "enviar" é novamente *apostellein*, e a qualificação essencial para a obra do apostolado era "estar com ele". Semelhantemente, logo antes de morrer, Jesus disse a eles:

> E vós também testemunhareis, porque estais comigo desde o princípio.
>
> João 15:27

Dessa forma ele lhes deu oportunidades sem paralelo de ouvir suas palavras e de ver suas obras, de modo a poderem mais tarde dar testemunho do que haviam visto e ouvido (1Jo 1:1-3). Era especialmente importante que eles fossem testemunhas de sua ressurreição. Foi por isso que Matias foi escolhido, "para preencher a vaga neste ministério e apostolado, do qual Judas se transviou, indo para o seu próprio lugar" (At 1:25).

É verdade, naturalmente, que Paulo não foi um dos doze apóstolos originais, que não teve a experiência de testemunha ocular de Jesus que eles tiveram e que provavelmente nunca viu Jesus em carne. Alguns conjecturam que os três anos que ele passou na Arábia, durante os quais ele recebeu seu evangelho "por revelação de Jesus Cristo" (Gl 1:11,12,17,18), foram deliberadamente programados para compensar os três anos do ministério público de Jesus que ele havia perdido. Seja como for, ele se qualificou no segundo requerimento apostólico por ser testemunha da ressurreição. "Não sou apóstolo?", exige ele. "Não vi Jesus, nosso Senhor?" (1Co 9:1). Ele se refere naturalmente a seu encontro com Cristo no caminho de Damasco. Embora tenha tomado lugar depois da ascensão, e tenha sido, portanto, irregular, ele no entanto alega que foi uma manifestação factual e objetiva da ressurreição, e acrescenta que foi a última. Ao finalizar seu catálogo de aparições do Jesus ressurrecto, ele escreve:

> E, afinal, depois de todos, foi visto também por mim, como por um nascido fora de tempo.
>
> 1Coríntios 15:8

Em terceiro lugar, eles tiveram uma inspiração extraordinária do Espírito Santo. Vimos no capítulo anterior que a habitação e a iluminação do Espírito Santo são privilégio de todos os filhos de Deus. Esse privilégio não se restringiu aos apóstolos. No entanto, o ministério do Espírito Santo que Cristo prometeu aos apóstolos foi algo inteiramente único, como deve ficar claro pelas seguintes palavras:

> Isto vos tenho dito, estando ainda convosco; mas o Consolador, o Espírito Santo, a quem o Pai enviará em meu nome, esse vos ensinará todas as coisas e vos fará lembrar de tudo o que vos tenho dito.
>
> João 14:25,26

> Tenho ainda muito que vos dizer, mas vós não o podeis suportar agora; quando vier, porém, o Espírito da verdade, ele vos guiará a toda a verdade.
>
> João 16:12,13

Essas maravilhosas promessas são algumas vezes aplicadas a todos os cristãos, e sem dúvida se aplicam a todos nós num sentido secundário. Mas sua referência primária é evidentemente aos apóstolos reunidos ao redor de Jesus no cenáculo, de quem ele podia dizer: "Isto vos tenho dito, estando ainda convosco" e: "Tenho ainda muito que vos dizer, mas vós não o podeis suportar".

A promessa dele era, portanto, dupla. Primeiro, que o Espírito os lembraria do ensino que lhes havia oferecido e, em segundo lugar, o suplementaria, conduzindo-os a toda a verdade que eles não eram naquele momento capazes de receber. O cumprimento maior dessas promessas estava na composição dos Evangelhos e das cartas do Novo Testamento.

Em quarto lugar, eles tinham poder de realizar milagres. O Livro de Atos é com acerto chamado de "Atos dos Apóstolos" (v. At 1:1,2;

2:43; 5:12), e Paulo menciona os "sinais, prodígios e poderes miraculosos" que realizara como "as credenciais do apostolado" (2Co 12:12). Isso não quer dizer que absolutamente todo milagre era realizado por intermédio de um apóstolo (pois Estêvão e Filipe não eram apóstolos), mas que o propósito fundamental do poder miraculoso concedido aos apóstolos era autenticar seu chamado e mensagem apostólicos:

> Como escaparemos nós, se negligenciarmos tão grande salvação? A qual, tendo sido anunciada inicialmente pelo Senhor, foi-nos depois confirmada pelos que a ouviram [quer dizer, as testemunhas oculares apostólicas]; dando Deus testemunho juntamente com eles, por sinais, prodígios e vários milagres e por distribuições do Espírito Santo, segundo a sua vontade.
>
> Hebreus 2:3,4

Nesses quatro sentidos os apóstolos parecem ter sido únicos.

A autoridade dos apóstolos confirmada

Nossa impressão do caráter único dos apóstolos é confirmada de duas formas. Em primeiro lugar, eles mesmos sabiam dele, e demonstram no Novo Testamento a consciência pessoal de sua autoridade apostólica. Isso é certo quanto a Paulo e João. Paulo não apenas defende sua autoridade como apóstolo (conforme vimos): ele a reivindica. Ouça as dogmáticas instruções que ele deu à igreja de Tessalônica:

> Nós também temos confiança em vós no Senhor, de que não só estais praticando as coisas que vos ordenamos, como também continuareis a fazê-las [...] Nós vos ordenamos, irmãos, em nome do Senhor Jesus Cristo [...] Porque, quando ainda convosco, vos ordenamos isto [...] A elas, porém, determinamos e exortamos, no

> Senhor Jesus Cristo [...] Caso alguém não preste obediência à nossa palavra dada por esta epístola, notai-o.
>
> 2Tessalonicenses 3:4,6,10,12,14

Quem é esse "nós"? É o plural da autoridade apostólica. E quem ousa emitir essas ordens dogmáticas e exigir obediência? Novamente, um apóstolo de Cristo, que fala em nome de Cristo. Ele afirma que Cristo está falando nele e por intermédio dele (2Co 13:3). Como resultado, quando ele primeiro visitou a Galácia, embora desfigurado pela enfermidade, os gálatas não zombaram dele ou desprezaram-no, mas, na verdade, receberam-no "como (...) um anjo de Deus, como (...) Cristo Jesus" (Gl 4:14). Paulo não os repreende por lhe concederem essa exagerada deferência. Ao contrário, eles estavam certos em recebê-lo dessa forma, pois ele era um apóstolo, um embaixador, representante autorizado de Jesus Cristo.

João também utilizou o plural da autoridade apostólica (p. ex. 3João 9) e trazia constantemente à lembrança de seus leitores o ensino original que havia transmitido a eles. Tendo em vista a prevalência dos falsos mestres, ele ousou mesmo escrever:

> Nós somos de Deus; aquele que conhece a Deus nos ouve; aquele que não é da parte de Deus não nos ouve. Nisto reconhecemos o espírito da verdade e o espírito do erro.
>
> 1João 4:6

Em outras palavras, um teste seguro pelo qual os leitores de João poderiam discernir entre a verdade e o erro era se o que era ensinado estava em conformidade com seu ensino. Os falsos mestres mostrariam seu erro por não darem ouvidos a João, enquanto o verdadeiro cristão autenticaria a si mesmo por sua submissão à autoridade do apóstolo.

O segundo modo pelo qual a autoridade única dos apóstolos é substanciada é que a Igreja primitiva a reconhecia. Por exemplo, no período pós-apostólico, cerca de 110 d.C., logo depois que morreu João, o último apóstolo, o bispo Inácio de Antioquia enviou cartas a diversas igrejas da Ásia Menor e da Europa. Em sua epístola aos romanos (capítulo 4) ele escreve:

> Não tenho, como Pedro e Paulo, mandamentos para vocês. Eles eram apóstolos; não passo de um homem condenado.

Ele era bispo, mas reconhecia que até mesmo a autoridade de um bispo não era comparável à de um apóstolo.

Quando, no quarto século, a Igreja chegou finalmente a estabelecer quais livros deveriam ser incluídos e quais excluídos do cânon do Novo Testamento, o teste aplicado era se o livro provinha dos apóstolos. Quer dizer, havia sido escrito por algum dos apóstolos? Se não, emanava de alguma forma do círculo dos apóstolos e trazia o endosso da autoridade deles? É importante acrescentar isso, pois nem todo livro do Novo Testamento foi escrito por um apóstolo. Parece, porém, ter sido reconhecido que um documento não escrito por um apóstolo, mas que provinha do associado próximo de um apóstolo, deveria ser reconhecido como "apostólico". Lucas, por exemplo, era um conhecido companheiro e colega de Paulo, e Marcos foi descrito pelos pais da Igreja primitiva Papias e Irineu como "o intérprete de Pedro", que havia fielmente registrado as lembranças que Pedro tinha de Cristo, bem como a parte mais substancial do seu ensino.[1] Dessa forma, a Igreja não estava em sentido algum conferindo autoridade aos livros canônicos; estava simplesmente reconhecendo a autoridade que eles já possuíam.

É hora de resumir os argumentos que desenvolvemos. Cristo endossou a autoridade do Antigo Testamento. Ele fez também provisão para o Novo Testamento ao autorizar os apóstolos a ensinar em seu nome. Portanto, se desejamos nos prostrar diante da autoridade de Cristo, devemos nos prostrar diante da autoridade da Escritura. É por causa de Jesus Cristo que os cristãos se submetem tanto ao Antigo quanto ao Novo Testamentos.

Quais são as alternativas a essa conclusão? Há apenas duas.

A primeira é dizer que Cristo estava errado quanto à sua visão da Escritura. O argumento nesse caso seguiria o seguinte raciocínio: "A encarnação aprisionou Jesus na mentalidade limitada de um judeu do primeiro século. É natural que ele aceitasse a autoridade da Escritura, pois é nisso que acreditavam os judeus da época. Não há, porém, razão para que nós devamos fazê-lo. A concepção deles e a dele são obsoletas". Essa é a chamada teoria da "kenosis", da palavra grega que declara que Cristo "esvaziou-se a si mesmo" (Fp 2:7) ou "fez-se nada" (NVI) quando se tornou homem. Ele de fato esvaziou-se de sua glória quando assumiu a forma de servo. Mas ele não se esvaziou de sua divindade ao tornar-se humano. E embora como ser humano ele pareça ter permanecido ignorante quanto a certas questões (ele disse que não sabia o dia de sua volta, Mc 13:32), o fato notável é que ele não ignorava sua ignorância. Ele conhecia os limites de seu conhecimento. Seu ensino, conseqüentemente, jamais extrapolava esses limites. Ao contrário, ele insistia que ensinava apenas o que o Pai havia oferecido para que ele ensinasse (p. ex., Jo 7:14-17; 12:49; 17:8). Afirmamos, portanto, que ele era inerrante, que todo o seu ensino era verdadeiro, inclusive seu endosso da autoridade da Escritura.

A segunda alternativa que já foi proposta pode ser expressa da seguinte forma: "Jesus sabia perfeitamente bem que a Escritura não era por completo a Palavra de Deus e confiável. Ainda assim, como todos seus contemporâneos criam que era, ele acomodou-se à posição deles.

Não há necessidade de fazermos o mesmo". Essa sugestão é, porém, de todo intolerável. Ela é insultuosa a Cristo e incompatível com sua alegação de ser a verdade e ensinar a verdade. Ele, além disso, nunca hesitou em discordar de seus contemporâneos em outras questões; por que deveria ter agido diferente nesse caso? Ainda mais, essa reconstrução atribuiria a Jesus a coisa que ele mais detestava — falsidade religiosa, ou hipocrisia.

Dessa forma, rejeitamos tanto a teoria da "kenosis" quanto a da "acomodação". Diante delas devemos insistir em que Jesus sabia do que estava falando e queria dizer isso mesmo. Ele ensinava com conhecimento de causa, deliberadamente e com completa sinceridade. Ele declarava a origem divina de toda Escritura pela simples razão de que acreditava nela. E o que ele acreditava e ensinava é a verdade.

Algumas conclusões

Concluindo, permita-me enfatizar tanto a correção quanto a sensatez de submeter-se à autoridade da Escritura.

Em primeiro lugar, aceitar a autoridade da Escritura é uma coisa cristã a se fazer. Não se trata de comportamento bizarro de gente religiosa nem um caso de infame obscurantismo, mas do bom senso da fé e da humildade cristãs. É essencialmente "cristão" porque é o que o próprio Jesus requer de nós. A visão tradicional da Escritura (de que ela é a Palavra de Deus) pode ser chamada de "cristã" precisamente porque é a visão de Cristo.

Em segundo lugar, o que fazer diante dos problemas? Aceitar a origem divina da Escritura não é fingir que não há problemas. Para ser franco, há muitos problemas — literários, históricos, teológicos e morais. O que devemos, então, fazer diante deles? Será compatível com a integridade intelectual aceitar a autoridade única da Escritura quando restam tantos problemas residuais? Sim, sem dúvida é.

Devemos aprender a fazer com os problemas que cercam a Escritura exatamente o que fazemos com os problemas que cercam qualquer doutrina cristã. Toda doutrina cristã tem seus problemas. Nenhuma doutrina está inteiramente livre deles. Tome por exemplo a doutrina do amor de Deus. Todo cristão de todo matiz concebível crê que Deus é amor. É uma doutrina cristã fundamental. Não crer nela seria desqualificar-se como cristão. Todavia, os problemas que cercam essa doutrina são imensos. O que fazemos, então, quando alguém nos traz um problema referente ao amor de Deus — o problema do mal ou de um sofrimento imerecido, por exemplo? Devemos em primeiro lugar lutar com o problema, e pode ser que nos seja concedida uma nova luz a respeito dele. Não é, porém, provável que sejamos capazes de resolvê-lo de todo. O que fazer? Devemos abandonar nossa crença no amor de Deus até que tenhamos resolvido todos os problemas? Não. Devemos manter nossa crença no amor de Deus, a despeito dos problemas, por uma razão e por apenas uma razão, a saber, que Jesus Cristo a ensinava e exibia. É por isso que cremos que Deus é amor. E os problemas não derrubam nossa crença.

A mesma coisa com a Escritura. Alguém nos traz um problema, ou tropeçamos nele nós mesmos, talvez uma aparente discrepância ou uma questão de crítica literária. O que fazer? Para começar, é essencial que lutemos honestamente com os problemas bíblicos. Não é cristão enterrar a cabeça na areia, fingindo que não existem problemas. Tampouco é cristão manipular a Escritura de modo a atingir uma harmonização forçada, artificial. Não, trabalhamos com o problema com integridade intelectual. Durante o processo (e posso testemunhar de experiência própria), alguns problemas, que à primeira vista parecem intratáveis, são solucionados. Para outros, no entanto, não parecemos enxergar solução imediata. O que fazer? Devemos abandonar nossa crença na Palavra de Deus até que tenhamos resolvido todos os problemas? Não. Devemos manter nossa crença na Palavra de Deus, da mesma forma que mantemos nossa crença no amor de Deus, apesar dos problemas, em última instância por uma razão e por uma única razão, a saber, que Jesus Cristo a ensinava e exibia. Não é mais obscurantismo apegar-se a uma crença mais do que à outra. Na verdade, não se trata de obscurantismo de modo algum. Seguir a Cristo é sempre um sóbrio e humilde realismo cristão.

Em terceiro lugar, a questão última no assunto da autoridade diz respeito ao senhorio de Cristo. "Vós me chamais o Mestre e o Senhor", ele disse, "e dizeis bem; porque eu o sou" (Jo 13:13). Se Jesus Cristo é verdadeiramente nosso Mestre e nosso Senhor, estamos debaixo tanto de sua instrução quanto de sua autoridade. Devemos, portanto, trazer nossa mente em sujeição a ele, na qualidade de nosso Mestre, e nossa vontade em sujeição a ele, na qualidade de nosso Senhor. Não temos a liberdade de discordar dele ou de lhe desobedecer. Assim, nos prostramos diante da autoridade da Escritura porque nos prostramos diante da autoridade de Cristo.

Nota

1 Ver Eusébio, *Ecclesiastical History* III.XXXIX, 15, e Irineu, *Adversus Haereses* III.L.I.

7

A INTERPRETAÇÃO DA BÍBLIA

- Quem são os três mestres oferecidos por Deus para instruir seu povo, e o que aprendemos deles?
- Quais são os três princípios de interpretação?
- Que exemplos há de que devemos ver a Bíblia como um todo?

Ouvi certa vez o dr. Alan Cole, de Sydney, Austrália, observar que, por mais surpreendente que possa parecer, Deus por vezes abençoa uma exegese rasa de uma tradução pobre de uma passagem duvidosa de um versículo obscuro de um profeta menor.

É verdade. Ele o faz. Mas isso não nos dá nenhuma possível desculpa para negligenciar a interpretação bíblica. Ao contrário, se a Bíblia é de fato a Palavra de Deus escrita, não devemos poupar esforços para descobrir o que ele disse (e diz) na Escritura.

Então, como deve o estudante da Bíblia discernir sua mensagem com exatidão? Onde devemos buscar ajuda? Talvez devêssemos começar nossa resposta advertindo o leitor contra qualquer pretensão de infalibilidade. A Palavra de Deus é infalível, pois o que ele diz é verdade. Mas nenhum indivíduo, grupo ou igreja já foi ou será intérprete infalível da Palavra de Deus. As interpretações humanas pertencem à esfera da tradição, e contra a tradição pode-se sempre apelar-se para a própria Escritura que a tradição alega estar interpretando.

Todavia, Deus tomou providências para que crescêssemos em nossa compreensão da verdade e fôssemos protegidos das piores formas de interpretação equivocada. Ele nos concedeu três mestres para nos instruírem, e três princípios para nos guiarem.

A iluminação do Espírito Santo

Nosso mestre acima de tudo é o Espírito Santo. "Hermenêutica" é o nome técnico dado à ciência da interpretação da Escritura, e deveria ser óbvio que uma hermenêutica verdadeiramente bíblica devesse ser consistente com a natureza da própria Bíblia. Se, então, os autores bíblicos falaram da parte de Deus, não por vontade própria mas ao serem movidos pelo Espírito Santo (2Pe 1:21), é o Espírito Santo que pode interpretar o que ele os levou a dizer. O melhor intérprete de cada livro é seu autor, visto que apenas ele sabe o que pretendia dizer. Dessa forma, o livro de Deus pode ser interpretado pelo Espírito de Deus apenas.

A obra do Espírito Santo em comunicar a verdade de Deus é agora vista como tendo dois estágios. O primeiro e objetivo estágio é a "revelação", a exposição da verdade na Escritura. O segundo e subjetivo estágio pode ser chamado de "iluminação", o esclarecimento de nossas mentes de modo a podermos compreender a verdade revelada na Escritura. Cada um dos processos é indispensável. Sem a revelação não haveria verdade alguma a ser discernida; sem a iluminação, nenhuma faculdade com a qual discerni-la.

Uma ilustração disso vem do tempo de Isaías, quando, em juízo à rebelião de seu povo, Deus deixou de falar com eles. Sua verdade tornou-se como um livro selado, e seu povo como crianças analfabetas. Havia dessa forma duas barreiras que nos impediam de receber sua verdade:

> Dá-se o livro ao que sabe ler, dizendo: Lê isto, peço-te; e ele responde: Não posso, porque está selado; e dá-se o livro ao que não sabe ler, dizendo: Lê isto, peço-te; e ele responde: Não sei ler.
>
> Isaías 29:11,12

Uma vez que concordemos com a necessidade da iluminação do Espírito Santo antes de podermos compreender a Palavra de Deus, estamos prontos a considerar o tipo de pessoa que o Espírito Santo ilumina.

Em primeiro lugar, o Espírito Santo ilumina a pessoa regenerada ou nascida de novo. Uma experiência de renascimento é essencial antes que sejamos capazes de discernir a verdade eterna. "Se alguém não nascer de novo, não pode ver o reino de Deus", Jesus disse (Jo 3:3), fato a que fez eco o apóstolo Paulo:

> Ora, o homem natural [o homem sem o Espírito, ou "não-regenerado"] não aceita as coisas do Espírito de Deus, porque lhe são loucura; e não pode entendê-las, porque elas se discernem espiritualmente.
>
> 1Coríntios 2:14

Muitos deram testemunho disso a partir de sua própria experiência. William Grimshaw, por exemplo, um dos mais destacados evangelistas do século XVIII, disse a um amigo depois de sua conversão que "se Deus tivesse carregado a sua Bíblia para o céu e mandado outra no lugar, ela não teria parecido mais nova para mim".[1]

Eu mesmo posso testificar algo muito similar. Minha mãe me fazia ler uma passagem da Bíblia todos os dias. Por causa dela e também por hábito continuei a fazê-lo até o final da adolescência. Tratava-se, porém, de uma rotina sem nenhum significado, pois eu não compreendia o que estava lendo. Depois de minha conversão, no entanto, a Bíblia começou imediatamente a tornar-se um livro vivo para mim. Não estou, é claro, afirmando que passei de repente a compreendê-la toda. Também não quero dar a impressão de que deixara de considerar parte dela maçante e difícil. Ela, porém, assumira uma nova relevância para mim, à medida que o Espírito Santo iluminava e aplicava sua mensagem à minha vida.

Em segundo lugar, o Espírito Santo ilumina os humildes. Não há maior obstáculo ao conhecimento do que o orgulho, e nenhuma condição mais essencial do que a humildade. Jesus decidiu a questão além de qualquer controvérsia:

> Graças te dou, ó Pai, Senhor do céu e da terra, porque ocultaste estas coisas aos sábios e instruídos e as revelaste aos pequeninos. Sim, ó Pai, porque assim foi do teu agrado.
>
> Mateus 11:25,26

Os "sábios e instruídos" dos quais Deus se oculta são os intelectualmente orgulhosos, e os "pequeninos" são os humildes e sinceros. Não é a ignorância ou mesmo a simplicidade de uma criança o que Jesus estava elogiando, mas sua abordagem aberta, receptiva e livre de preconceitos. É apenas aos tais que Deus se revela. Como escreveu Charles Simeon:

> No princípio das minhas inquirições, eu disse a mim mesmo: sou um tolo; e disso estou certo. Uma coisa sei com certeza: que sobre religião de mim mesmo nada sei. Não me sento, portanto, para estudar a Escritura com o objetivo de impor um sentido aos autores inspirados, mas para receber um, na medida em que eles o concedem a mim. Não tomo para mim ensiná-los: desejo como uma criança ser ensinado por eles.[2]

Há apenas uma maneira de expressar tal atitude de humilde expectativa diante de Deus, e é a oração. Devemos tanto orar antes de lermos a Escritura quanto lê-la num estado de espírito de oração, e muitos cristãos têm considerado útil utilizar algumas das próprias orações da Bíblia por iluminação. Por exemplo, a petição do salmista:

> Desvenda os meus olhos, para que eu contemple as maravilhas da tua lei.
>
> Salmos 119:18

Ou então uma das grandes orações de Paulo, todas nas quais ele de alguma forma pede por um aumento de conhecimento e de compreensão. Por exemplo:

> Para que o Deus de nosso Senhor Jesus Cristo, o Pai da glória, vos conceda espírito de sabedoria e de revelação no pleno conhecimento dele, iluminados os olhos do vosso coração, para saberdes qual é a esperança do seu chamamento, qual a riqueza da glória da sua herança nos santos e qual a suprema grandeza do seu poder para com os que cremos.
>
> Efésios 1:17-19

Tal atitude de humildade de nossa parte diante de Deus, tal reconhecimento da escuridão em que nos encontramos com o apelo por sua iluminação não deixarão de ser recompensados. Não muito depois de sua conversão no Pembroke College em Oxford, George Whitefield escreveu em seu diário:

> Comecei a ler as Escrituras Sagradas de joelhos, deixando de lado todos os outros livros e orando, se possível, diante de cada linha e palavra. Isso provou ser verdadeira comida e verdadeira bebida para minha alma. Eu diariamente recebia do alto vida, luz e poder renovados.[3]

Em terceiro lugar, o Espírito Santo ilumina os obedientes. Isso é bastante enfatizado. Visto que o propósito de Deus na Escritura não é meramente "instruir" em termos gerais mas "tornar sábio para a salvação" (2Tm 3:15), ele está preocupado com a reação dos leitores diante de sua Palavra. E nosso grau de responsividade, de nossa disposição em ouvir e obedecer determinará em grande parte o grau de compreensão que receberemos. Assim, Jesus prometeu que aqueles que têm vontade de fazer a vontade de Deus saberiam se o ensino dele era verdadeiro, e que ele se mostraria pessoalmente àqueles que provassem por sua obediência seu amor por ele (Jo 7:17; 11:21). Inversamente, são aqueles que violam sua consciência por meio da desobediência que naufragam na fé (1Tm 1:19). Ninguém que não pratica aquilo que já sabe pode esperar avançar em seu conhecimento.

Em quarto lugar, o Espírito Santo ilumina os comunicativos. A compreensão que ele nos dá não é apenas para nosso deleite pessoal; ela nos é dada para ser compartilhada com outros. Ela nos foi confiada. A lâmpada não é trazida para o quarto para ser colocada debaixo da cama, disse Jesus, mas num suporte. Do mesmo modo, ele planejava que seu ensino fosse conhecido, e não mantido em segredo. Os apóstolos deveriam prestar atenção no que ouviam e na forma como ouviam. Deviam dar ouvidos ao ensino de seu Mestre, de modo a comunicá-lo. De outro modo não receberiam mais:

> Com a medida com que tiverdes medido vos medirão também, e ainda se vos acrescentará.
>
> Marcos 4:24

A DISCIPLINA DO ESTUDO CRISTÃO

Se o Espírito Santo é o nosso primeiro e mais importante mestre, há certo sentido em que devamos, dentro mesmo de nossa dependência do Espírito Santo, ensinar também a nós mesmos. Quer dizer, no processo divino de educação não somos inteiramente passivos: é esperado de nós que utilizemos nossa razão de maneira responsável. Pois na leitura da Escritura a iluminação divina não substitui o empenho humano. Tampouco, é a humildade na busca de luz da parte de Deus incompatível com a mais disciplinada aplicação no estudo.

A própria Escritura dá grande ênfase ao consciencioso uso cristão da mente, não, é claro, a fim de julgar a Palavra de Deus, mas antes para submeter-se a ela, lutar com ela, compreendê-la e relacioná-la ao cenário contemporâneo. De fato, há freqüentes críticas na Escritura ao fato de ficarmos esquecendo nossa racionalidade básica de seres humanos feitos à imagem de Deus e nos comportarmos "como o cavalo ou a mula, sem entendimento" (Sl 32:9).

Pois Jesus repreende a falta de entendimento dos apóstolos e o insucesso deles em fazer uso do senso comum (p. ex., Mc 8:17-21). Ele repreendeu as multidões de forma similar:

> E por que não julgais também por vós mesmos o que é justo?
>
> Lucas 12:57

Esse mandamento, "julguem por vocês mesmos", é proeminente em especial na primeira epístola de Paulo aos coríntios. Aqui está uma igreja que alardeava grande sabedoria, mas fracassava em exibi-la. Vez após outra Paulo pergunta incredulamente: "não sabeis...?" (1Co 3:16; 5:6; 6:2,3,9,15,16,19) e introduz sua instrução apostólica com fórmulas como: "não quero que ignoreis" (p. ex., 1Co 10:1; 12:1). Ele deixa claro que, se a pessoa natural ou não-regenerada é incapaz de compreender a verdade de Deus, a pessoa espiritual ou regenerada "julga todas as coisas". Quer dizer, o que a pessoa natural não é capaz de discernir a pessoa espiritual pode e discerne, porque ela é habitada e governada pelo Espírito Santo e tem assim "a mente de Cristo" (1Co 2:14-16).

Essa convicção leva Paulo, na mesma epístola aos coríntios, a apelar para a razão de seus leitores. Ele escreve:

> Falo como a criteriosos; julgai vós mesmos o que digo.
>
> 1Coríntios 10:15

Em outras cartas do Novo Testamento, exortações similares aparecem. Os cristãos devem "testar os espíritos" (isto é, mestres humanos que alegam inspiração divina) e devem de fato testar tudo o que ouvem (1Jo 4:1). Igualmente, quando diante de decisões éticas difíceis, devem dedicar suas mentes ao problema, até que "cada um tenha opinião bem-definida em sua própria mente" (Rm 14:5). É marca da maturidade cristã ter nossas faculdades exercitadas "pela prática (...) para discernir não somente o bem, mas também o mal" (Hb 5:14).

Devemos, portanto, levar a sério essa prescrição bíblica de colocar em uso nossas faculdades racionais e críticas. Não devemos enxergar a oração e o uso da razão como meios opostos e alternativos para nossa compreensão da Escritura: devemos combiná-los. Daniel no Antigo Testamento e Paulo no Novo são dois bons exemplos desse equilíbrio:

> Não temas, Daniel, porque, desde o primeiro dia em que aplicaste o coração a compreender e a humilhar-te perante o teu Deus, foram ouvidas as tuas palavras.
>
> Daniel 10:12

> Pondera o que acabo de dizer, porque o Senhor te dará compreensão em todas as coisas.
>
> 2Timóteo 2:7

Não basta nos humilharmos diante de Deus e esperar dele compreensão; devemos também dedicar nossa mente a compreender a Escritura e ponderar sobre o que está escrito nela. Como diz Charles Simeon:

> Tendo em vista a obtenção de conhecimento divino, somos instruídos a combinar a dependência do Espírito de Deus com nossas próprias pesquisas. O que Deus uniu dessa forma, portanto, não tentemos separar.[4]

Algumas vezes nosso crescimento na compreensão é inibido por uma autoconfiança orgulhosa e distante da oração, mas outras vezes por pura preguiça e indisciplina. Aqueles que desejam crescer no conhecimento de Deus devem humilhar-se diante do Espírito da verdade e empenhar-se a uma vida inteira de estudo.

O ENSINO DA IGREJA

Nosso terceiro mestre é a Igreja. Até agora nosso retrato de como Deus ensina seu povo a partir de sua Palavra foi inteiramente individualista. E verdadeiro, pois é o propósito amoroso de Deus esclarecer, salvar, reformar e sustentar seu povo por sua Palavra à medida que ele a ouve e a lê por conta própria. Os reformadores ingleses do século XVI estavam muito certos em querer traduzir a Bíblia para o inglês popular e colocá-la nas mãos do povo comum. Pois eles estavam estarrecidos diante da disseminada ignorância da Escritura. Daí a famosa diatribe de William Tyndale contra um crítico do clero:

> Se Deus poupar-me a vida, antes da passagem de muitos anos farei com que um menino à frente de um arado saiba mais das Escrituras do que tu.[5]

Somos também obrigados a concordar com a insistência dos reformadores com o que eles denominavam “o direito de julgamento particular”, o direito de nascença de todo filho de Deus de ouvir a voz de seu Pai falando diretamente a ele por intermédio da Escritura. Isso eles reivindicaram contra a alegação da Igreja de Roma de que havia sido concedido a ela um "magisterium", ou autoridade doutrinária, de natureza única, motivo pelo qual apenas ela podia prover a verdadeira interpretação da Escritura.

Ao rejeitarmos, no entanto, qualquer tentativa de interpor a Igreja ou qualquer corpo doutrinário oficial entre Deus e seu povo, não devemos negar que a Igreja tem um lugar no plano de Deus de conceder a seu povo uma compreensão correta de sua Palavra. O estudo individual — humilde, em oração, diligente e obediente — por parte do cristão não é o único modo pelo qual o Espírito Santo deixa claro aquilo que revelou. Dificilmente seria humilde ignorar o que o Espírito pode ter mostrado a outros. O Espírito Santo é de fato nosso professor, mas ele também nos ensina indiretamente, por intermédio de outros, não apenas diretamente, em nossa própria mente. Não foi a um único homem que Deus revelou as verdades preservadas na Escritura, mas a um diversificado número de profetas e apóstolos; sua obra de iluminação é concedida também entre muitos. Não é meramente como indivíduos, mas "com todos os santos", que nos foi concedido poder para "compreender (...) qual é a largura, e o comprimento, e a altura, e a profundidade e conhecer o amor de Cristo, que excede todo entendimento" (Ef 3:18,19).

Um reconhecimento dessa verdade nos dará mais respeito pelo que chamamos habitualmente de "tradição", quer dizer, pela compreensão da verdade bíblica transmitida do passado ao presente. Embora a obra de inspiração bíblica do Espírito Santo tenha sido única, seu ministério de ensino não cessou quando morreu o último apóstolo. Ele mudou de revelação para iluminação. Gradual e progressivamente, ao longo dos séculos da história da Igreja, o Espírito da verdade capacitou-a a discernir, burilar e formular as grandes doutrinas da Escritura. Devemos muito aos assim chamados credos católicos (católicos porque foram aceitos por toda a Igreja) e às confissões da Reforma, bem como aos comentários bíblicos e tratados teológicos de estudiosos individuais.

Se não devemos desprezar a herança do passado, não devemos também desprezar os mestres da Igreja contemporânea. O ministério pastoral é um ministério de ensino, e "pastores e mestres" são dons que o Cristo que ascendeu ao céu derrama ainda sobre sua Igreja (Ef 4:11,12). Devemos estar dispostos a ouvir uns aos outros e aprender uns com os outros. O Espírito Santo pode iluminar-nos a mente por meio do estudo bíblico tanto em grupo como individual. O apóstolo Paulo visualizava de forma clara a instrução mútua na igreja local quando escreveu:

> Habite, ricamente, em vós a palavra de Cristo; instruí-vos e aconselhai-vos mutuamente em toda a sabedoria.
>
> Colossenses 3:16

Lucas fornece um exemplo notável do papel do mestre em Atos 8:26-39. Um ministro de Estado etíope, viajando de carruagem de Jerusalém para casa, estava lendo a profecia de Isaías. O evangelista Filipe perguntou a ele: "Compreendes o que vens lendo?" Diante do que ele respondeu: "Como poderei entender, se alguém não me explicar?" Assim Filipe sentou-se ao lado dele e explicou-lhe a Escritura. Calvino comenta:

> É por isso também que a Escritura dá fruto entre tão poucas pessoas hoje em dia, porque se encontra dificilmente um em cem que se submeta de bom grado ao ensino...
>
> Agora, se algum de nós tem falta de confiança em si mesmo, mas prova-se ensinável, anjos virão do céu para ensinar-nos antes que o Senhor permita que labutemos em vão. Todavia, seguindo o exemplo do eunuco (etíope), devemos fazer uso de todos os recursos que o Senhor coloca diante de nós para a compreensão da Escritura. Os fanáticos buscam a inspiração do céu e desprezam ao mesmo tempo o ministro de Deus, por cuja mão deveriam ter

> sido governados. Outros, confiando em sua própria e aguçada percepção, não se dignam a dar ouvidos a quem quer que seja ou a ler quaisquer comentários. Deus, porém, não deseja que os recursos que designou em nosso favor sejam desprezados, e não permite que nosso desdém por eles permaneça sem castigo. E devemos manter em mente aqui que não apenas a Escritura foi dada a nós, mas para nos auxiliar são-nos acrescentados intérpretes e mestres. É por isso que o Senhor escolheu Filipe para o eunuco, em vez de um anjo.[6]

Naturalmente nenhum mestre humano, quer do passado quer do presente, é infalível, e Cristo proibiu-nos de seguir cegamente qualquer mestre humano (Mt 23:8-10). Em última instância, Deus é nosso mestre e, em termos ideais, podemos todos ser descritos como "ensinados por Deus" (Is 54:13; Jo 6:45; 1Ts 4:9). De fato, em princípio, porque a palavra apostólica e a unção do Espírito foram concedidas a todos nós, "não precisamos de que ninguém nos ensine". O direito do julgamento particular não deve ser tirado de nós. Por vezes é até mesmo necessário que nós, por lealdade ao sentido claro da Escritura, discordemos de nossos professores na igreja e digamos (com humildade, espero):

> Compreendo mais do que todos os meus mestres, porque medito nos teus testemunhos.
>
> Salmos 119:99

Repito, no entanto, que Deus designou mestres para sua Igreja. É nosso dever cristão ouvi-los com respeito, humildade e zelo, e alimentarmo-nos da Palavra de Deus dos lábios deles quando eles a expõem fielmente, ao mesmo tempo que nós mesmos "examinamos as Escrituras todos os dias" para ver se o que eles dizem é verdade (At 17:11).

Nossos três mestres, portanto, que mencionei, são o Espírito Santo, nós mesmos e a igreja. É recebendo a iluminação do Espírito, usando a própria razão e ouvindo o ensino de outros na igreja que crescemos na compreensão da Escritura. Tenho receio de não ser bem compreendido. Eu enfaticamente não estou dizendo que a Escritura, a razão e a tradição são uma autoridade tripartite de igual importância em nossa compreensão da verdade de Deus. Não. Apenas a Escritura é a Palavra de Deus escrita, e o Espírito Santo o intérprete supremo. O lugar da razão individual e da tradição da igreja jaz na elucidação e na aplicação da Escritura. Ambas estão, porém, subordinadas ao próprio Deus enquanto ele fala conosco por intermédio de sua Palavra.

Voltamo-nos agora dos três mestres que nos instruem para os três princípios que nos conduzem em nossa interpretação da Escritura. Nossos críticos dizem com freqüência, especialmente aqueles que conhecem a alta estima em que temos a Escritura, que "pode-se fazer a Bíblia dizer qualquer coisa que você queira". Eles estão provavelmente pensando em cultos não-cristãos ou semicristãos que buscam apoio para suas opiniões particulares pela seleção e interpretação arbitrárias de textos corroborativos. No entanto, o próprio Novo Testamento condena aqueles que "adulteram a palavra de Deus" e distorcem-na de modo a encaixar-se em seus propósitos (2Co 4:2; 2Pe 3:16). Àqueles que nos acusam disso, sempre respondo: "Você está certo. Pode-se fazer a Bíblia dizer qualquer coisa que você queira — se você for inescrupuloso o bastante. Mas se você for escrupulosamente honesto em sua abordagem da Bíblia e em seu uso dos princípios legítimos de interpretação, longe de ser capaz de manipular a Escritura, você vai descobrir a Escritura controlando e dirigindo você". Quais são, portanto, esses princípios legítimos de interpretação?

O SENTIDO NATURAL

Devemos, em primeiro lugar, buscar o sentido *natural* do texto bíblico. Denominarei esse princípio: princípio da simplicidade.

Uma de nossas convicções cristãs básicas é de que "Deus é luz, e não há nele treva nenhuma" (1Jo 1:5). Quer dizer, é tão natural para Deus revelar a si mesmo quanto é natural para a luz brilhar. Ora, Deus revela-se principalmente falando. Podemos estar inteiramente certos, portanto, de que ele falou a fim de ser compreendido, e que tencionava que a Escritura (o registro do discurso divino) ficasse clara para seus leitores. Pois o propósito da revelação como um todo é esclarecimento, e não confusão — uma mensagem prontamente compreensível, não um conjunto de obscuras charadas.

Esse princípio da simplicidade golpeia na raiz grande parte da interpretação popular. Por exemplo, as críticas destrutivas de cristãos radicais limitaria a verdade a uma minúscula minoria de estudiosos que alegam ter competência para filtrar o joio do trigo na Escritura, enquanto as extravagantes reconstruções de alguns cristãos evangélicos transformam a Escritura num complicado quebra-cabeça para o qual apenas eles possuem a resposta. Em direta oposição a essas distorções, devemos reafirmar que o propósito maior de Deus ao falar e ao fazer com que seu discurso fosse preservado é que ele queria comunicar-se com pessoas comuns e salvá-las.

É verdade que em algumas questões a Escritura não é tão clara como em outras. Isso fica evidente pelo fato de que, embora estudantes devotos e diligentes da Bíblia, profundamente empenhados em submeter-se à sua autoridade, demonstrem ampla medida de concordância nos grandes pontos fundamentais do cristianismo histórico, eles ainda assim discordam em alguns pontos. Pode-se pensar, por exemplo, em questões como essa: se o batismo deveria ser administrado apenas a cristãos adultos ou também a crianças que sejam filhos de pais cristãos, e se os candidatos deveriam ser imersos na água ou ter água derramada sobre eles; se nossa doutrina da igreja deveria ser "independente" (cada igreja local permanecendo autônoma) ou "associacional" (igrejas locais confederadas de alguma forma); se o ministério da igreja deveria ser episcopal ou presbiterial, ou mesmo se a congregação local deveria ter qualquer supervisão pastoral não-profissional; se milagres (por exemplo, a cura instantânea de doenças orgânicas sem o uso de meios médicos) deveriam ser esperados na Igreja contemporânea com freqüência, ocasionalmente ou nunca; e se o "milênio" (o reinado de Cristo por mil anos) deve ser compreendido literalmente, como um evento terreno futuro, ou simbolicamente, representando uma realidade espiritual.

Quando cristãos igualmente bíblicos discordam em questões dessa natureza, o que devemos fazer? Deveríamos ser humildes o bastante para reexaminá-las à luz dos princípios legítimos de interpretação. E deveríamos ser maduros o bastante para discuti-las uns com os outros sem nenhum rancor. Se depois ainda discordarmos, devemos considerar esses pontos controversos como de importância secundária e respeitar uns aos outros com amor e tolerância cristãos mútuos. Deveríamos também nos regozijar de que em todas as doutrinas centrais da fé permanecemos de acordo, pois quanto a elas a Escritura exprime-se claramente, de forma quase auto-interpretadora.

Deus escolheu a linguagem humana como veículo de sua auto-revelação. Como resultado, embora a Escritura seja distinta de todos os outros livros por ser a Palavra de Deus, é também como todos os outros livros por ser as palavras de seres humanos. Visto que ela é única por ser divina, devemos estudá-la como a nenhum outro livro, orando ao Espírito Santo por iluminação. Visto que ela é também comum no que tem de humana, devemos estudá-la como qualquer outro livro, prestando atenção a regras usuais de vocabulário, gramática e sintaxe. Pois se (como vimos no capítulo anterior) Deus não violentou os agentes de sua revelação (seres humanos), ele não violou também seu instrumento (a linguagem humana).

Conclui-se que nenhum leitor sério da Bíblia pode evadir a disciplina do estudo lingüístico. O melhor de tudo (especialmente para os professores autorizados da Igreja) seria um conhecimento das línguas originais, o hebraico e o grego. A maior parte, porém, irá lê-la em português, e para esses uma versão fiel é essencial. Embora paráfrases populares sejam de ajuda adicional, não há substituto para uma tradução cuidadosa e erudita como a versão Revista e Atualizada da Bíblia de João Ferreira de Almeida, cujo texto tem sido citado ao longo deste livro, ou a Nova Versão Internacional. Uma concordância analítica é também uma ferramenta extremamente valiosa, pois ela não apenas agrupa as palavras bíblicas de acordo com o texto em português, mas também se subdivide nas palavras hebraicas e gregas originais, dando seu significado.

Ao lermos as palavras e frases do texto bíblico, devemos antes de tudo buscar seu significado óbvio e natural. No livro-padrão de interpretação de atestados e documentos jurídicos, de sir Charles Odgers, sua terceira regra é: "as palavras devem ser tomadas em seu sentido literal". A não ser que o assunto evidencie o contrário, escreve ele, "o significado comum e mais evidente das palavras utilizadas deve ser adotado na construção de um documento".[7]

Infelizmente, a extravagante alegorização da Escritura tem com freqüência colocado em descrédito a leitura bíblica séria. Entregavam-se já a ela os comentaristas judaicos antes de Cristo, dos quais Filo de Alexandria era o exemplo mais notório. Não é surpreendente que alguns comentaristas cristãos no período pós-apostólico tenham tentado sua sorte nesse jogo. A assim chamada *Epístola de Barnabé*, por exemplo, livro apócrifo do século II d.C. (provavelmente), contém algumas alegorizações ultrajantes. Em uma passagem o autor menciona a regra mosaica de que os judeus podiam comer todo animal cujo casco se divide em dois e rumina, e explica-a da seguinte forma:

> Agrega-te aos que temem a Deus (...) àqueles que sabem que a meditação é obra de alegria e ruminam a palavra do Senhor. Mas por que àqueles cujo casco divide-se em dois? Porque o homem reto caminha neste mundo ao mesmo tempo que busca o mundo vindouro de santidade.[8]

Ora, certamente que "ruminar" a Palavra de Deus é uma expressão muito sugestiva para a meditação bíblica, e também que o cristão é cidadão de dois mundos. Mas é igualmente certo que não é isso que Moisés tinha em mente quando escreveu sobre animais ruminantes de casco fendido.

A escola alegórica de interpretação foi promovida ainda mais por Orígene de Alexandria, no século IV, e pelo clero medieval. Os reformadores merecem o crédito por terem resgatado a Escritura desse tipo de tratamento arbitrário, insistindo que devemos preferir sempre o simples e o direto às sutilezas. João Calvino colocou-o de forma admirável:

> Saibamos, portanto, que o verdadeiro significado da Escritura é o sentido óbvio e natural, e abracemo-lo e agarremo-nos a ele resolutamente. Não apenas coloquemos de lado como duvidosas, mas rejeitemos ousadamente as mortais corrupções, aquelas supostas exposições que nos afastam do sentido natural.[9]

Buscar o sentido natural da Escritura não é necessariamente buscar o sentido literal — pois por vezes o sentido natural é o figurado, e não o literal. O próprio Jesus teve de repreender alguns de seus ouvintes por seu literalismo excessivo. Nicodemos entendeu tão errado sua referência ao segundo nascimento que perguntou incredulamente se podemos reentrar no útero de nossa mãe e nascer. A mulher samaritana parece ter suposto que a água viva e saciadora que ele lhe oferecia podia ser retirada do poço de Jacó. E, mais tarde, quando Jesus afirmou que poderia satisfazer a fome das pessoas oferecendo-se a elas como pão vivo, elas se perguntaram: "Como pode este dar-nos a comer a sua própria carne?" (Jo 3:3; 4:10-15; 6:51,52). Esses exemplos deveriam bastar para advertir-nos contra um literalismo rígido e sem vida. Deveria ter ficado óbvio que Jesus estava usando figuras de linguagem.

Sua forma favorita de instrução era a parábola, embora ele ocasionalmente fizesse uso da alegoria. A diferença entre elas é que numa alegoria a semelhança é traçada em diversos pontos, enquanto a parábola é uma história do cotidiano contada para ilustrar uma lição principal, sendo que a riqueza de detalhes é acrescentada não para ensinar lições subsidiárias, mas tendo em vista o efeito dramático. Exemplos de alegoria são a do bom pastor em João 10, a da videira e dos ramos em João 15 e a do semeador em Marcos 4. Um exemplo de parábola é a do bom samaritano (Lc 10:29-37). Jesus contou-a como resposta à pergunta: "Quem é o meu próximo?", e ensinou que o verdadeiro amor ao próximo transcende as barreiras de raça e religião. Não é legítimo tentar extrair mais dos detalhes — sugerir, por exemplo, que a hospedaria representa a igreja e os dois denários dados ao hospedeiro são dois sacramentos. Fazer isso seria transformar uma óbvia parábola numa alegoria e provocar perguntas a respeito do que representam os salteadores, o óleo, o vinho e o jumento.

A Escritura é muito rica em linguagem metafórica, e em cada metáfora é necessário perguntar em que momento a analogia está sendo traçada. Devemos evitar argumentar a partir da analogia, isto é, estender a correspondência além dos limites estabelecidos pela Escritura. Dessa forma, Deus é nosso Pai e somos seus filhos. Como nosso Pai ele nos gerou, nos ama e cuida de nós. Como seus filhos dependemos dele e devemos amá-lo e lhe obedecer. Não temos, no entanto, liberdade para argumentar que, já que Deus é nosso Pai celeste, devemos também ter uma mãe celeste, com base no fato de que filho algum pode ter pai sem ter uma mãe. Tampouco podemos argumentar que, por sermos chamados de "filhos", podemos evitar a responsabilidade da conduta e do pensamento de adultos — pois a mesma Escritura que recomenda que tenhamos a humildade de uma criancinha condena também em nós a imaturidade de uma criança.

Se parte da Escritura é literal e parte figurada, como saber qual é qual? A resposta fundamental é que devemos buscar o sentido natural. O bom senso normalmente nos guiará. Em particular, convém nos perguntarmos qual é a intenção do autor ou de quem está falando. Vejamos dois exemplos.

Primeiro, com freqüência se diz que os autores do Antigo Testamento concebiam o universo como um edifício de "três andares", sendo que a terra era a habitação do homem, tendo sobre si o céu como um grande toldo perfurado por cujos buracos espiavam as estrelas, e o *sheol* (a morada dos mortos) por baixo; que eles criam nisso num sentido literal e espacial; e que quando chovia, por exemplo, Deus literalmente "abria as portas do céu". Não nego, naturalmente, que é esse o tipo de linguagem que eles utilizavam, mas tenho sérias dúvidas quanto a se eles acreditavam nisso literalmente ou se queriam que seus leitores os entendessem literalmente. Vejamos o salmo 75. No versículo 3 Deus é representado como dizendo que, quando "vacila a terra", é ele que mantém firmes suas colunas. Será que o salmista achava que a Terra estava literalmente equilibrada em estacas? Creio que não. No versículo seguinte, Deus ordena aos ímpios que "não levantem a sua força" (literalmente *os seus chifres*, símbolo de prosperidade e de sucesso), e no versículo 10 está escrito que "abaterei as forças [os chifres] dos ímpios, enquanto no versículo 8 lemos que há na mão de Deus "um cálice cujo vinho espuma" (símbolo de sua ira). É inteiramente desnecessário insistir que o autor pensava que a Terra estava assentada de fato em pilares, a não ser que estejamos igualmente preparados para insistir que ele achava que os ímpios possuíam de fato chifres (que serão um dia cortados) e que Deus traz de fato nas mãos um copo de vinho espumante que ele um dia derramará sobre todos os ímpios da Terra.

Meu outro exemplo é tirado de uma forma especial de literatura bíblica chamada "apocalíptica", que afirma expor verdades ocultas tanto da realidade presente quanto da história futura, normalmente por meio de uma série de imagens bizarras e maravilhosas. O Livro de Apocalipse é um apocalipse cristão. Nele se diz que o povo redimido de Deus, reunido ao redor de seu trono, traja túnicas brancas que eles "lavaram (...) e alvejaram no sangue do Cordeiro" (Ap 7:14). Tomada literalmente, essa imagem seria um tanto repulsiva. Seria também impossível, visto que túnicas lavadas em sangue de cordeiro não sairiam brancas. Não. O autor claramente planejou a expressão como um símbolo a ser interpretado, não como uma imagem a ser visualizada. Devemos entender que a retidão do povo de Deus (suas "vestiduras brancas") deve-se inteiramente à morte de Cristo ("o sangue do Cordeiro"), em quem eles colocaram sua confiança ("lavaram as suas vestiduras"). Assim, nesse caso também, o sentido "natural" é o figurado, não o literal.

O SENTIDO ORIGINAL

Devemos, em segundo lugar, buscar o sentido *original* da Escritura. Esse é o princípio histórico.

Vimos em capítulos anteriores que Deus escolheu revelar-se em contextos históricos precisos. Embora essa auto-revelação seja endereçada a cada pessoa de cada época e de cada país, cada porção dela foi endereçada em primeira instância a um povo específico, numa época específica, num país específico. A mensagem permanente e universal da Escritura só pode, portanto, ser compreendida à luz das circunstâncias em que foi originalmente transmitida. Induziria evidentemente ao erro fazer uma leitura da Escritura com as noções de uma época posterior. Nesse sentido Charles Simeon escreveu sobre os ideais de seu ministério de pregação:

> Meu propósito é *extrair da Escritura o que está nela, e não forçar nela o que penso pode estar ali. Tenho um enorme zelo em minha cabeça:* jamais falar mais ou menos do que aquilo que creio ser a intenção do Espírito na passagem que estou expondo.[10]

Assim, à medida que lemos a Bíblia, devemos nos perguntar: O que o autor pretendia comunicar com isso? Qual é a substância da afirmação? O que os ouvintes originais teriam entendido do que ele estava querendo dizer? Essa investigação recebe comumente o nome de método "gramático-histórico" de interpretação. Gresham Machen descreve-o bem:

> O método histórico-científico de interpretação da Bíblia requer que se permita que os autores bíblicos falem por si. Cerca de uma geração atrás o método científico foi elevado à categoria de princípio, e honrado com um comprido título: "exegese gramático-histórica". Sua noção fundamental era que o estudante contemporâneo deveria ser capaz de distinguir claramente entre o que ele mesmo teria dito (ou o que ele gostaria que o autor bíblico tivesse dito) e aquilo que o autor de fato disse.[11]

Ao tentarmos nos transportar à mente e à época do autor e ouvir suas palavras como se estivéssemos entre seus primeiros ouvintes, devemos considerar sobretudo a situação, o estilo e a linguagem em que ele escreveu.

Primeiro a situação. A devida função da crítica literária e histórica é reconstruir o cenário do livro bíblico em questão. Quem o escreveu e para quem? Sob que circunstâncias? Por qual motivo? Torrentes de luz derramam-se sobre os profetas do Antigo Testamento, por exemplo, se somos capazes de localizá-los dentro da história de Israel. O mesmo é verdadeiro em relação às epístolas do Novo Testamento e à história da Igreja primitiva narrada em Atos por Lucas, especialmente as viagens de Paulo. A carta de Paulo aos filipenses, por exemplo, torna-se um documento muito mais humano se pudermos, de um lado, visualizar o autor em prisão domiciliar em Roma (ou possivelmente Éfeso) e, de outro, Lídia, o carcereiro e a jovem escrava (cujas conversões são narradas em At 16) entre seus primeiros leitores.

Uma consideração cuidadosa do pano de fundo histórico das cartas de Paulo e de Tiago teria poupado Lutero de considerá-las contraditórias e de rejeitar a carta de Tiago como "palha". É verdade que Paulo declarou o pecador "justificado pela fé, independentemente das obras da lei", e deu Abraão como exemplo (Rm 3:28; 4:1-3), ao passo que Tiago declarou o pecador "justificado por obras e não por fé somente" (Tg 2:21-24). Suas posições não são, no entanto, irreconciliáveis. Paulo estava investindo contra legalistas que acreditavam em salvação pelas obras, Tiago contra religionistas que criam na salvação pela ortodoxia. Ambos criam que a salvação era fé e que a fé salvífica se manifestaria em boas obras. Era natural em suas circunstâncias particulares, no entanto, que Paulo enfatizasse a fé que emite obras e Tiago as obras que brotam da fé.

Em segundo lugar, o estilo. É importante observar o gênero literário de cada livro da Bíblia. Trata-se de prosa ou poesia, narrativa histórica ou literatura de sabedoria? Trata-se de lei, profecia, salmo ou apocalipse? Trata-se de um drama, de uma carta ou de um gênero distintamente cristão chamado "evangelho", uma coleção das palavras e atos de Jesus que dão testemunho dele? A forma como interpretamos o que estamos lendo e, não menos importante, se devemos tomá-lo literal ou figuradamente, dependerá em grande parte de sua forma literária e estilo.

Em terceiro lugar, a linguagem. A linguagem humana é viva e em constante transformação. O significado das palavras se altera de um século para o outro e de uma cultura para a outra. Não podemos ler a palavra "amor" na Escritura e supor imediatamente que sabemos o que ela quer dizer. Quatro diferentes palavras gregas são utilizadas no Novo Testamento, todas traduzidas como "amor" em português. Cada uma tem, no entanto, um significado distinto, e apenas uma expressa o que os cristãos querem dizer com "amor", sentido que está em pólo oposto ao uso erótico da palavra nas luzidias revistas de hoje em dia.

Por muitos séculos os estudiosos foram incapazes de reconhecer o estilo do grego em que o Novo Testamento foi escrito. Não era nem o grego clássico nem o grego contemporâneo. Alguns pensavam que ele havia sido desenvolvido especialmente para esse propósito. Eles até mesmo o chamavam de "a linguagem do Espírito Santo". Todavia, perto do final do último século, nas áridas areias do Egito, os arqueólogos começaram a descobrir grandes quantidades de rolos de papiros antigos. Tratava-se em sua maior parte de documentos seculares e não-literários. Muitos tinham vindo das cestas de lixo das repartições de registros públicos, cujo conteúdo havia sido despejado no monte de lixo local. E descobriu-se que o grego desses documentos (o *koiné*, linguagem comum do dia-a-dia) correspondia em grande parte àquele do Novo Testamento. Dessa forma, o significado das palavras gregas do Novo Testamento tem de ser buscado contra o pano de fundo não apenas do grego clássico e do pensamento hebraico, mas também da linguagem secular da época. Apresentarei apenas um exemplo.

Em suas duas cartas aos tessalonicenses, Paulo refere-se diversas vezes àqueles que ele descreve como *ataktos*. Em grego clássico a palavra era comumente usada para soldados que desrespeitavam os escalões hierárquicos, para um exército em desordem. Assim, a versão de João Ferreira de Almeida traduz a palavra como "desordeiros" (ou "insubmissos"), e supunha-se que havia na igreja de Tessalônica um grupo que era de alguma forma indisciplinado. Mas entre os papiros foram encontrados três ou quatro contratos de aprendiz contendo uma cláusula que dizia que, se o rapaz deixasse de comparecer ou excedesse seu tempo de folga anual, deveria compensar o tempo perdido. E a palavra para deixar de comparecer ao trabalho é *ataktos*, ou, mais precisamente, o verbo correspondente. Por causa disso, a Nova Versão Internacional não traz "desordeiros", mas "ociosos". Parece provável que alguns cristãos de Tessalônica, crendo que a volta do Senhor era iminente, estavam deixando de comparecer ao trabalho. É a esses cristãos ociosos que Paulo ordena cuidarem de seus próprios negócios e ganharem seu próprio sustento com as próprias mãos, acrescentando que quem não trabalha também não deve comer (1Ts 4:11; 5:14; 2Ts 3:6-12).

Além da situação, do estilo e da linguagem, há a questão vital da cultura. Como a revelação de Deus foi concedida em situações históricas e geográficas particulares, isso significa que ela tinha também um cenário cultural. Os costumes sociais que formam o pano de fundo de parte da instrução bíblica são completamente estranhos àqueles dos nossos dias. Devemos então rejeitar o ensino porque é culturalmente ultrapassado? Ou devemos ir ao outro extremo e tentar empregar tanto o ensino quanto seu pano de fundo com a mesma e permanente validade?

Nenhuma dessas alternativas parece representar o modo certo de se escapar do dilema. O terceiro e melhor modo é aceitar a instrução bíblica como tendo validade permanente em si mesma, mas traduzi-la em termos culturais contemporâneos. Assim, Jesus ordenou que seus discípulos lavassem os pés uns dos outros como marca do amor mútuo que se humilha para servir (Jo 13:12-17), e os apóstolos Paulo e Pedro ordenaram a seus leitores que, quando se reunissem, saudassem uns aos outros com um beijo santo ou um beijo de amor (Rm 16:16; 2Co 13:12; 1Ts 5:26; 1Pe 5:14). Não temos liberdade de repudiar esses mandamentos. Todavia, tampouco devemos dar a eles uma obediência literal subserviente. Pois hoje em dia (pelo menos não no Ocidente) não caminhamos de sandálias por ruas empoeiradas, e não precisamos, portanto, ter nossos pés lavados. Também não é comum (pelo menos não no Hemisfério Norte) sair beijando todo mundo em público. Não obstante, podemos e devemos obedecer à ordem de Cristo por meio de manifestações exteriores de humilde serviço e obedecer ao mandamento dos apóstolos por um "generalizado aperto de mão", como J. B. Phillips brilhantemente parafraseia o beijo da paz.

Um exemplo mais difícil da tensão entre o permanentemente válido e o culturalmente ultrapassado diz respeito ao *status*, ao comportamento e ao modo de vestir da mulher. Devemos reter todos os requisitos bíblicos ou — em deferência a muitas vozes do movimento feminista — abandonar a coisa toda? Parece haver, novamente, uma alternativa intermediária mais sábia. Considere a questão do uso de véu pelas mulheres, ao qual Paulo devota metade de um capítulo em 1Coríntios 11. Ele insiste que é coisa desonrosa, até mesmo deplorável, para uma mulher orar ou profetizar em público com a cabeça descoberta. Ele apela para a razão, a natureza, o costume eclesiástico e a própria autoridade apostólica em apoio a seu ensino. O que devemos concluir disso?

Talvez a reação mais comum e mais superficial seja supor que o requisito do apóstolo é satisfeito se as mulheres usarem chapéu na igreja. Mas véus orientais e chapéus ocidentais são inteiramente diferentes — tanto teológica quanto culturalmente. Uma das declarações cruciais da argumentação de Paulo aparece no versículo 10, em que, ao mencionar o dever da mulher de "trazer véu na cabeça", ele escreve que ela deve na verdade trazer "sinal de autoridade" sobre a cabeça. É este o ponto. Naquela época, o véu que a mulher usava era símbolo da autoridade do marido sobre ela. Um chapéu feminino não apenas não tem o mesmo significado hoje em dia, mas algumas tendências de moda modernas parecem simbolizar o exato oposto: liberação, não submissão. O que é permanentemente válido no ensino de Paulo é a condição de "cabeça" do marido, pois ele a fundamenta em verdades teológicas imutáveis que dizem respeito à criação. O que é culturalmente ultrapassado é o véu. Devemos encontrar outros costumes sociais que expressem a submissão da mulher ao marido.

Devemos, além disso, ser muito cuidadosos ao interpretar o significado da "autoridade" do marido. A palavra não é de modo algum sinônimo de autoritarismo. Também não pode ser interpretado como expressando qualquer "superioridade" do homem ou "inferioridade" da mulher. Pois — séculos adiante de seu tempo — Paulo anunciou que em Cristo "não pode haver (...) nem homem nem mulher" (Gl 3:28). Ele também extraiu uma profunda analogia entre o relacionamento de marido e mulher no casamento e o relacionamento entre o Pai e o Filho na Divindade (1Co 11:3). Isso indica que a condição de "cabeça" do marido sobre a mulher não é incompatível com a igualdade entre eles, não mais do que a condição de "cabeça" do Pai sobre Cristo. Talvez a autoridade do marido deva ser compreendida mais em termos de responsabilidade, a responsabilidade por um cuidado amoroso, do que de autocracia (Ef 5:21-33).

É essencial reconhecer que o propósito da "transposição cultural" (a prática de transpor o ensino da Escritura de uma cultura para a outra) não é evadir a obediência, mas, ao contrário, assegurá-la, tornando-a contemporânea.

Se tenho até agora me concentrado na "exegese", isto é, em como elucidar o sentido original de cada texto bíblico, é apenas porque esse é requisito indispensável para a elaboração da pergunta seguinte: o que o texto tem a dizer hoje, em nossa geração e nossa cultura, ou (ainda melhor) o que Deus está dizendo por meio dele? O grande mérito da assim chamada "nova hermenêutica" é que é aqui que ela coloca sua ênfase. Veja bem, ela por vezes vai longe demais. Seus proponentes mais extremos afirmam que o *único* sentido de um texto é aquilo que ele significa *para mim*. Isso é absurdo. Um texto não pode com nenhuma legitimidade possível significar para mim algo substancialmente diferente do que significava para seu autor e leitores originais. Alegar que pode é afundar nas areias movediças da subjetividade. Além disso, toda flor arrancada de suas raízes murcha e morre. Existe, no entanto, o perigo oposto de esquadrinhar-se um texto "do ponto de vista deles", como se ele não tivesse nada a dizer para nós hoje em dia. Isso é incorrer em objetividade irresponsável. O terceiro modo, o correto, é combinar o histórico e o contemporâneo, relacionando o passado ao presente. Preocupar-se apenas com o texto antigo e ignorar sua aplicação moderna é antiquarianismo; buscar uma mensagem viva sem antes lutar com o sentido original é existencialismo. Significado e mensagem devem ser mantidos juntos. Além disso, ao avançar do significado para a mensagem, devemos estar prontos para deixar que o texto penetre nossas defesas, desafie nossas pressuposições, perturbe nossa complacência e julgue nossas concessões. De outro modo, se nos aproximarmos da Escritura já com uma idéia preconcebida, é provável que tudo o que ouviremos nela sejam os ecos tranqüilizadores de nosso próprio preconceito cultural.

O SENTIDO GERAL

Em terceiro lugar, devemos buscar o sentido *geral* da Escritura. Esse é o princípio da harmonia.

Do ponto de vista humano, a Bíblia é um simpósio com uma ampla faixa de contribuições. Do ponto de vista divino, entretanto, a Bíblia emana de uma única mente. É a Palavra de Deus expressando a mente de Deus, e possui dessa forma uma unidade orgânica. Devemos por essa razão abordar a Escritura com a dupla confiança de que Deus falou e que, ao falar, não se contradisse.

Sir Charles Odgers, no livro mencionado anteriormente, dá como sua sétima regra da interpretação de documentos jurídicos: "o documento deve ser interpretado como um todo". Ele prossegue:

> O documento deve ser lido e interpretado como um todo a fim de extrair-se o significado de qualquer expressão particular (...) Cada parte do documento deve ser comparada com a outra e um único sentido integral extraído dessa forma (...) Cada porção poderá ser trazida à tona a fim de compor-se a partir do todo um sentido uniforme e consistente, se for exeqüível (...) As palavras de cada cláusula devem ser interpretadas de modo a harmonizá-las com as outras provisões do documento, desde que essa interpretação não violente o significado a que são naturalmente suscetíveis.[12]

O que é válido para documentos jurídicos é válido para o texto bíblico: devemos tentar resolver aparentes discrepâncias e interpretar a Escritura como um único todo harmonioso. Isso nos levará a interpretar a Escritura por intermédio da Escritura, de forma especial aquilo que é obscuro a partir do que é claro, e nunca fazê-lo de modo a "explanar uma passagem da Escritura de modo a fazê-la repugnante a outra".[13]

Foi esse o argumento de John Knox diante de Mary, rainha da Escócia. Em 1561, em uma discussão particular com ela em Edimburgo, Knox afirmou que a Igreja de Roma (que ela disse que defenderia como a verdadeira Igreja de Deus) havia aberto mão da pureza da religião ensinada pelos apóstolos. A própria rainha, ele acrescentou, possuía pouco conhecimento legítimo, visto que não tinha outros professores senão os permitidos pelo Papa e seus cardeais. Ao que a rainha disse:

> Interpretais as Escrituras de certa maneira, eles de outra; em quem devo crer, e quem deverá julgar?

John Knox respondeu:

> Crede em Deus, que fala claramente em sua Palavra; e além do que a Palavra vos ensinar, não deverás crer nem a um nem a outro. A Palavra de Deus é clara por si mesma; se em certa passagem parece haver obscuridade, o Espírito Santo, que nunca contraria a si mesmo, explica-o mais claramente em outras passagens.[14]

Podemos, portanto, dizer que o texto da Escritura tem um contexto duplo: histórico e escritural. Seu contexto na história é a situação em que foi escrito. Seu contexto na Escritura é o lugar onde se encontra. Assim, cada texto deve ser compreendido tanto a partir de seu pano de fundo histórico quanto escritural. Esses são, respectivamente, o segundo e o terceiro princípios de interpretação, os princípios histórico e da harmonia.

Além disso, o contexto escritural de cada texto é tanto imediato (o parágrafo, capítulo e livro no qual está inserido) quanto distante (a revelação bíblica como um todo).

O contexto imediato é o mais óbvio. Retirar um texto de seu contexto é gafe indesculpável, e contam-se muitas horrendas histórias de pregadores que o fizeram. Em sua instrução sobre a responsabilidade da Igreja em disciplinar um ofensor impenitente, Jesus disse: "se ele se recusar a ouvir a igreja, que seja considerado por vós como gentio" — isto é, seja excluído da comunidade (Mt 18:17). Durante o movimento tractariano, que buscava restaurar a autoridade "católica" da Igreja Anglicana, seus seguidores pregavam com tanta freqüência sobre as três palavras deste versículo, "ouvir a igreja", que levaram o arcebispo Whately a retorquir com um sermão baseado numa versão igualmente truncada do texto: "se ele se recusar a ouvir a igreja, que seja"!

Talvez esse tipo de trapaça, que explora certa combinação de palavras sem nenhum respeito a seu verdadeiro significado contextual, seja escandaloso a ponto de ser comparativamente raro. Ainda assim me incomodou bastante quando o Concílio Mundial de Igrejas (que deveria saber evitar esse tipo de coisa) tomou como texto áureo para sua Quarta Assembléia em Upsala, em 1967, as grandiosas palavras de Deus em Apocalipse 21:5: "Eis que faço novas todas as coisas". Pois essa frase aplica-se ao que Deus fará no final, quando fizer um novo céu e uma nova terra. O CMI, porém, sem nenhuma justificativa concebível, aplicou-o aos movimentos de revolução política e social da década de 1960.

De certo modo, é ainda mais importante que aprendamos a ver a Bíblia como um todo, e ler cada texto à luz de todos. Permita-me dar alguns exemplos do que quero dizer.

Prometi no Capítulo 3 que diria alguma coisa sobre os primeiros capítulos de Gênesis. Talvez esses capítulos sejam especialmente suscetíveis a uma compreensão errônea quando tomados isoladamente do restante da Escritura. Minha posição pessoal é aceitar a historicidade de Adão e Eva, porém permanecer agnóstico quanto a alguns detalhes da história, como a natureza da árvore da vida e da serpente. Fazê-lo não é ser arbitrário nem inconsistente, pois tenho razões bíblicas para ambos. Que Adão e Eva foram pessoas de fato fica claro por Romanos 5:12-21, onde Paulo traça um contraste deliberado entre a desobediência de Adão, pela qual o pecado e a morte entraram no mundo, e a obediência de Cristo, que possibilitou a salvação e a vida. A analogia não teria sentido se o ato de desobediência de Adão não fosse um evento tão histórico quanto a obediência de Cristo. Quanto, porém, à serpente e à árvore da vida, ambas reaparecem no Livro de Apocalipse, onde são claramente simbólicas, a serpente representando Satanás e a árvore a vida eterna. Dessa forma, tenho razões bíblicas (e neotestamentárias) para crer que Adão e Eva são personagens históricos, e motivos igualmente *bíblicos* para supor que a serpente e as árvores da história devam de algum modo ser interpretados de modo figurado.

Alguns leitores, desconfortáveis com a noção de que Gênesis 3 possa ter um elemento figurado, declararão minha opinião irrefletida por pelo menos duas razões. Primeiro, questionar a natureza simbólica da serpente e da árvore em Gênesis com base em sua aparição simbólica em Apocalipse é confundir dois gêneros literários inteiramente distintos, dizem eles, sendo que Gênesis é narrativo, e o Apocalipse, literatura apocalíptica. Em segundo lugar, ela abre demais a porta: não podemos agora argumentar que todas as referências do Antigo Testamento a cobras e a árvores são figuradas, e até mesmo as referências a Jerusalém, visto que ela reaparece de forma simbólica no Apocalipse? Mas não, meu argumento não pode ser descartado tão facilmente. A Jerusalém do Antigo Testamento é obviamente uma cidade real, e as muitas alusões do Antigo Testamento a cobras e árvores são obviamente reais. Nenhum de nós tem qualquer dificuldade com elas. Em Gênesis 2 e 3, no entanto, o próprio texto levanta a questão na mente de cada leitor. A serpente não é por certo uma cobra qualquer, visto que não apenas falava, como na verdade ousou enganar Adão e Eva contradizendo a Palavra de Deus e denegrindo sua bondade. Quanto às árvores, embora todas as outras árvores do Antigo Testamento sejam prontamente reconhecíveis (carvalho, cedro, sicômoro, bálsamo, oliveira etc.), qual de nós já teve em suas matas ou pomares uma "árvore da vida", ou uma "árvore do conhecimento do bem e do mal"? O que eram então? A zoologia não consegue identificar a cobra, nem a dendrologia as árvores. É quando essas perguntas desconcertantes surgem em nossa mente — sobre a natureza dessa cobra específica e dessas árvores específicas — que a referência posterior a elas em Apocalipse vem oportunamente em nosso auxílio.

Deixe-me dar outro exemplo da necessidade de deixar que a Escritura interprete a Escritura. Quando eu era aluno de graduação em Cambridge, lembro-me de ter ficado inteiramente perplexo pelo versículo que diz que os Dez Mandamentos foram escritos em tábuas de pedra pelo dedo de Deus (Êx 31:18; Dt 9:10). Eu era obrigado a crer nisso literalmente? Um dedo divino havia de fato aparecido e de alguma forma gravado as letras hebraicas na superfície da pedra? Certamente não era impossível, visto que "apareceram uns dedos de mão de homem e escreveram, defronte do candeeiro, na caiadura da parede do palácio real" (Dn 5:5,24-28). Hoje, no entanto, não estou tão certo quanto a se deveríamos tomar literalmente a declaração sobre o dedo de Deus escrevendo a lei. Pois agora li a Bíblia de forma mais completa e deparei com outras referências a dedos de Deus, todas elas simbólicas. Assim, Davi referiu-se aos céus como obra dos dedos de Deus (Sl 8:3). Igualmente, depois da praga dos piolhos nos homens e no gado, os mágicos egípcios disseram ao faraó: "Isto é o dedo de Deus" (Êx 8:19), e depois que começou a expulsar demônios Jesus afirmou fazê-lo pelo "dedo de Deus" (Lc 11:20). Se, então, a referência ao dedo de Deus escrevendo a lei é comparável a essas outras referências, parece que "o dedo de Deus" é uma figura de linguagem bíblica para a intervenção divina, quer na criação (os céus), quer na revelação (a lei), quer no julgamento (as pragas), quer na salvação (a expulsão dos demônios). Essa interpretação estaria em consonância com o princípio da harmonia.

Outro exemplo da importância de levar-se em conta cada porção do ensino da Escritura a respeito de qualquer assunto à luz do todo é a segunda vinda de Cristo. Seria fácil (e perigoso) escolher versos selecionados para construir nossa doutrina. Assim, algumas passagens indicam que a vinda de Jesus será pessoal e visível, que ele de fato viria "do mesmo modo" como foi (At 1:11). Antes, porém, de começarmos a partir disso a insistir que a volta será uma espécie de ascensão às avessas, como um filme reproduzido em reverso, e que Cristo fincará seus pés no exato local do Monte das Oliveiras de onde foi levado para o alto, temos de levar em conta algo que Jesus disse para rebater os que queriam confinar a sua volta a um local em especial:

> Porque assim como o relâmpago, fuzilando, brilha de uma à outra extremidade do céu, assim será, no seu dia, o Filho do Homem.
>
> Lucas 17:24

O cristão verdadeiramente bíblico, que anseia ser fiel a toda a Escritura, vai querer fazer justiça a essas duas correntes de ensino. A vinda do Senhor será de fato pessoal, histórica e visível, mas será também "com poder e grande glória": tão universal quanto o relâmpago, um evento transcendente do qual toda a população humana, em ambos os hemisférios, ficará simultaneamente consciente.

Em meus últimos exemplos da necessidade de enxergarmos a Escritura como um todo, quero dizer alguma coisa sobre a lei mosaica e o cumprimento da profecia. Isso trará luz sobre o relacionamento entre o Antigo e o Novo Testamento, e dessa forma sobre a questão da revelação progressiva. O princípio da harmonia não nega que houve progressão na revelação de Deus de si mesmo e de seus propósitos, mas enfatiza antes que a progressão não foi do erro em direção à verdade, mas da verdade em direção a ainda mais verdade.

Tome a lei de Moisés. É reconhecido tanto no Antigo quanto no Novo Testamento que a lei de Moisés era a lei de Deus. Moisés foi apenas um intermediário pelo qual Deus deu sua lei a seu povo. Mas a origem divina da lei implica que ela é ainda permanentemente válida para todo o povo cristão? Não — pois a lei de Moisés era um código complexo, que consistia em instruções morais, regras cerimoniais e estatutos civis. O Novo Testamento ensina claramente que as regras *cerimoniais* estão agora obsoletas, sendo que o templo, o sacerdócio e os sacrifícios foram cumpridos em Cristo e que as leis alimentares foram abolidas por ele.[15] As leis *civis* de Moisés ainda têm sua importância como indicadores da retidão e da justiça divinas, mas nenhuma igreja ou nação é obrigada a decretá-las ou impingi-las em detalhe hoje em dia. Há diversas razões para isso. Para começar, o código civil de Moisés foi elaborado para um povo que pertencia a Deus por redenção; era ao mesmo tempo uma nação e uma igreja, sendo que hoje em dia nenhuma igreja é uma nação e nenhuma nação é uma igreja. Por outro lado, ela foi adaptada para uma nação emergente, que era uma comunidade a princípio nômade e mais tarde agrícola. As leis *morais* de Moisés, no entanto, não foram abolidas. Ao contrário, são válidas ainda. Cristo morreu para que o justo requerimento da lei se cumprisse em nós, e o Espírito Santo escreve a lei de Deus em nossos corações (Rm 8:3,4; Jr 31:33; v. tb. 2Co 3:6-8). O artigo VII dos *Trinta e Nove Artigos* da Igreja Anglicana resume bem essas distinções:

> Embora as leis dadas por Deus a Moisés, no que se refere a cerimônias e ritos, não exerçam obrigação sobre homens cristãos, tampouco os preceitos civis nela contidos devam por necessidade ser adotados por qualquer comunidade; não obstante, nenhum homem cristão está livre da obediência aos mandamentos chamados morais.

Voltamo-nos agora da lei para a profecia. A grande convicção dos autores do Novo Testamento é que com Jesus Cristo os "últimos dias" previstos ao longo do Antigo Testamento haviam chegado, e que nele e em seu povo as grandes promessas de Deus encontravam seu cumprimento. Paulo podia até mesmo afirmar diante do rei Agripa:

> Permaneço até ao dia de hoje, dando testemunho, tanto a pequenos como a grandes, nada dizendo, senão o que os profetas e Moisés disseram haver de acontecer.
>
> Atos 26:22

Há alguma discordância entre cristãos bíblicos, no entanto, a respeito de se devemos esperar que as promessas do Antigo Testamento sobre o futuro de Israel sejam cumpridas literalmente, e se o moderno Estado de Israel em sua ocupação da Terra Santa é um cumprimento parcial delas. Certamente Deus tem um grande futuro para os judeus, o que é colocado figuradamente por Paulo como o enxertamento dos ramos originais que haviam sido quebrados de volta em sua própria oliveira (Rm 11:13-27). Não há, porém, no Novo Testamento menção alguma a um retorno literal dos judeus à Terra Prometida. A esmagadora ênfase do Novo Testamento é que a Igreja cristã é agora "o Israel de Deus", "a circuncisão", "raça eleita, sacerdócio real, nação santa, povo de propriedade exclusiva de Deus" (Gl 6:16; Fp 3:3; 1Pe 2:9), e que as grandes promessas de Deus a Abraão, tanto de uma prosperidade quanto de uma terra, são cumpridas espiritualmente em Cristo e em sua Igreja:

> Sabei, pois, que os da fé é que são filhos de Abraão. De modo que os da fé são abençoados com o crente Abraão. Cristo nos resgatou da maldição da lei, fazendo-se ele próprio maldição em nosso lugar (...) para que a bênção de Abraão chegasse aos gentios, em Jesus Cristo, a fim de que recebêssemos, pela fé, o Espírito prometido. E, se sois de Cristo, também sois descendentes de Abraão e herdeiros segundo a promessa.[16]
>
> Gálatas 3:7,9,13,14,29

Para sermos mais precisos, o cumprimento da profecia do Antigo Testamento tem normalmente três estágios. Primeiro veio um cumprimento literal e imediato. O segundo estágio, no qual estamos vivendo, é o cumprimento evangélico, ou espiritual. Um dia virá o terceiro estágio, que será o cumprimento final ou celestial. Assim, a promessa feita a Abraão de uma posteridade inumerável foi historicamente cumprida nos filhos de Israel (v. Nm 23:10; 1Rs 4:20), está sendo cumprida hoje em dia no povo de Cristo e será consumada no céu na "grande multidão que ninguém podia enumerar, de todas as nações, tribos, povos e línguas, em pé diante do trono" (Ap 7:9). Igualmente, os profetas do Antigo Testamento predisseram a reconstrução do templo, e houve uma reconstrução imediata e literal sob Zorobabel. Hoje, no entanto, é a Igreja cristã que é "o santuário dedicado ao Senhor (...) habitação de Deus no Espírito",[17] bem como é o corpo do cristão individualmente (1Co 6:19,20). Na Jerusalém nova ou celestial, no entanto, não haverá um templo distinto, porque o Senhor Deus Todo-Poderoso e seu Cordeiro são seu templo, habitando no meio de seu povo para sempre (Ap 21:3,22).

Para concluir, gostaria de enfatizar que os três princípios de interpretação que estivemos considerando não são arbitrários. Eles derivam do caráter da própria Bíblia como Palavra de Deus escrita e do caráter de Deus conforme revelado nela.

Buscamos o sentido *natural* porque cremos que Deus endereçou sua Palavra aos primeiros que a ouviram, e que ela pode ser recebida pelas gerações subseqüentes desde que elas compreendam-na historicamente. Nossa compreensão pode ser mais completa do que a dos primeiros ouvintes (por exemplo, das profecias a respeito de Cristo); não pode ser substancialmente diferente.

Buscamos o sentido *geral* porque cremos que Deus é internamente consistente, e que sua revelação também é internamente consistente.

Dessa forma, nossos três princípios (da simplicidade, histórico e da harmonia) surgem em parte da natureza de Deus e em parte da natureza da Escritura em sua qualidade de comunicação clara, histórica e consistente de Deus aos seres humanos. Eles colocam sobre nós a solene responsabilidade de fazer com que nosso tratamento da Escritura coincida com nossa visão dela.

Notas

[1] RYLE, Bispo J. C. *Five Christian Leaders of Eighteenth Century*. Banner of Truth, 1ª ed., 1868, 1960, p. 28.

[2] Lembrança de J. J. Gurney de uma tarde em Cambridge com Simeon, em 1831, registrada em *Memoirs of the Life of the Rev Charles Simeon*. Hatchard, 1847, p. 674.

[3] *George Whitefield's Journals*, publicado entre 1738 e 1741. Banner of Truth, 1960, p. 60.

[4] Sermão 975 em *Horae Homileticae* (1819).

[5] Registrado em *Book of Martyrs*, de Foxe, vol. IV.

[6] Comentário sobre Atos 8:31 na edição de Oliver e Boyd, p. 247.

[7] *The Construction of Deeds and Statues*, 1ª ed., de Sweet and Maxwell, 1929, 4ª ed. 1956, p. 27.

[8] LIGHTFOOT, J. B. (org.) *The Apostolic Fathers*. Macmilliam, 1891, p. 279.

[9] Comentário sobre Gálatas 4:22. Calvin Translation Society, 1854, p. 136. Tradução para o inglês de William Pringle.

[10] Os grifos são de Simeon. A citação foi extraída de uma carta endereçada a seu editor, Mr. Holdsworth (s.d., embora pareça de 1832), em William Carus (org.) *Memoirs of the Life of the Rev Charles Simeon*, 2ª ed. Hachard, 1847, p. 703.

[11] MACHEN, J. Gresham. *What is Faith?*, 1ª ed., 1925. Hodder, s.d., p. 24.

[12] *The Construction of Deeds and Statues*, p. 39.

[13] Artigo XX "Da Autoridade da Igreja", de *Trinta e Nove Artigos* da Igreja Anglicana.

[14] O debate é registrado perto do início do Livro 4 de John Knox, *The History of the Reformation of the Church of Scotland*, edição inacabada, 1587, 1ª ed. completa, 1644, p. 314.

[15] Considere o uso das palavras "sombra" e "imagem" em Hebreus 8:5; 9:24; 10:1 e comentário editorial em Marcos 7:19.

[16] Ver também Romanos 4:13,16. No versículo 13 a promessa de Deus a Abraão e seus descendentes de "ser herdeiro do mundo", v. também 1Coríntios 3:21-23.

[17] Efésios 2:21,22; v. também 1Coríntios 3:16. Veja também como Tiago vê na inclusão gentílica na Igreja um cumprimento da promessa de Deus, por meio de Amós, de reconstruir as ruínas da casa de Davi. Atos 15:13-18; Amós 9:11,12.

8

O USO DA BÍBLIA

- Quais são as marcas do "praticante da Palavra"?
- De que modos diferentes podemos ouvir e aprender a Palavra de Deus?
- Por que a Bíblia tem um papel essencial na vida dos cristãos?

Fundamental para nossa fé cristã é a convicção de que nosso Deus, longe de ser morto e mudo, é vivo e tem voz ativa. Ele pronunciou uma mensagem precisa em contextos históricos e geográficos precisos, e fez com que ela fosse registrada e preservada na Bíblia. Além disso, como vimos, há excelentes razões para aceitarmos a autoridade da Bíblia e legítimos princípios para guiar-nos em sua interpretação.

E daí? Por que gastamos tanto tempo com essas questões? Por uma razão apenas: porque Deus ainda fala através do que disse. O que ele disse há séculos tem relevância vital para os homens e as mulheres contemporâneos. A Bíblia não é uma peça de antiquário cujo lugar apropriado é um museu. Ao contrário, é "lâmpada" para nossos pés e "luz" para nosso caminho (Sl 119:105; 2Pe 1:19). As palavras de Deus podem ser nossas "conselheiras" em todas as perplexidades da vida moderna. Dão sabedoria e compreensão aos simples (Sl 119:24,34; 19:7).

Mas se extraímos qualquer benefício da Escritura depende de como fazemos uso dela; depende da reação que temos diante da sua mensagem. Uma das reclamações recorrentes de Deus no próprio registro bíblico é de que seu povo continuamente fechava os ouvidos a sua Palavra. Seus mensageiros tinham de ficar insistindo com Israel:

> Hoje, se ouvirdes a sua voz, não endureçais o coração.
>
> Salmos 95:7,8

Há no final das contas apenas duas atitudes possíveis diante da Palavra de Deus: aceitá-la ou rejeitá-la. Aqueles que são receptivos a ela são descritos em figuras de linguagem muito vívidas. Diz-se que eles "tremem" diante dela, justamente por ser a palavra do grande Deus (Is 66:2,5; Ed 9:4). Eles a desejam mais do que o ouro e apreciam-na mais que o mel (Sl 19:10; 119:103,127). Regozijam-se nela como "quem acha grandes despojos". Anseiam por ela como bebês recém-nascidos anseiam por leite (Sl 199:162; 1Pe 2:2). Daqueles que a rejeitam, por outro lado, diz-se que eles fecharam os ouvidos e recusaram-se a escutar; eles têm "dura cerviz" e seguem "a dureza do seu coração maligno" (p. ex., Jr 17:23; 18:12; 19:15). Desses não há exemplo mais notório do que o do rei Jeoaquim, que, à medida que o pergaminho com as palavras de Deus dadas por meio de Jeremias era lido para ele, usou primeiro uma faca para cortá-lo em pedaços e jogou em seguida os pedaços no fogo, até que o manuscrito inteiro tivesse sido queimado (Jr 36:21-23).

Jesus, de forma similar, advertiu seus contemporâneos sobre sua reação ao ensino dele. Na parábola do semeador, os diferentes tipos de solo sobre os quais caiu a semente exemplificam a variada recepção que as pessoas dão à Palavra de Deus. Jesus insistiu solenemente em que seremos julgados no último dia pela palavra que ele falou (Jo 12:47,48). Todos nós estamos construindo nossa vida sobre alguma fundação. Aqueles que constroem sobre a rocha, cuja casa sobreviverá às tempestades da adversidade e do julgamento, são aqueles que ouvem o ensino de Cristo e colocam-no em prática (Mt 7:24-27).

Para começar, ouvir requer tempo. Cremos de fato que *Deus* falou, que as palavras de *Deus* estão registradas na Escritura, e que ao lê-la podemos ouvir a voz de *Deus* dirigindo-se a nós? Não devemos, então, hesitar em dedicar tempo para ouvir. Ao contrário, devemos querer registrar nosso protesto contra a corrida desenfreada da vida moderna e lutar para recuperar a arte perdida da meditação. Não é de uma familiaridade casual e superficial com a Escritura que a Igreja moderna precisa, mas antes prestar obediência à exortação do Mestre: "Fixai nos vossos ouvidos essas palavras" (Lc 9:44).

Não há nenhum segredo especial de como fazê-lo. Requer apenas tempo, redimido deliberadamente de nossa vida atarefada, para revolver continuamente a Escritura em nossa mente até que ela cale fundo em nosso coração e passe assim a governar tudo o que pensamos e fazemos. É àqueles que assim "meditam dia e noite" na Palavra de Deus que ele declara "bem-aventurados" (Sl 1:1,2; 119:97; Js 1:8).

Se não há um segredo único, não há também regras rígidas. Por exemplo, a prática da "hora silenciosa" diária, dedicada à leitura bíblica e à oração, de preferência logo de manhã e como a última coisa antes de dormir, não é tradição inviolável. Ela certamente sobreviveu bem ao teste do tempo e trouxe tremendo benefício para muitas gerações de cristãos. Eu mesmo sou antiquado o bastante para reter minha confiança nela como disciplina extremamente valiosa. Trata-se, porém, apenas de uma tradição; não foi prescrita pela Escritura. Não temos, portanto, a liberdade de acrescentá-la ao Decálogo como uma espécie de décimo primeiro mandamento. Essa prática também não era possível antes da invenção da imprensa e da disponibilidade de Bíblias a preço acessível. Insistir nela como indispensável à vida cristã seria desqualificar os milhões de cristãos que viveram nos primeiros quinze séculos, e muitos milhões em nossos dias que são incapazes de ler.

O grande valor do tempo dedicado à meditação na Bíblia e à oração (por mais breve que seja) no começo do dia é que ele nos prepara para sustentar as responsabilidades do dia e enfrentar as tentações diárias. Parece imprudente, para dizer o mínimo, sair para o conflito desarmado. O pai, porém, que tem de preparar o café da manhã e despachar os filhos para a escola pode ter de adiar seu tempo com Deus até mais tarde na manhã, enquanto o que trabalha fora e sai de casa muito cedo pode preferir requerer um tempinho de sua hora do almoço.

Por mais repleta que seja nossa agenda diária, com o maior tempo de lazer disponível nos dias de hoje, a maior parte das pessoas deveria ser capaz de dedicar mais tempo à leitura da Bíblia e à oração durante o final de semana. O domingo à tarde traz óbvias possibilidades, ou até mesmo a noite de domingo, já que não há nada na Escritura que requeira que os cristãos freqüentem a igreja duas vezes por domingo. Além disso, se as orações conjuntas da família são impossíveis de segunda a sexta porque o trabalho e a escola exigem horários de refeição diferentes, uma hora semanal quando a família honra a Deus reunida em casa, qualquer que seja a forma que tome, deveria ser possível durante o fim de semana.

Não é apenas pela leitura bíblica pessoal ou em família que podemos ouvir a Palavra de Deus. É também por meio de grupos de estudos bíblicos, quer organizados pela igreja local, quer por uma organização cristã, quer por nós mesmos em nossa própria casa e (principalmente) por exposição pública da Escritura na igreja. Meu anseio é para que os cristãos modernos levem isso mais a sério. É fácil culpar o púlpito, mas com freqüência os bancos têm o ministério de púlpito que realmente desejam. Deus disse a Jeremias:

> Coisa espantosa e horrenda se anda fazendo na terra. Os profetas profetizam falsamente, e os sacerdotes dominam pelas mãos deles, e o meu povo assim o deseja.
>
> Jeremias 5:30,31

As congregações têm muito mais responsabilidade do que normalmente admitem pelo tipo de ministério que recebem. Elas deveriam encorajar seu pastor a expor a Escritura. Deveriam ir à igreja com uma disposição receptiva e expectante, de preferência trazendo consigo suas Bíblias, famintas por ouvir o que o Senhor Deus pode dizer a elas por meio das lições e do sermão. Pode também ser prudente tomar medidas para reter a mensagem na memória, talvez escrevendo o texto num cartão e meditando nele durante o restante da semana. E se a igreja não é abençoada com um ministério de exposição bíblica, fitas cassetes, CDs e vídeos trazem o ministério de outros professores da Bíblia ao alcance de muitos, para proveito pessoal ou de grupo.

O modo particular pelo qual o indivíduo cristão ou a família cristã buscam receber a mensagem da Bíblia não é a questão mais importante. Vital é que de algum modo e em algum momento, e regularmente, ouçamos a Palavra de Deus e nos alimentemos dela em nosso coração.

Esse ouvir da voz de Deus em sua Palavra e por meio dela é, no entanto, apenas o começo. Não basta "saber estas coisas", Jesus disse; seremos bem-aventurados "se as fizermos" (Jo 13:17). Pois, de acordo com o Novo Testamento, a verdade é para ser "praticada", e não meramente "conhecida" (p. ex., 1Jo 1:6, literalmente). Talvez nenhum apóstolo tenha colocado isso mais claramente do que Tiago, o irmão do Senhor, que escreveu:

> E sede cumpridores da palavra, e não somente ouvintes, enganando-vos com falsos discursos.
>
> Tiago 1:22

"Praticar" a verdade é colocar em prática o que ela ensina, traduzir mensagem em ação. Isso parece simples, mas tem amplas implicações pela simples razão de que a verdade que temos de "praticar" é tão rica. Permita-me dar cinco facetas do estilo de vida de um "praticante da palavra".

Adoração

Primeiro, adoração. É impossível adorar sem um conhecimento da verdade. Concedo que Paulo encontrou em Atenas um altar com a inscrição "ao Deus desconhecido". É, porém, ridículo tentar adorar uma divindade que não conhecemos, pois, se não a conhecemos, não sabemos que tipo de adoração ela deseja. Inversamente, tão logo conhecemos o Deus verdadeiro e vivo, devemos adorá-lo. E quanto mais o conhecemos, mais percebemos que ele é digno de nossa devoção. Pois adorar é louvar o nome de Deus, gloriar-se em quem e naquilo que ele é no esplendor de seu ser e de suas obras:

> Louvem o nome do SENHOR, porque só o seu nome é excelso; a sua majestade é acima da terra e do céu.
>
> Salmos 148:13

Como a adoração é sempre uma reação à verdade que percebemos de Deus, é supremamente a Palavra de Deus (sua auto-revelação) que evoca a adoração de Deus. A Bíblia, portanto, tem lugar indispensável na adoração, tanto pública quanto privada. Em toda adoração pública deveria haver leitura (ou leituras) da Escritura e exortação e instrução baseadas nela (Nm 8:8; 1Tm 4:13). Longe de serem intromissões no culto, ambas são essenciais à adoração. Assim, aqueles que têm o privilégio de ler as lições na igreja devem esforçar-se para compreender a passagem, e aqueles que são chamados para pregar deveriam ser conscienciosos no estudo tanto da Palavra de Deus quanto do mundo contemporâneo, a fim de relacionar um ao outro. Apenas quando Deus fala por meio de sua Palavra, fazendo-se conhecido na grandeza de sua glória e graça, a congregação verdadeiramente se prostra e adora.

O mesmo princípio se aplica à devoção pessoal. Além da oração por iluminação, devemos adorar e orar depois de nossa leitura da Bíblia. Pois é a partir da Escritura que devemos aprender a quem adorar e como orar de acordo com a vontade de Deus (1Jo 5:14; Jo 15:7).

Arrependimento e fé

A segunda marca de um "praticante da palavra" é o arrependimento. Pois a Palavra de Deus nos diz o que somos bem como o que ele é; revela-nos nosso pecado e chama-nos a confessá-lo e abandoná-lo. Diversas das vívidas comparações da Escritura reforçam essa verdade. A Palavra de Deus é como um espelho, mostrando como somos (Tg 1:23-25), como uma espada que espeta nossa consciência pesada (Ef 6:17; Hb 4:12; At 2:37) e como um martelo e um fogo para nos quebrantar e purificar (Jr 23:29). Sempre que lemos a Escritura, ouvimos Deus nos dizendo:

> Assim diz o SENHOR dos Exércitos, o Deus de Israel: Emendai os vossos caminhos e as vossas obras.
>
> Jeremias 7:3

> Tirai a maldade de vossos atos de diante dos meus olhos; cessai de fazer o mal. Aprendei a fazer o bem.
>
> Isaías 1:16,17

A terceira característica do "praticante da Palavra" é a fé. A fé é parte integral da vida cristã, pois "sem fé é impossível agradar a Deus" (Hb 11:6). Os cristãos são com freqüência descritos no Novo Testamento como "crentes" que "pela fé e pela longanimidade, herdam as promessas" (Hb 6:12). A fé é, porém, comumente entendida erroneamente. Não se trata de forçarmos nós mesmos a acreditar em algo que suspeitamos fortemente não ser verdade; é descansar confiadamente naquele que é verdadeiro. A fé não pode existir num vácuo, ou isoladamente; é sempre uma resposta confiante a uma pessoa digna de confiança. Nunca devemos opor nossa fé a nosso conhecimento, como se fossem mutuamente exclusivos. Pois a fé fundamenta-se no conhecimento:

> Em ti, pois, confiam os que conhecem o teu nome.
>
> Salmos 9:10

Confiamos em Deus porque sabemos que ele é digno de confiança. Como? Porque ele revelou-se ser assim. Ao lermos na Escritura sobre o caráter e os feitos poderosos de Deus, sobre sua fidelidade à sua aliança na história de Israel, sobre "as suas preciosas e mui grandes promessas" (2Pe 1:4), sobre Jesus Cristo em quem todas as promessas de Deus encontram seu "sim" (2Co 1:20) e sobre os homens de fé que estavam "plenamente convictos de que ele era poderoso para cumprir o que prometera" (Rm 4:21), nossa fé é estimulada, nutrida e amadurecida.

Não adianta, portanto, choramingar que parecemos sofrer de uma falta crônica de fé, nem invejar os outros ("eu queria ter a sua fé"), como se nossa falta de fé fosse como nosso temperamento, uma condição congênita que não pode ser alterada. Pois o próprio Deus nos concedeu o meio de aumentar a fé:

> A fé vem pela pregação, e a pregação, pela palavra de Cristo.
>
> Romanos 10:17

Temos de investir tempo e recursos ouvindo a fim de crer. Os cristãos que querem crescer na fé devem dedicar tempo meditando na Palavra de Deus. Eles logo descobrirão o que quer dizer "a consolação das Escrituras" (Rm 15:4).

Obediência

A obediência é o quarto modo pelo qual nos tornamos "praticantes" da palavra e não apenas "ouvintes". No entanto, a obediência envolve submissão à autoridade, e isso está fora de moda hoje em dia. Todavia, se o próprio Jesus Cristo viveu em humilde obediência à Palavra de Deus, obedecendo a seus mandamentos e crendo em suas promessas, não pode haver dúvida de que nós também devemos. Pois o servo não é maior que seu senhor.

Jesus foi além. Ele indicou que, da mesma forma que o antigo Israel devia provar seu amor a Deus em lhe obedecer, os discípulos deveriam provar seu amor a Cristo por sua obediência:

> Se me amais, guardareis os meus mandamentos (...) Aquele que tem os meus mandamentos e os guarda, esse é o que me ama (...) Se alguém me ama, guardará a minha palavra (...) Quem não me ama não guarda as minhas palavras.
>
> João 14:15,21,23,24

Parece-me que deveríamos ser mais gratos a Deus do que normalmente somos pelo fato de ele ter revelado sua vontade de forma tão clara em muitos assuntos em sua Palavra. Pois o primeiro passo em direção à santidade de vida é o conhecimento do que é agradável e desagradável diante de Deus (1Ts 4:1). Assim, a ambição mais cara do cristão é "viver segundo a Escritura" (v. 2Co 4:6), pois não há outro modo de estar certo de viver de acordo com sua vontade.

Isso vale para a retidão social bem como para a pessoal. Pois a vontade de Deus na Palavra de Deus para o povo de Deus diz respeito a todos os aspectos de nossa vida. Ela nos diz para amar a Deus, para controlar a nós mesmos e para amar e servir nossos semelhantes. E a exigência do amor ao semelhante tem muitas e amplas ramificações. Pois meu semelhante é um ser humano, e seres humanos têm corpo e não apenas alma, e vivem em comunidade segundo o desígnio de Deus. Não posso, portanto, afirmar que amo meu semelhante se ignoro seu bem-estar físico ou social.

Já vimos com que apelos detalhados os profetas hebreus proclamaram a retidão de Deus. A casa, o mercado, o tribunal, a propriedade rural — esses eram os lugares onde a retidão deveria ser praticada. E sobre onde havia falta dela o julgamento de Deus recairia. Os profetas destemidamente despejavam seus ais sobre os injustos, sobre o negociante que enganava seus fregueses usando falsos pesos e medidas, sobre o ambicioso proprietário de terras que juntava uma casa à outra e um campo a outro até que não houvesse mais lugar, sobre o magistrado que pervertia a justiça aceitando suborno dos ricos culpados e condenando os pobres e inocentes, sobre o marido que profanava as divinas instituições do casamento e do lar por meio de sua infidelidade sexual, sobre o agiota que cobrava exorbitantes taxas de juros, até mesmo sobre o rei que oprimia seu povo em vez de servi-lo. Em contraste, o Livro de Provérbios, cheio de sabedoria prática, louva as virtudes da honestidade, do trabalho duro, da generosidade, da humildade, da castidade e da justiça.

Os apóstolos também, nas porções éticas de suas cartas, enfatizam fortemente a retidão social. Eles retratam o que deveriam ser as relações mútuas entre marido e mulher, pais e filhos, empregadores e empregados. Paulo expõe a gravidade de tolerar na comunidade cristã pecados como facções devidas ao culto a personalidades, litígios e imoralidade. O mentiroso deve aprender a falar a verdade, o ladrão, a ganhar seu sustento de modo a poder dar aos necessitados. Todo rancor, ira, difamação e malícia devem ser colocados de lado. Os cristãos devem ser bons, compassivos, contidos, tolerantes e até mesmo (como Jesus ensinou) amar e servir seus inimigos. Tiago lança invectivas contra as distinções de classe na comunidade cristã, contra nossas línguas desenfreadas, contra a inveja e a ambição egoísta. No último capítulo de sua carta ele soa exatamente como um profeta do Antigo Testamento ao condenar os ricos pelo estilo de vida esbanjador e por seu tratamento fraudulento aos trabalhadores rurais.

É verdade que há no mundo contemporâneo muitas questões éticas complexas a respeito das quais a Escritura não se pronuncia diretamente. Mas os princípios estão lá, sobre os quais devemos fundamentar um julgamento cristão responsável. Quer o assunto seja a guerra, quer a revolução violenta, a poluição, a pornografia ou a pobreza, a teoria política ou econômica, não podemos nos dar ao luxo de escapar ao trabalho — por vezes exaustivo — de buscar formular uma opinião cristã condicionada biblicamente.

TESTEMUNHO

A quinta marca do cristão que "pratica" a Palavra de Deus é o testemunho. Pois a verdade não pode ser escondida ou monopolizada. Se nossos olhos foram abertos para aceitá-la, sabemos estar sob obrigação de passá-la adiante. Somos "despenseiros dos mistérios de Deus" (1Co 4:1), aqueles que têm a custódia de seus segredos. Não apenas devemos dar testemunho do Cristo que viemos a conhecer: não somos capazes de dar testemunho sem esse conhecimento.

As palavras "testemunhar" e "testificar" têm sido muito depreciadas e são por vezes empregadas para descrever o que consiste em pouco mais do que um ensaio de autobiografia religiosa. Mas o testemunho cristão é o testemunho a respeito de Cristo. E o Cristo de que temos a responsabilidade de testemunhar não é meramente o Cristo de nossa experiência pessoal, mas o Cristo histórico, o Cristo do testemunho apostólico. Não há outro Cristo. Dessa forma a Escritura leva ao testemunho, e o testemunho depende também da Escritura.

A Bíblia tem, portanto, lugar essencial na vida do cristão — pois a revelação de Deus conduz à adoração, as advertências de Deus ao arrependimento, as promessas de Deus à fé, os mandamentos de Deus à obediência e a verdade de Deus ao testemunho. Não é exagero dizer que sem a Escritura a vida cristã é impossível. É verdade que ainda há no mundo muitos que são analfabetos e não podem ler a Bíblia. Outros sabem ler, mas não o fazem ou não muito, quer devido a seu ambiente cultural, à revolução eletrônica ou a alguma relutância inata. Será a vida cristã negada a esses? Claro que não. Se (por qualquer razão) eles não lêem a Escritura e meditam nela, sou obrigado a dizer que serão espiritualmente empobrecidos. Mas certamente podem receber a Palavra de Deus de outras maneiras, como já indiquei anteriormente — por meio de sermões, de fitas, da internet, de grupos de estudo, da mídia e da comunicação interpessoal.

Todavia, a Palavra de Deus nos é indispensável, qualquer que seja o meio pelo qual a recebemos. O próprio Jesus deixou-o claro além de qualquer dúvida quando citou Deuteronômio:

> Não só de pão viverá o homem, mas de toda palavra que procede da boca de Deus.
>
> Mateus 4:4

A Palavra de Deus nos é tão essencial espiritualmente quanto a comida nos é fisicamente. Tanto a vida quanto a saúde são — muito literalmente — impossíveis sem ela. É por meio de sua Palavra que Deus implanta vida espiritual em nós (Tg 1:21; 1Pe 1:23-25). É pela mesma Palavra que ele nos instrui, reforma, nutre, encoraja e fortalece. É verdadeiramente apenas por sua Palavra que o homem ou a mulher de Deus alcança a maturidade e torna-se "perfeitamente habilitado para toda boa obra" (2Tm 3:17).

Caro leitor

Desejamos que este livro tenha correspondido a suas expectativas. Para continuar a atendê-lo sempre melhor, compartilhe suas impressões de leitura desta obra escrevendo para:

EDITORA MUNDO CRISTÃO

Rua Antonio Carlos Tacconi, 79
04810-020 — São Paulo — SP

ou para o e-mail

opiniao-do-leitor@mundocristao.com.br

Este livro foi composto por Sonia Peticov,
em Goudy Old St, e impresso pela Imprensa da Fé
em papel Fine Dunas 67 g/m², com filmes
fornecidos pela MJ Serviços de Composição.